꿈의 해석

돋을새김 푸른책장 시리즈 **008**

꿈의 해석 [개정판]

초판 발행 2007년 6월 1일
개정 5쇄 2019년 10월 30일

지은이 | 지그문트 프로이트
편역자 | 이 환
발행인 | 권오현

펴낸곳 | 돋을새김
주소 | 경기도 고양시 일산동구 하늘마을로 57-9 301호 (중산동, K씨티빌딩)
전화 | 031-977-1854~5 팩스 | 031-976-1856
홈페이지 | http://blog.naver.com/doduls 전자우편 | doduls@naver.com
등록 | 1997.12.15. 제300-1997-140호
인쇄 | 금강인쇄(주)(031-943-0082)

ISBN 978-89-6167-171-2 (03180)
Copyright ⓒ 2007, 2014 이환

값 10,000원

돋을새김
푸른책장
시 리 즈

0 0 8

꿈의 해석

프로이트 지음 | **이환** 편역

돋을새김

무의미해 보이는 꿈조차 의미로 가득 차 있다.
꿈을 해석한다는 것은
그 의미를 삶의 언어로 번역하는 것이다.

프로이트(1856~1939)

북런던의 햄스테드에 있는 프로이트 기념상.

막내딸 안나와 걷고 있는 프로이트. 1913년 이탈리아.

| 일러두기 |

1. 이 책은 프로이트의 『The Interpretation of Dreams』(Oxford University Press, 1999)를 기본 텍스트로 하고 『꿈의 해석』(열린책들, 2006)을 참조했다.

2. 원문 가운데 일부는 수정하거나 생략했다. 논의의 흐름을 방해하지 않는 범위 내에서 순서를 바꾸거나 재배치한 부분도 있다. 제목 역시 독자의 이해를 돕기 위해 재조정했다.

3. 특별히 부기하지 않아도 되는 인명 및 지명은 생략하거나 변경하였다.

4. 주석 또한 필요에 따라 보완하거나 수정했다.

짧게, 미리 보는 『꿈의 해석』

1 『꿈의 해석』은 어렵다. 왜 어려운가? '꿈의 세계'가 낯선데다 '해석' 또한 어렵기 때문이다. 사실 모든 해석은 어렵다. 해석은 말 그대로 쪼개고 나누어 푸는 일이다. 그런데 이렇게 풀어 놓은 것이 어렵다면, 젠장 쉽지 않고 어렵다면 그것은 왜 그런가? 푸는 과정이 복잡하기 때문이다. 왜 복잡한가? 정교하게 풀어야 하기 때문이다. 왜 정교하게 풀어야 하는가? 그래야만 그 사물의 속성을 정확하게 이해할 수 있기 때문이다.

정확하게 이해하기 위해 정교하게 푸는 그 작업이 복잡하다면, 해석하는 사람은 재미 있을지 몰라도 읽는 사람은 지친다. 게다가 해석에 동원된 연장들, 풀고 나누는 데 동원된 연장들이 기기묘묘하다면 그 연장 때문에라도 헷갈린다. 생전 처음 보는 연장이 눈에 띄기라도 하면 더더욱 어려워진다.

② 여기서 연장은 언어다. 글쓴이가 비록 필요에 따라 알맞은 연장을 골라 썼다 해도 우리가 그 연장을 알지 못한다면, 그 작업의 결과는 당연히 오리무중일 수밖에 없다. 『꿈의 해석』은 이중으로 오리무중이다. '꿈의 세계'가 오리무중인데다 해석에 동원된 언어들 역시 생경하기 때문이다. 그러므로 우리는 언어들, 용어들을 먼저 알아야 한다. 용어에 대한 이해 없이 문장을 이해할 수는 없기 때문이다.

| 의식, 전의식, 무의식 |

프로이트는 인간의 정신 영역을 크게 의식과 무의식으로 나누고 그 중간 단계에 전의식이라는 영역을 설정했다.

의식이란 우리가 느끼고 깨닫는 모든 행위와 감정들을 포괄한다. 하지만 의식이 작동하는 시간이 그리 긴 것은 아니다. 대부분의 인식 내용들은 일정한 시간이 지나면 전의식이나 무의식의 영역으로 사라진다. 전의식은 무의식과 의식을 연결해 주는 일종의 교량 역할을 한다. 그래서 전의식을 '이용 가능한 기억'이라고 부르기도 한다.

무의식은, 프로이트에 의하면 대단히 중요한 '의식 수준'일 뿐만 아니라 그 영역도 방대하다. 무의식에는 성적 욕구 같은 본능적인 욕구를 비롯해 다양한 감정과 충동들이 억압되어 있다. 이 억압돼 있는 충동이나 본능들 때문에 인간은 갈등을 겪으며 모순된 행동을 보이기도 한다. 프로이트는 인간의 행동이나 정신적 과정이 이와 같은 무의식에서 기원한다고 주장한다. 심리학에서는 이 의식, 전의식, 무의식을 지정학적 모형으로 인식하기도 한다.

③ 꿈 역시 표현이다. '언어 표현'처럼 표현이다. 그러므로 우리가 뭔가를 언어로 표현할 때의 과정을 되짚어보면, 꿈의 세계를 이해하

> **| 이드, 자아, 초자아 |**
>
> 다른 말로는 원본능, 에고, 슈퍼에고라고 표현하기도 한다. 의식, 전의식, 무의식이 지정학적 구조에 의한 분류라면 이것은 모형 구조에 의한 분류라고 할 수 있다. 프로이트는 지정학적 분류만으론 정신 현상을 설명하는 데 한계가 있다고 보고 이러한 모형을 만들었다.
>
> 이드ld는 일종의 정신적 에너지가 저장돼 있는 곳으로 본능에 지배 받는다. 즉 먹고 자고 사랑하는 것처럼 삶을 영위하는 데 필요한 생물학적 충동이 깃들어 있는 곳이다. 그래서 이드는 쾌락의 원리에 지배 받는다. 논리적이라기보다는 즉각적이며 환상 지향적인 경향을 띤다.
>
> 자아는 흔히 우리가 '나'라고 지칭할 때의 그 심리 주체를 의미한다. 자아는 현실 원리에 따라 움직이면서 끊임 없이 이드와 초자아 사이의 힘을 중재한다. 사회적 현실을 고려하면서 본능을 통제하고 합리적으로 행동하도록 하기도 한다. 즉 '이드'라는 자동차의 속도와 방향을 통제하는 운전자 같다고 할 수 있다.
>
> 자아가 현실에 기반을 두고 있다면 초자아는 이상에 기반을 두고 있다. 도덕이나 양심에 입각해 윤리적 판단을 수행하며 심미적이고 비판적이다. 이드, 자아, 초자아는 욕망과 현실 및 이상의 사이에서 끊임 없이 투쟁하며 갈등하는 관계에 있다. 그래서 어느 한쪽이 우세하면 그 속성을 띠게 된다. 가령 어떤 사람의 성격에 이드가 지배적이라면 그 사람의 행동은 원시적이고 충동적인 특성을 드러낼 것이고 초자아가 지배적이라면 현실적이기보다는 도덕적인 면에 치중하게 될 것이다.

는 데 도움이 된다. 우리는 말하기 전에 '말할 거리'를 생각한다. 즉 무슨 말을 할지 미리 생각하고, 그 다음에 표현한다. 말하면서 동시에 생각하거나, 생각하면서 동시에 말하지 않는다.

꿈도 마찬가지다. 꿈에는 '생각의 세계'가 있고 '표현의 세계'가 있다. 『꿈의 해석』에서는 '생각의 세계'를 '꿈의 사고'로, '표현의 세계'를 '꿈의 내용'으로 지칭한다. 그러니까 꿈은 '꿈의 사고'를 거쳐 '꿈의 내용'으로 올라온다. 이 점을 구분하지 못하면 『꿈의 해석』 전체가 어려워진다.

뉘앙스는 다르지만 '외현적인 꿈'과 '잠재적인 꿈'도 있다. '발현몽'이라고 하기도 하고 '잠재몽'이라고 하기도 하는 이 용어 역시 '꿈의 내용'이나 '꿈의 사고'와 크게 다르지 않다. 중요한 것은 말하기 전에 생각한다는 사실, 즉 '꿈의 내용'으로 표현하기 전에 '꿈의 사고' 과정을 거친다는 사실의 각인에 있다.

> **| 정신 분석 |**
>
> 1896년 프로이트가 히스테리 환자들을 치료하면서 명명한 용어이다. 그는 처음 최면술을 통해 환자를 치료하다 적절치 않다고 보고 자유 연상법으로 방향을 전환했다. 이 기법은 환자가 떠오르는 대로 생각을 말하도록 유도하는 것으로 이 방법을 통해 무의식 속에 억압돼 있는 감정을 의식계로 방출, 환자를 치료할 수 있다고 본 것이다. 이후 정신 분석은 정신 의학의 영역은 물론 인간의 내면을 분석하고 조망하는 모든 역할을 포괄하는 개념어로 자리잡았다.

④ 그런데 어떤 것이 '꿈의 사고'에 있다 하더라도, 그 어떤 것이 반드시 '꿈의 내용'으로 표현되지는 않는다는 것 또한 알아야 한다. 어떤 사고는 표현되지만 어떤 사고는 표현되지 않는다. 또 표현되더라도 올곧게 '그 사고 그대로' 표현되지는 않는다. 뒤틀려 변형되거나 전혀 다른 모습으로 나타난다. 이것을 '꿈의 왜곡'이라고 한다.

| 리비도 |

성 본능, 혹은 성 충동을 말한다. 프로이트는 리비도를 사춘기에 갑자기 나타나는 것이 아니라 태어나면서부터 서서히 발달하는 것으로 보았다. 그러나 리비도는 중간에 발달이 멎는가 하면 거꾸로 퇴행하는 경우도 있는데 동성애 같은 이상성욕이나 신경증이 이에 속한다. 리비도가 충족되지 않을 때는 불안으로 변한다. 그런가 하면 리비도는 승화돼 정신 활동의 에너지가 되기도 한다.

프로이트는 처음 리비도를 자기 보존 본능과 대립하는 것으로 보았으나 후에는 이 둘을 결합하여, 죽음의 본능과 대립하는 에로스라고 하였다.

---

⑤ 꿈은 어찌하여 왜곡돼 나타나는가? 왜 생각한 그대로 표현되지 않는가? 억압하고 딴지 걸기 때문이다. 이것을 '꿈의 검열'이라고 부른다. 검열은 치열하고 지속적이다. 사람은 하룻밤에 수없이 많은 꿈을 꾸지만, 어떤 꿈도 이 검열에서 자유롭지는 못하다. 어떤 꿈의 사고는 가볍게 꿈의 내용으로 들어오지만 어떤 꿈의 사고는 아예 들

어오지 못하거나, 들어와도 이상하게 뒤바뀌어 들어온다.

6 왜 검열하는가? 사상이 불순하거나 태도가 불량하기 때문이다. 이런 불순분자들이 퇴짜 맞거나 얼굴을 바꾸어야 하는 것은 의식의 세계에서도 크게 다르지 않다. 어떤 말은 비유의 탈을 쓰고 표

| 불안과 방어 기제 |

　불안은 이드가 자아의 통제를 벗어나 부적절한 행동을 보일 때 생기는 것으로 프로이트의 성격 이론에서는 매우 중요한 개념이다. 불안은 불쾌한 정서 상태이므로 이를 제거하기 위해 노력하는데, 이때 보이는 무의식적 반응이 방어 기제이다. 방어 기제로는 억압, 합리화, 투사, 퇴행, 동일시 등이 있다.

　억압은 불쾌한 기억이나 갈등 등을 무의식에 담아둠으로써 마음을 보호하는 방어 기제이다. 합리화는 어떤 일을 하지 못할 때 그럴듯한 변명으로 스스로를 정당화시키는 것을 말하며, 투사는 반대로 그 원인을 다른 사람의 탓으로 돌리는 것을 말한다. 가령 어떤 남자가 상대방 여자에게 성적 충동을 느껴 죄책감을 가지게 됐다면, 그는 이를 해소하기 위해 그 여자가 자신을 유혹하고 있다고 믿을 수 있다. 이것이 투사이다. 퇴행이란 어린시절의 행동 양식을 보이면서 그것에 안주하려는 경향을 말한다. 또 동일시라는 방어 기제도 있는데, 이는 존경하거나 호감을 갖고 있는 어떤 대상과 자기 자신을 일치시킴으로써 대리 만족을 얻고자 하는 욕구이다. 한마디로 모든 방어 기제는 일종의 자기 기만이라는 성격을 띠고 있다.

14

현되거나 아예 반대로 표현되기도 한다. 아니면 하고 싶은 말을 전혀 하지 못할 때도 있다. 비유나 역설, 눈치 보기나 대체하기 따위의 코드는 꿈에서도 그대로 통용된다. 꿈속에서 일어나는 압축이나 전위, 대치, 묘사, 상징, 퇴행 등이 그러한 것들이다. 아 우리가 하고 싶은 말을 다하면서 살 수는 없는 노릇 아닌가!

[7] 꿈이 혼란스럽거나 부조리해 보이는 이유들도 다 이런 표현 속성 때문이다. 어떤 인간이 이 말했다가 저 말한다거나, 순차적으로 말하지 않고 거꾸로 말한다거나, 말하는 도중에 불쑥불쑥 춤을 춘다면 혼란스럽고 당황스럽지 않겠는가? 꿈도 그렇다. 신경증이나 히스테리성 질환을 앓고 있는 환자들도 이와 같다.

> **| 신경증 |**
>
> 오늘날의 신경증과는 달리 처음에는 신경계의 장애에 의해 일어나는 광범위한 질병을 가리켰다. 하지만 오늘날엔 신경계통의 문제를 떠나 정신 장애에 의해 일어나는 질병으로 인식되고 있다. 어렸을 때의 좌절 체험이나 갈등 체험이 원인이 돼 나타나는 일종의 인격 반응인 셈이다. 히스테리나 노이로제, 우울증 같은 정신 질환을 통칭한다.

[8] 꿈은 무의식의 토양에서 올라오는 한 무리의 꽃다발과 같다. 이 꽃 저 꽃 현란해 보이지만 단 한 가지 목적에 기여한다. 꽃다발의

주인을 기쁘게 하는 일, 즉 '소망 충족'에 있다. 모든 꿈은 '소망 충족의 꿈'이다. 심지어 소망과는 반대의 내용을 보여주는 꿈조차도 궁극적으로는 '소망 충족'에 기여한다.

| 죽음의 본능 |

프로이트는 에로스, 즉 삶의 본능과는 달리 죽음의 본능이 있다는 것을 지적했다. 파괴의 본능이라고도 불리는 이 죽음의 본능은 생물체가 무생물로 환원하려는 본능을 일컫는다. 일명 타나토스라고도 한다.

인간은 이 본능 때문에 결국 죽게 되는데, 살아 있는 동안에도 자신을 파괴하거나 처벌하려는 욕구를 피하지 못한다. 유희적 의미에서의 전쟁놀이, 혹은 부부 싸움 등에서 보이는 공격적인 행동 특성들을 반복하는 경향이 있다. 이 죽음의 본능은 삶의 본능과 동전의 양면처럼 중화를 이루는가 하면 대체되기도 한다.

---

⑨ 『꿈의 해석』을 읽은 독자라면, 불현듯 자신의 꿈을 해석하고 싶어질지도 모르겠다. 누구나 꿈을 꾸므로, 그 기회는 누구에게나 열려 있다. 하지만 그 해석에 완벽함이란 없다.

혼란스러움을 정돈하고, 무질서함에 질서를 주는 일은 가능할지 몰라도 그 이상은 아니다. 그 이상은 '개인의 소양'이라는 연장을 필요로 한다. 소양을 풍부하게 갖출수록 꿈의 세계는 풍부해진다. 잊지 말자. 어떤 세계를 풍부하게 갖는다는 것은 그 세계를 풍부하게

해석한다는 것이다. 부자 되는 것의 지름길 : 풍부하게 해석한다는
것, 그럴 능력을 키운다는 것!

| 오이디푸스 콤플렉스 |

프로이트가 오이디푸스 전설에서 차용해 정신 분석에 활용한 용어로
심리학에서 매우 중요한 개념이다. 오이디푸스는 그리스 신화에 등장하
는 인물로 아버지를 죽이고 어머니와 결혼한 비운의 주인공인데, 프로이
트는 인간 내면에 이러한 콤플렉스가 존재한다고 보았다.

부모를 애정의 경쟁자로 인식해 아버지에게서는 질투의 감정을 느낌
은 물론 어머니에게서는 성적 호기심을 나타낸다는 것이 핵심이다. 이로
인해 심리적 갈등을 겪게 되고 심하면 정신 분열에 이를 수도 있다고 본
다. 이 오이디푸스 콤플렉스는 심리 발달 과정에서 자연히 해소되는데
이때 그 역할을 담당하는 것이 초자아이다.

| 차례 |

첫번째 장
꿈에 관한 학문적 성과들

꿈을 신의 계시로 이해했던 고대인들에게 꿈은 규명의 대상이 아니었다. 신이나 악력의 힘이 미치는 것이라고 보았으므로 굳이 꿈의 원인을 규명하지 않았다. 그러나 꿈이 심리학이나 생리학의 연구 대상이 되면서 학자들은 수면 장애의 원인, 즉 꿈의 자극과 출처에 대해 심도 있는 연구를 하게 되었다.

Ⅰ. 꿈에 대한 옛사람들의 생각

　나는 모든 꿈을 해석할 수 있는 심리학적 기술이 있다고 믿는다. 그래서 이 기술을 적용하면, 꿈이 낮 동안의 정신 활동과 관련돼 있다는 것을 증명할 수 있다고 본다. 이런 관점에서 정체 모호한 꿈들역시 그 실체를 밝힐 수 있으며, 그 과정에 어떤 심리적 요소들이 작용하는지 또한 추론할 수 있다고 본다.

　우선 나는 꿈에 관한 기왕의 연구 성과들에 대해 개괄하고자 한다. 사실 꿈을 이해하기 위한 노력들은 수천 년에 걸쳐 이루어져왔지만 그 성과는 미미한 편이다. 꿈의 본질을 파헤쳐 그 수수께끼를학문적으로 규명한 전례는 아예 없었다고 보는 것이 타당할 것이다.

전문가들이 아닌 일반인들의 입장에서 보면 이 주제에 관한 한 그 수준은 더욱 떨어진다.

그러나 학문적 성과의 미흡함에도 불구하고 꿈은 인간에게 매우 흥미로운 주제이다. 옛부터 꿈은 인간의 세계관이나 영혼관에 지대한 영향을 미쳤다. 고대인들의 꿈에 대한 견해는 그리스 로마 시대의 여러 민족들에게 초월적인 세계 인식의 길을 터주었던 것으로 짐작된다.

꿈은 신과 악령들의 계시를 나타내는 어떤 것이라는 믿음을 주었으며 인간의 미래를 알게 해주는 예시적 기능까지 있다고 믿었다. 그러나 꿈을 받아들이는 태도와 수준이 워낙 천차만별이어서 통합된 견해를 갖기란 쉽지 않았다. 그래서 고대 철학자들의 꿈에 대한 판단은 곧 점술(占術)에 대한 판단으로 귀결되곤 했다.

아리스토텔레스의 글 두 편에서 꿈은 심리학의 대상으로 등장한다. 그는 자연을 신성(神性)과 무관한 악령이 지배하는 어떤 것이라고 보았다. 그래서 꿈 역시 악령이 지배하는 어떤 것으로서 인간의 심리 활동과 관계된다고 보았다. 아리스토텔레스는 이러한 꿈의 특질 가운데 일부를 알고 있었다.

예를 들어 꿈은 잠자는 동안 받는 신체상의 자극을 확대 해석한다고 보았다. 손발을 따뜻하게 하고 자면 불 속을 걷고 있거나 온몸이 뜨거운 꿈을 꾸게 된다는 것이다. 이러한 견해는 감지하지 못했던 신체상의 변화를 꿈을 통해 알 수 있다는 믿음을 주어 환자의 초기 치료에 응용할 수 있다는 추론을 낳게 했다.

익히 아는 바처럼 아리스토텔레스 이전의 고대인들은 꿈을 신의 계시로 여겼다. 인간의 정신 활동과 무관한 신의 계시가 꿈이라는 이러한 인식은, 그것을 해석하는 데 상반된 경향을 낳았다.

미래를 점치게 해주는 예시적 기능으로서의 꿈, 그래서 진실하고 귀중하다고 여긴 꿈과 미혹과 파멸로 이끄는 공허하고 헛된 꿈으로 구분했다. 꿈에 대한 이런 식의 견해엔 '인간의 정신 활동으로서의 꿈'이라는 해석이 끼어들 여지가 없다.

그루페P. Gruppe[1]는 꿈을 두 가지로 분류해, 현재에 반응할 뿐 미래와는 관련이 없다고 보는 꿈과 미래에 결정적 영향을 미치는 꿈으로 나누었다. 현재에 반응하는 꿈은 다분히 즉물적이다. 그것은 신체의 반응이 그러한 것처럼 정신이 반응하는 꿈이다. 이러한 꿈은 악몽처럼, 마음의 생각이 환상으로 드러난 것과 같을 뿐이다. 반면 미래에 영향을 미치는 꿈은 예언적이고 예고적이며 상징적이다. 이 이론은 오랫동안 명맥을 유지해왔다.

1 『그리스 신화론과 종교사』의 저자.

'꿈을 어떻게 해석할 것인가' 하는 과제는 이처럼 꿈에 대한 평가와 관련돼 있다. 흔히 사람들은 꿈에서 어떤 결과를 끌어낼 수 있기를 기대한다. 그러나 대부분의 꿈은 이해하기조차 어렵다. 꿈에서 예시적 기운을 알아내기란 더더욱 어렵다. 그런 연유로 사람들은 꿈의 내용을 '의미 있는 어떤 내용'으로 대체하고픈 강렬한 욕망을 느낀다.

학문이 발달하기 이전의 옛 사람들이 생각하는 꿈은 그들의 생활관에서 한치도 자유롭지 않았다. 아는 만큼만 느꼈으므로, 아침에 깨어났을 때 받는 인상을 중심으로 꿈을 추측했다. 꿈은 다른 세계에서 온 낯선 것이라는 생각에, 꿈이 자신의 심리적 대응물이라는 점을 이해하지 않았기 때문이다.

그렇다고 꿈에 대한 이러한 믿음이 오늘날 아예 사라진 것은 아니다. 경건주의와 신비주의자들은 논외로 치더라도, 꿈에 대한 초자연적 기원설은 꿈 해석의 불가해성 때문에 종교적 차원에 힘입어 유지되고 있다. 인간의 한계 너머에 있는 초인간적 정신세계가 인간의 삶에 개입하고 있다는 믿음 때문이다. 셸링Schelling 학파[2]를 비롯한 많은 유파들이 이를 추종한 것은 그 옛날 익숙했던 꿈의 신성함이 남긴 영향이다. 꿈의 예언적 기능에 대해서도 이러한 믿음은 아직 남아 있다. 학문적 관점에서라면 설득력이 약하겠지만, 이 문제와 관련해 수집된 자료가 현재로서는 적은데다 있는 자료마저도 충

---

2 19세기 전반 독일에서 일어났던 자연철학을 믿었던 학파.

분히 소화하지 못해 심리학적으로 해명하려는 시도가 난관에 부딪쳐 있기 때문이다.

꿈에 관한 학문적 연구를 일목요연하게 서술하기란 쉬운 일이 아니다. 부분적으로는 가치 있는 인식이라 할지라도 한 방향으로 집적된 발전이 없었기 때문이다. 연구가 계승돼야 함에도 누군가 새로운 책을 쓸 때마다 같은 문제를 처음부터 다시 시작해야 하는 어려움은, 연구가들을 중심으로 논의하는 데 한계를 낳게 한다. 따라서 나는 연구가들의 견해를 좇기보다는 주제를 중심으로 논의할 생각이다. 하지만 문헌에 수록돼 있는 재료들 또한 수시로 인용할 것이다. 그렇긴 하지만 이 또한 쉬운 일은 아니다. 문헌들이 광범위하게 흩어져 있는데다 조직적으로 분류돼 있는 것도 아니어서 이 책의 관점을 유지하는 선에서 취사선택할 수밖에 없다. 그 점 또한 양지해주기를 바란다.

II. 기억의 밭에서 올라오는 꿈

꿈에 대한 평가는 연구가들마다 다양하다. 꿈이 별개의 세계여서 잠자는 사람을 데려간다고 보는 견해도 있다. 그런 사람에게 꿈은 도피처의 구실을 한다. 낮 동안의 삶을 벗어나 우리의 지친 삶을 해방시켜주는 공간으로 기능하는 것이다. 그때 꿈은 우리의 의식세계와는 전혀 무관한 세계에 위치해 있다. 그러니까 그 세계는 일상으로부터 해방돼 있는 공간이기도 하고 고립돼 있는 공간이기도 하다.

하지만 대다수의 연구가들은 꿈과 의식을 분리시키지 않는다. 꿈은 의식 활동의 연장이어서 우리의 평상시 생각들과 긴밀한 관계를 유지하고 있다고 본다. 꿈은 우리를 일상으로부터 해방시키기보다는 그곳으로 귀착하게 한다.[3] 그래서 우리가 말하거나 행동했던 것을 되풀이하게 만든다.[4] 한마디로 꿈은 우리의 삶과 밀접한 관계를 맺고 있어 낮 동안의 자극이나 집념, 열정 따위가 수면 위로 올라온다고 본다.

낮 동안의 체험이 꿈에서 재현된다는 관점이 더 설득력 있다고 보이지만, 꿈과 삶의 이런 관계를 속단하는 것은 성급한 일일 것이다. 이 관계는 보다 주의를 기울여 분석해봐야만 한다. 기억나지 않는 재료들이 꿈에 나타나는 일이 비일비재하기 때문이다.

잠에서 깨어나 곰곰이 생각해보면, 꿈에 나타났던 내용이 실제 체험과는 아무런 관련이 없다고 판단될 때가 종종 있다. 설혹 기억의 실마리가 잡힐 것 같은 꿈도 언제 체험한 것인지 가물가물할 때도 있다. 꿈의 출처를 알 수 없기 때문에, 꿈이 독자적인 생산 활동을 하는 게 아닌가 하고 의아해하게 된다. 그러다 오랜 시간이 흐른 후

---

3 바이간트(W. Weygandt), 『꿈의 기원』.
4 모리(L. Maury), 『수면과 꿈』.

새로운 체험을 겪고 나서야 과거의 기억과 함께 꿈의 내용이 이해되기도 한다.

그렇다면 꿈은 우리가 모르는 일을 도대체 어떻게 기억하고 있는 것일까? 델뵈프J. Delboeuf[5]는 이와 관련해 인상적인 사례를 보여준다.

그는 눈 쌓인 자신의 집 마당에서 반쯤 얼어 있는 작은 도마뱀 두 마리가 눈 속에 파묻혀 있는 꿈을 꾸었다. 동물애호가였던 그는 도마뱀을 데려다 따뜻하게 녹인 후, 적당한 자리를 찾아 담장의 작은 구멍 속으로 돌려보냈다. 그런 뒤 벽 틈에 자라고 있던 양치식물의 잎을 몇 장 따서 구멍에 넣어주었다. 도마뱀들이 양치식물을 매우 좋아한다는 사실을 알고 있었기 때문이다.

꿈속에서 델뵈프는 이 식물의 이름이 '아스플레니움 루타 무랄리스Asplenium ruta muralis'라는 것을 알고 있다. 꿈은 계속돼 잠시 다른 내용이 등장했다가 다시 도마뱀 꿈으로 돌아왔다. 델뵈프는 새로운 도마뱀 두 마리가 나타나 나머지 양치식물의 잎을 먹고 있는 것을 보고 놀란다. 눈길을 돌려 멀리 들판을 보니 또 다른 도마뱀 두 마리가 담장의 구멍을 향해 기어오는 것이 보였다. 도마뱀은 점차로 늘어나, 마침내 온 거리가 도마뱀의 행렬로 뒤덮였다. 도마뱀들은 모두 한 방향을 향해 가고 있었다.

꿈에서 깨어난 델뵈프는 혼란스러웠다. 그는 라틴어 식물명에 무

---

5 『수면과 꿈』의 저자.

지했을 뿐만 아니라 '아스플레니움'이라는 이름은 알지도 못했다. 그런데 얼마 후, 그는 이런 이름의 양치식물이 실제로 있다는 것을 확인할 수 있었다. 정식 명칭은 '아스플레니움 루타 무라리아'인데 꿈에서는 약간 왜곡돼 나타났던 것이다. 이것이 우연의 일치일까? 도저히 그렇게는 생각할 수 없었다. 그렇다면 꿈에서 어떻게 이 이름을 알게 되었는지 수수께끼가 아닐 수 없었다.

델뵈프가 이 꿈을 꾼 것은 1862년이었다. 그로부터 16년이 흐른 뒤 어느 날, 그는 친구 집을 방문해 우연히 식물표본집을 보게 되었다. 스위스에서 외래 관광객들에게 팔고 있는 기념 책자였다. 이 책자를 본 그는 옛 일이 떠올라 표본집을 펼쳐보았다. 거기에는 꿈에 보았던 '아스플레니움'이라는 이름과 함께 라틴어명이 적혀 있었다. 자신의 필체가 분명했다. 그제야 비로소 이해가 갔다.

1860년, 그러니까 그가 도마뱀 꿈을 꾸기 2년 전에 친구의 여동생이 그를 방문한 적이 있었다. 그녀는 오빠에게 선물로 줄 앨범을 가지고 있었고, 델뵈프는 한 식물학자로부터 책자 속에 있는 식물의 이름을 배워가며 식물 표본 하나 하나에 라틴어명을 써넣었던 것이다.

이러한 우연에 힘입어 델뵈프는 꿈의 내용과 관련해 다른 부분을 이해할 수 있는 단서를 또 하나 찾아낼 수 있었다. 1877년 어느날, 삽화가 그려진 낡은 잡지 한 권이 그의 수중에 들어왔다. 그 책자에는 꿈에서 본 것과 같은 도마뱀 행렬의 그림이 그려져 있었다. 잡지는 1861년에 발행된 것이었다. 그가 도마뱀 꿈을 꾼 날로부터 1년 전이었다. 델뵈프는 이 잡지를 창간호부터 정기 구독했었다는 사실을 떠올리곤 비로소 꿈의 전후 맥락을 이해할 수 있었다.

이처럼 꿈은 깨어 있을 때는 생각지도 못했던 기억들을 꿈의 재료로 활용하곤 한다. 이러한 초기억적인 꿈hypermnestisch들의 예는 사실상 많다. 낮 동안 가물가물하던 단어가 꿈속에서 재현돼 실체를 드러내는 예도 흔하다. 바시드N. Vaschide[6]에 의하면 초기억적인 꿈은 꿈을 반복하게 하면서 제기억을 환기하게 하는 특이한 특성을 보여준다. 가령 이런 꿈도 있다.

어느 날 어떤 사람이 젊은 부인에 관한 꿈을 꾸었는데 인상이 매우 친숙했다. 여러 번 만난 적이 있는 사람 같았다. 하지만 잠에서 깨어났을 때는, 웬일인지 그녀의 실체가 기억나지 않았다. 꿈속에서 보았던 얼굴마저 생생했건만 그녀가 누구인지 알 길이 없었던 것이다. 그 후 이 사람은 다시 잠이 들었고 또 꿈을 꾸게 되었다. 이 꿈에서도 역시 그 여인이 나타났다. 꿈속에서 그는 여인에게 말을 걸어, 우리가 어디선가 만난 적이 있지 않느냐고 물어보았다. 여인은 즉시, '물론 만났죠. 포르닉 해변을 생각해 보세요'라고 대답했다. 그는 꿈에서 깨어났고, 그제야 비로소 그녀와 관련된 기억들이 세세하게 드러났다.

이러한 현상은 일반적이어서 나 역시 비슷한 꿈을 꾼 적이 있다.

이 책을 쓰기 전 몇 년 동안, 나는 매우 단순한 형태의 교회 탑이

---

6 『꿈과 꿈을 이끄는 능력』의 저자.

나타나는 꿈을 꾸었다. 계속해서 그런 꿈을 꾸었음에도 그것을 어디서 보았는지 전혀 생각나지 않았다. 그러던 어느 날 잘츠부르크와 라이헨할 사이의 한 간이역 부근에서 그 탑을 발견했다. 그때가 1890년대 후반이었고 내가 처음 기차를 타고 그곳을 지나간 때는 1886년이었다.

또 다른 꿈도 있다. 훗날 꿈 연구에 몰두하게 되었을 때, 다소 기이한 형상의 모습이 꿈에 계속 나타나 괴로웠던 적이 있다. 왼쪽으로 어두운 공간이 보였고, 그 안에 괴이쩍게 생긴 조각상 몇 개가 보이는 꿈이었다. 막연한 기억은 그것이 지하의 어느 맥주집 출구일 것이라는 짐작을 하게 했지만 확신할 수는 없었다. 그 형상이 무엇이며 어떤 의미인지 알 수가 없었다.

그 후 1907년 어느 날, 나는 우연한 기회에 파도바에 가게 됐다. 처음 내가 이곳을 방문한 것은 1895년이었는데 이후 다시 가보고 싶어했던 곳이다. 아름다운 대학도시였고, 조토Giotto[7]의 프레스코화가 걸린 사원이 있었는데 그날 문이 닫혀 있어 구경하지 못했기 때문이다.

12년 후 두번째로 그곳을 방문하게 되었을 때, 나는 만사 제쳐놓고 이 사원을 찾아나섰다. 그러던 중 왼쪽 도로변에서 문제의 장소를 발견했다. 꿈속에서 보았던 조각상이 빛나는 장소였다. 처음 방문했다 발길을 돌렸던 근처의 장소였고, 실제로 이곳은 어느 레스토

---

7 이탈리아의 화가이자 건축가.

랑의 정원과 통해 있는 입구였다.

◆

　꿈의 재료로 흔히 동원되는 것 중의 하나가 어린시절의 삶이다. 어린시절의 기억은 우리의 뇌리에 깊이 숨어 있다가 훗날 꿈속에서 추억으로 되살아난다. 추억으로 되살아나는 기억에 심리적 가치와 결부된 것은 없어 보인다. 그것은 우리의 의식이 지향하는 중요성과 상관없이 어떤 계기를 만나 꿈으로 드러날 뿐이다. 초기억적인 꿈은 이처럼 어린시절의 기억을 꿈이 장악하고 있기 때문에 가능하다. 그런 사례 가운데 하나로 모리L. Maury[8]의 꿈을 들 수 있다.

　모리는 어렸을 때 고향 근처에 있는 트릴포르라는 곳에 자주 갔었다고 한다. 그곳에서 그의 아버지가 다리 건설 공사의 감독직을 맡고 있었기 때문이다. 어른이 된 모리는 어린시절로 돌아가 트릴포르의 거리에서 노는 꿈을 꾸게 되었다. 그때 제복을 입은 한 남자가 그에게 다가왔다. 모리는 그 남자의 이름을 물었고 그 남자는 자신의 이름이 C라며 경비원이라고 소개했다. 잠에서 깨어난 후 모리는 그 이름이 너무 생소해, 늙은 하녀에게 그런 이름의 남자를 아느냐고 물었다. 하녀는 대답했다. "알고 말고요. 그 남자는 아버님께서 일하실 때 그 다리의 경비원이었답니다."

---

8 『수면과 꿈』의 저자.

이와 비슷한 실례로써 모리는 몽브리종에서 어린시절을 보냈던 F 씨의 이야기도 들려준다.

F씨는 고향을 떠난 지 25년만에 옛 친구들을 만나기 위해 고향을 찾을 결심을 한다. 여행을 떠나기 전날 밤 F씨는 꿈을 꾼다. 꿈에 고향 근처에서 한 남자를 만난다. 이 낯선 남자는 자신이 T라며 아버지의 친구라고 말한다. F는 꿈속에서 자신이 이 남자를 알고 있다고 생각했지만 막상 꿈에서 깨어나니 그의 모습이 전혀 기억나지 않았다. 며칠 후 F씨는 계획대로 고향인 몽브리종에 도착했고 꿈에서 보았던 장소를 발견한다. 그리고 거기에서 한 남자를 만났는데 그가 바로 T였다. 실제로 T를 보자마자 F는 그가 꿈속에서 보았던 그 남자라는 것을 한눈에 알아보았다. 다만 그 남자의 모습은 꿈속에서보다 좀더 많이 늙어 보였을 뿐이다.

일부 연구가들은 대부분의 꿈이 최근의 일상에서 재료를 선택한다고 주장한다. 그들의 주장은 어린시절의 인상이 차지하는 꿈속의 역할을 하향 조정하려는 것처럼 보인다. 로베르트W. Robert[9]라는 사람은 정상적인 꿈이 다루는 소재를 최근 며칠 간의 인상에 국한짓기도 한다. 먼 과거의 인상을 억누르고 최근의 인상을 강조하는 진술이긴 하지만 나는 이러한 지적에 공감한다.

꿈과 깨어 있는 동안의 인상이 밀접한 관계를 유지하고 있다고 믿는 연구가들은, 낮 동안의 인상이 어느 정도 시간이 흐른 후에야 꿈

---

9 『자연 필연적인 것으로 선언된 꿈』의 저자.

에 나타난다는 사실에 주목한다. 가령 사랑하는 사람을 잃은 경우 그 사람은 바로 꿈에 나타나지 않는다고 본다. 그러나 이러한 사례와 반대되는 견해들을 피력하는 학자들도 있다. 그런 면에서 꿈꾸는 당사자의 심리적 개성이 관건일 수 있다는 견해 역시 설득력을 얻고 있다.

꿈의 또 다른 특징은 그 재료의 선택 과정에서 나타난다. 꿈은 깨어 있을 때와 달리 사소한 것에 더 집중하는 경향이 있다고 본다. 중요한 것이 아닌 관심 밖의 것, 기억할 만한 가치가 없어보이는 것들이 오히려 꿈에 더 잘 나타난다는 것이다. 이러한 견해에 동조하는 연구가들의 말을 들어보자.

힐데브란트F. Hildebrand[10]는 이렇게 말한다.

— 꿈은 중대한 사건이나 관심사가 아니라 부수적인 것들, 즉 무가치하거나 별 볼일 없는 기억의 부스러기들에서 그 요소를 취한다. 깨어 있을 때라면 충격적일 가족의 죽음은 잠시 기억에서 사라진 것처럼 보인다. 그와 반대로 우연히 지나치며 봤던 낯선 사람의 이마에 난 사마귀는 우리의 꿈에서 중요한 역할을 한다.

---

10 『꿈과 삶을 위한 그 활용』의 저자.

또 슈트륌펠[11]은 말한다.

— 꿈의 분석 결과, 최근의 체험이지만 하찮아서 곧 잊어버린 일들이 꿈에 나타나는 경우가 있다. 우연히 얻어들은 의견이나 얼핏 본 다른 사람들의 행동, 스쳐 지나간 사람이나 물건, 책에서 읽은 사소한 구절 등이 그런 예이다.

엘리스H. Ellis[12] 역시 이렇게 말한다.

— 깨어 있을 동안 경험했던 격렬한 감정이나 우리가 정신을 집중해 몰두하는 문제들은 좀처럼 꿈에 나타나지 않는다. 반면 사소한 것이나 우연한 것, 일상에서 무시돼 잊혀진 것들이 꿈에 나타나곤 한다. 깨어 있을 때 집중했던 정신 활동은 꿈속에서 가장 깊이 잠든다.

빈츠C. Binz[13]는 꿈의 이러한 특성 때문에 자신이 지지하는 꿈의 해명 이론에 불만을 토로한다.

— 일반적인 꿈이 우리에게 비슷한 의문을 제기한다. 왜 우리는 최근의 인상 대신 오래 전의 희미한 과거를 꿈속에서 떠올리는 것일까? 왜 우리의 꿈은 사소한 기억들을 그렇게 자주 받아들이는 것일까? 왜 꿈은 수면 직전의 민감한 체험을 외면하고 침묵하는 것일까?

꿈의 이러한 특성 때문에 체험과 꿈의 의존 관계를 일일이 해명하

---

11 『꿈의 본성과 기원』의 저자.
12 『꿈을 만드는 재료』의 저자.
13 『꿈에 대하여』의 저자.

기란 쉽지 않다. 시간과 재료가 충분하고 그것을 활용할 여건만 된다면 그 비밀을 풀 수 있겠지만, 힐데브란트의 주장대로 그것은 '지극히 고달프면서도 보람 없는 일'이다. '온갖 기억을 뒤져 사소한 것들을 끄집어내봐야 그것은 다시 사소한 것들 속에 묻혀버릴 것이기 때문이다.' 그러나 이러한 통찰력을 갖고도 그 연구를 중도에서 그만둔 것은 안타까운 일이다. 좀더 희망을 갖고 연구했더라면 그는 꿈의 핵심에 다가갈 수 있었을 것이다.

꿈의 기억은 '정신적으로 일단 받아들인 것은 결코 사라지지 않는다'는 것을 알려준다. 델뵈프의 말처럼, '사소한 인상조차도 언젠가는 되살아날 수 있는 불변의 흔적'을 남긴다. 후에 마주치게 될 논의의 핵심을 견지하기 위해서라도 우리는 이러한 꿈의 특성을 염두에 두어야 한다.

Ⅲ. 꿈의 자극과 출처

꿈은 어떻게 해서 생겨나는 것일까? '꿈은 위(胃)에서 비롯된다'는 속담이 있듯, 수면 장애가 꿈의 원인일까? 그리하여 잠자는 동안 방해받지 않으면 꿈은 생기지 않는 것일까?

꿈을 신의 계시로 이해했던 고대인들에게 꿈은 규명의 대상이 아니었다. 신이나 악령의 힘이 미치는 것이라고 보았으므로 굳이 꿈의 원인을 규명하지 않았다. 그러나 꿈이 심리학이나 생리학의 연구 대상이 되면서 학자들은 수면 장애의 원인, 즉 꿈의 자극과 출처에 대해 심도 있는 연구를 하게 되었다.

꿈이 어떻게 해서 생겨나는지, 꿈의 출처에 대해 연구한 결과를 보면 그 자극에 따라 외적(객관적) 감각 자극, 내적(주관적) 감각 자극, 내적 신체 자극, 순수한 심리적 자극 이렇게 네 가지로 나눔을 알 수 있다.

외적 감각 자극 인간의 감각기관은 매우 예민해서 잠을 자고 있는 동안에도 어느 정도의 자극을 받으면 곧잘 깨어난다. 이러한 사실은, 수면 중에도 우리의 정신은 외부세계와 부단히 결합돼 있다는 것을 반증한다. 수면 중의 감각 자극이 충분히 꿈의 출처가 될 수 있다는 것이다.

자극의 양상은 매우 다양하다. 강한 빛에 눈이 부실 수도 있고 시끄러운 소음을 들을 수도 있으며 강한 냄새로 코의 점막이 자극받을 수도 있다. 이불 밖으로 신체가 나오면 춥다고 느낄 수도 있으며 뒤척이다가 몸이 눌리면 압박감을 느낄 수도 있다. 파리가 달라붙거나 불의의 사고가 발생하면 동시에 여러 감각이 자극 받을 수도 있다. 꿈과 자극의 이러한 관계를 관찰한 사람들에 의하면, 자극과 꿈의 내용 중 일부가 일치한다는 결론을 얻는다.

예센P. Jessen[14]의 글에서 우리는 이러한 예를 확인할 수 있다.

— 외부의 소음은 그에 상응하는 꿈의 세계를 불러온다. 천둥 치는 소리는 우리를 전쟁터로 데려가고, 닭 울음소리는 비명을 환기시키며 삐걱이는 문 소리는 강도가 침입하는 꿈을 꾸게 한다. 이불을 걷어차내는 사람은 알몸으로 돌아다니거나 물에 빠지는 꿈을 꾼다. 비스듬히 자다 발이 침대 밖으로 비어져나가면 절벽 위에 서 있거나 높은 곳에서 떨어지는 꿈을 꾼다. 머리가 베개에 짓눌리면 커다란 바위가 덮치는 꿈을 꾼다. 정액이 쌓이면 방탕한 꿈을 꾸고 몸이 아프면 남의 공격을 받거나 다치는 꿈을 꾼다.

— 마이어G. Meier[15]는 습격받는 꿈을 꾸었다. 습격자들은 그를 바닥에 뉘어놓고 엄지와 집게발가락 사이에 말뚝을 박았다. 이 상황에 괴로워하다가 꿈에서 깨어난 그는 자신의 발가락 사이에 지푸라기가 끼어 있는 것을 발견했다. 그는 목에 꼭 끼는 셔츠를 입고 잔 날 교수형을 당하는 꿈을 꾼 적도 있다고 고백했다.

그런가 하면 어떤 사람은 높은 성벽에서 떨어지는 꿈을 꾸었는데 깨어나 보니 자신이 침대에서 떨어져 바닥에 자고 있었다고 한다. 또 어떤 사람은 젖은 옷을 입은 채 잠들었다가 강물의 급류에 휩쓸리는 꿈을 꾸기도 했다.

잠든 사람을 계획적으로 자극하면 그에 상응하는 꿈을 꾸게 할 수

14 『심리학의 과학적 논증에 대한 실험』의 저자.
15 『몽유병 해명의 시도』의 저자.

있다. 다음은 모리가 자신을 상대로 실험한 뒤 관찰한 결과다.

1) 입술과 코끝을 깃털로 간지럽힌다 : 끔찍하게 고문당하는 꿈을 꾼다. 누군가 자신의 얼굴에 가면을 씌웠다가 잡아당겨 그의 얼굴 피부가 떨어져 나가는 아픔을 느낀다.

2) 핀셋에 가위를 문지른다 : 처음에 종소리가 들리더니 곧이어 위험을 알리는 다급한 경종소리로 바뀐다. 프랑스에서 혁명이 일어난 1848년 6월 어느 날의 일이다.

3) 코에 향수를 갖다 댄다 : 그는 카이로의 유명한 향수 가게에 있었는데, 말로 표현하기 어려울 정도로 황홀한 모험을 한다.

4) 목을 살짝 꼬집는다 : 기포제의 고약을 바르는 꿈을 꾼 데 이어 어릴 적 자신을 치료해준 의사를 생각한다.

5) 뜨겁게 달군 쇠를 얼굴 가까이 가져간다 : 집에 침입한 화부(火夫)들의 꿈을 꾼다. 그 강도들은 집안사람들의 발을 화로에 집어넣으며 돈을 내놓으라고 협박한다. 연이어 공작 부인이 등장하는데 자신은 그녀의 비서이다.

6) 이마에 물을 한 방울 떨어뜨린다 : 이탈리아에서 땀을 흘리며 백포도주를 마시는 꿈을 꾼다.

7) 촛불 앞에 붉은 종이를 대고 여러 번 비춘다 : 더위와 관련된 꿈을 꾸고 언젠가 도버 해협을 건너며 겪은 적이 있는 폭풍우를 만난다.

모리의 꿈 중에는 다음과 같은 유명한 꿈도 있다.

그는 병을 앓아 침대에 누워 있다가 프랑스 혁명 당시의 공포정치에 관한 꿈을 꾸었다. 꿈속에서 그는 끔찍한 사건을 겪다가 그 자신도 법정으로 끌려가 재판을 받게 되었다. 그곳에는 로베스피에르와 마라를 비롯해 잔혹했던 그 시대의 영웅들이 모두 모여 있었다. 그는 뭔가 변명을 했고 연이은 몇몇 사건에 이어 유죄 판결을 받았다. 그가 형장으로 끌려가는 동안 수많은 군중이 그를 에워쌌다. 단두대에 올라섰을 때 사형집행인이 그를 묶었고, 이어 칼날이 떨어져 그의 머리가 떨어져나가는 끔찍한 공포를 느끼며 잠에서 깼다. 깨어나 보니 침대 선반이 그의 목 위에 떨어져 있었다.

사례를 통해 본 것처럼 외부의 감각 자극이야말로 확실한 꿈의 출처로 보인다. 이러한 자극은 원래 모습대로 꿈속에서 재현되는 것이 아니라 어떤 형태로든 변형되어 나타난다. 그리고 그 변형의 정도는 사람마다 달라서 일정하게 규정할 수 없다. 그러니까 꿈과 자극과의 관계는 '우연하게 그렇게 되는 관계'이지 '특별하게 그렇게 되는 관계'는 아니다.

힐데브란트가 말한 자명종의 꿈 세 가지를 보면 어떻게 같은 자극에서 서로 다른 꿈이 나오는지 알 수 있다.

1) 어느 봄날 아침이다. 나는 산책을 하며 푸른 들판을 지나 이웃 마을까지 걸어간다. 나들이 차림의 주민들이 팔에 찬송가 책을 끼고 교회로 모여든다. 때는 일요일이고 아침 예배가 시작될 것이다.

나 역시 예배에 참석하기로 한다. 그러나 많이 걸은 탓에 덥고 이마에는 땀이 맺힌다. 교회 주변 묘지에서 잠깐 땀을 식히기로 한다.

묘비명을 읽고 있는데 종치기가 탑으로 올라가는 소리가 들린다. 종탑 꼭대기에는 예배의 시작을 알릴 작은 종이 보인다. 종은 한참 동안 그대로 있다. 어느 순간 종이 움직이기 시작하고 낭랑한 종소리가 사방으로 퍼진다. 그 바람에 나는 잠에서 깨어난다. 종소리라고 여겼던 것은 자명종 소리였다.

2) 어느 맑은 겨울날이다. 거리에는 눈이 쌓여 있고 나는 여러 사람들과 썰매를 타기로 약속했다. 한참을 기다리자 문 앞에 썰매가 준비되었다는 연락이 온다. 나는 썰매를 타기 위한 만반의 준비를 갖추고 썰매의 내 자리에 앉는다. 그러나 말들이 출발하기까지는 한참이 걸린다. 마침내 출발 신호와 함께 말들이 움직인다.

나는 힘찬 방울 소리가 터키 행진곡을 연주하는 순간 꿈에서 깨어나고 만다. 방울 소리라고 여겼던 것은 이번에도 자명종 소리였다.

3) 한 하녀가 접시를 잔뜩 쌓아 들고 식당을 향해 걸어간다. 팔 위의 접시들이 금방이라도 떨어질 것처럼 위태롭다. 나는 조심하라고 말하면서, 잘못하면 접시가 떨어지겠다고 주의를 준다. 하녀에게선 이런 일쯤 아무것도 아니라는 뜻의 불만 섞인 대꾸가 들려온다. 그러나 나는 걸어가는 하녀의 뒷모습을 보며 걱정스러운 시선을 거두지 못한다. 위험하다! 그녀가 문턱에 걸려 비틀거린다. 접시들이 요란한 소리와 함께 쏟아져내리며 바닥에 산산조각난다. 나는 그 소음이 벨 소리라고 짐작한다. 그러나 깨어나 보니 그 벨 소리는 이번에도 다름아닌 자명종 소리였다.

왜 정신은 같은 자극에서도 다른 꿈을 꾸게 하는 것일까? 이 질문에 대해 슈트륌펠은 정신이 일으키는 착각 현상의 하나일 뿐이라고 답변한다. 외부의 자극에 대해 충분히 숙고할 시간이 주어진다면 우리는 그 인상에 대해 오해하지 않을 것이다. 즉 이제까지의 경험에 비추어 그 인상이 속하는 기억 다발들을 정돈할 수 있다는 것이다. 그러나 이러한 조건이 충족되지 않으면 인상이 대상을 오인하도록 해 착각을 불러온다.

가령 구별하기 쉽지 않을 만큼 멀리 떨어져 있는 사물을 볼 때, 우리는 그 대상이 말인지 젖소인지 알 수 없다. 불분명한 인상이 대상에 대한 올바른 인식을 가로막기 때문이다.

꿈에서 받는 인상들 역시 이와 비슷하다고 말할 수 있다. 불분명한 인상들 때문에 기억 다발에 혼란이 와 착각이 발생한다. 그렇다면 어떤 기억 다발에서 어떤 기억 형상이 나오며 또 힘을 발휘하는가? 슈트륌펠은 그것을 알 수 없다고 말한다. 규정할 수 없는 문제로, 정신이 선택하기 나름이라는 것이다.

내적 감각 자극 꿈의 성질이나 유형에 비추어볼 때, 외적 감각 자극만으로 꿈의 출처를 설명하기가 충분치 않다고 본다면 우리는 다른 꿈의 출처를 찾아야 할 것이다. 여기서 우리는 내적 감각 자극에 주목하게 된다. 이 자극은 잠자는 사람의 내부에서 일어나는 자극, 이를테면 배가 고프다든지 허리가 아프다든지 하는 자극을 말하며 이것이 꿈의 내용에 영향을 미친다는 이론이다.

이 이론이 어디에서 생겨났는지는 알 수 없지만 최근의 글에서 많이 찾아볼 수 있다. 분트W. Wundt[16]는 이렇게 말한다.

— 꿈의 내용을 착각하게 하는 데 결정적인 영향을 미치는 것은 시각과 청각이다. 어두운 곳에서 본 빛이나 이명(耳鳴) 현상 등이 그런 상황을 촉진한다. 그 가운데서도 주관적 망막 자극이 가장 큰 영향을 미친다. 꿈에서 비슷한 형상들이 여러 개 나타나면 이는 주관적 망막 자극이 원인일 수 있다.

꿈에서 보이는 새, 나비, 물고기, 오색 찬란한 진주, 꽃 같은 것들이 그 예이다. 어두운 곳에서 불빛에 비친 먼지가 이런 환상적 형태를 취했다고 볼 수 있다. 먼지로 이루어진 빛 속의 수많은 점들은 꿈에서 비슷한 만큼의 형상들로 바뀌는데, 빛의 현란한 동작 때문에 움직이는 대상으로 보인다. 꿈에 온갖 동물들이 자주 나타나는 것도 이 때문일 것이다. 주관적 감각 자극은 빛이나 소리를 곧잘 특이한 형태와 결부시킨다.

내적 감각 자극은 외적 감각 자극과 달리 우연에 좌우되지 않는다는 특징이 있다. 그러나 꿈을 해명함에 있어 외적 감각 자극은 그 역할을 증명하기가 용이한 반면, 내적 감각 자극은 그 실체를 증명하기가 매우 까다롭거나 불가능하다. 그럼에도 꿈에 미치는 내적 감각 자극의 영향을 우리는 과소평가할 수 없다. 대부분의 꿈은 시각 형상들로 이루어지기 때문이다. 청각을 뺀 다른 감각들은 그 영향이

---

16 『생리학적 심리학의 특성』의 저자.

적을 뿐더러 지속적이지도 않다.

내적 신체 자극　신체 내의 자극이 꿈의 출처가 될 수도 있다. 가령 병이 들었을 때 느끼는 고통스러움 같은 신체 내부의 자극이 있다. 이 자극은 신체 외부에서 오는 자극 인자와 같은 원리로 작동한다. 슈트륌펠은 과거의 경험을 토대로 이렇게 말한다.

— 정신은 깨어 있는 상태에서보다 잠들어 있는 상태에서 훨씬 더 넓고 깊게 신체에 대해 지각한다. 그래서 평시에는 알지 못했던 신체상의 변화들을 꿈에서 더 잘 감지하고 받아들인다.

아리스토텔레스 역시, 깨어 있을 때보다는 꿈에서 더 발병의 징후를 깨닫는다고 말한 바 있다. 많은 사람들에게 질병이나 장애는 꿈을 자극하는 요인으로 작용한다. 악몽을 자주 꾸는 사람은 심장이나 폐 질환을 앓고 있을 가능성이 있다. 심장병을 앓고 있는 사람들은 대체로 아주 짧고 소스라치게 놀라는 꿈이나 끔찍하게 죽는 꿈을 많이 꾼다. 폐 질환 환자들은 질식하거나 궁지에 몰려 도망치는 꿈에 시달린다.

얼굴에 물건을 올려놓거나 호흡기를 막는 인위적 실험을 통해 그런 꿈을 꾸게 할 수도 있다. 그럼에도 불구하고 이런 식의 꿈 해명이 생각만큼 의미 있는 것은 아니다. 꿈은 건강한 사람에게 나타나는 일반적인 현상이지 질병이 있는 사람에게만 나타나는 특수한 현상이 아니기 때문이다.

쇼펜하우어의 견해에 따르면, 세계관은, 우리의 지성이 외부로부터 받아들인 인상을 인과율에 따라 개조함으로써 형성된다. 꿈도 마찬가지다. 낮 동안 받은 인상의 작용이 멈추는 밤이 되면 내부에서 올라오는 인상들이 주의를 끌게 된다. 낮엔 소음 때문에 들리지 않았던 사물들의 소리가 밤엔 잘 들리는 것과 같다.

잠자는 동안의 신체 자극에 따라 꿈의 양상 또한 달라진다. 전형적인 꿈, 즉 높은 곳에서 떨어지는 꿈이라든가 이가 빠지는 꿈, 하늘을 나는 꿈 등이 특히 그렇다. 이가 빠지는 꿈은 치아 자극이 원인일 수 있으며 높은 곳에서 떨어지는 꿈은 팔 다리의 피부 압박이 그 원인일 수 있다. 이러한 현상을 시몽P. Simmon[17]은, '어떤 신체기관이 자는 동안 흥분상태에 빠지게 되면 꿈에도 영향을 미쳐 그 감정에 적합한 표상들이 구축된다'고 말한다.

볼드J. Vold는 신체 자극과 꿈의 이러한 관계를 실험을 통해 증명하고자 했다. 그는 잠자는 사람의 손발 위치를 이리저리 바꾸어 놓은 다음 꿈의 내용에 어떤 변화가 일어나는지 관찰했다. 그 결과는 다음과 같다.

1) 꿈속에서의 팔다리의 위치는 실제의 위치와 거의 일치한다.

2) 꿈속에서 팔다리를 움직이고 있으면 그 자세는 항상 실제의 자세와 같다.

3) 실제에서의 팔다리 위치를 꿈속에서 다른 사람이 모방할 경우

---

17 『꿈의 세계』의 저자.

가 있다.

4) 팔다리의 움직임이 방해받는 꿈을 꿀 수 있다.

5) 특정한 자세의 팔다리가 꿈속에서 동물이나 괴물로 나타날 수 있다. 이때 둘 사이엔 모종의 유사함이 있다.

6) 팔다리의 자세는 그 자세와 관련된 생각을 꿈꾸도록 자극한다. 손가락을 움직이면 수에 관한 꿈을 꾸게 된다.

이러한 결과로부터 내적 신체 자극이 꿈의 형성에 일정 부분 영향을 미치고 있다는 것을 알 수 있으며, 따라서 꿈의 한 원인으로 그러한 자극을 꼽을 수 있다고 추론할 수 있다.

순수한 심리적 자극 어떤 형태로든 꿈은 깨어 있을 동안의 자극에 영향을 받는다는 것이 모든 꿈 연구가들의 공통된 견해이다. 일상에서의 관심사는 꿈과 심리적 유대 관계를 형성하는데 이때의 자극을 순수한 심리적 자극이라고 한다.

물론 이러한 심리적 자극이 꿈의 유래라는 주장과 반대되는 주장이 없는 것도 아니다. 즉 꿈은 잠자는 사람의 주의를 낮의 관심사에서 멀어지게 하며, 낮 동안 우리의 주의를 끌었던 사물들은 삶에 절실한 자극을 주지 않게 된 이후에야 비로소 꿈에 나타난다는 것이다.

이러한 주장은 꿈을 해명하는 데 있어 예외의 가능성을 인정해야만 한다는 인상을 주기도 한다. 하지만 좀더 꼼꼼히 꿈의 출처를 밝히다보면, 어떤 형태로든 심리적 자극이 일차적 동기라는 것을 깨닫게 된다.

내적이든 외적이든, 그러한 자극과 더불어 깨어 있는 동안의 관심사가 꿈의 원인임을 밝혀낼 수 있다면, 우리는 꿈의 요소들이 어디에서 유래했는지 만족스럽게 해명할 수 있을 것이다. 그렇다면 의문은 풀릴 것이고 자극의 실상을 파악하는 일만 남게 될 것이다. 그러나 현실은 그렇지 못해서, 꿈을 해명하는 데 어려움을 겪고 있다. 이 점에 당혹감을 느낀 많은 연구가들이 꿈의 요인으로서 자극의 몫을 축소시키려는 경향을 보이기도 한다. 분트는 그러한 면면의 의도를 이렇게 설명한다.

— 꿈속의 환상을 순수한 환각으로 보는 것은 부당하다. 실제로 대부분의 꿈들은 낮 동안의 가벼운 인상에서 비롯된 환상일 수 있다.

바이간트 역시 이 견해를 받아들여 꿈의 일차적 원인은 감각 자극이며, 재현되는 연상이 그 뒤를 잇는다고 주장한다. 분트처럼 중립적인 연구가들은 대부분의 꿈에 신체 자극과 더불어 심리적 자극이 함께 작용한다고 설명한다.

우리는 결국 예기치 못한 심리적 자극 원인을 발견함으로써 그것이 꿈을 낳게 하는 동기가 된다는 것을 알게 될 것이다. 하지만 꿈의 원인을 이러한 심리적 활동이 아닌 다른 자극에서 찾는 일은 결코 놀라운 일이 아니다. 그러한 자극을 쉽게 찾고 증명할 수 있기 때문만이 아니다.

오늘날 정신과 의사들은 두뇌의 신체 지배는 진지하게 강조하면서도, 신체 기관의 변화를 이용해 정신 활동의 제능력을 증명하는 일에 대해서는, 마치 그것을 인정하면 자연철학이나 형이상학적 입장을 옹호하는 것처럼 거부감을 갖는다. 그러나 이러한 태도는 신체와 정신의 인과관계에 대한 불신만 낳을 뿐이다.

어떤 현상의 일차적 동기가 심리적인 것에 있다는 인식으로 연구를 진척하다 보면, 그 심리적 원인이 신체 기관에서 유래하는 것임을 알 수 있을 것이다. 궁극적으로는 심리적 영향에 대한 분석이 꿈을 해명하는 데 있어 하나의 종착역이 될 수도 있다. 그렇다고는 해도, 나는 그것을 굳이 부정할 필요는 없다고 본다.

Ⅳ. 꿈의 심리학적 특수성

꿈은 왜 망각되기 쉬운가 잠에서 깨어나면 꿈은 잘 기억나지 않는다. 깨어난 직후엔 생생했다가도 시간이 지나면 곧 사라져버리고 꿈의 단편들만 남기도 한다. 그래서 꿈을 꾸었다는 인상만 남지 구체적으로 무슨 꿈을 꾸었는지 모르는 경우가 많다.

우리는 꿈을 잘 잊고 그러한 경험에 익숙하다. 반면 오랜 시간이 지나도록 잘 안 잊혀지는 꿈도 있다. 환자들의 꿈을 분석하다보면 아주 오래된 꿈의 내용을 접하곤 놀라기도 한다. 나만 해도 37년 전에 꾼 꿈을 간밤의 일처럼 생생하게 기억하고 있기도 하다. 이러한 일들은 주목을 요하는 일이지만 이해가 잘 가지 않는 현상들이기도 하다.

이에 대해 슈트륌펠은 복잡하고 다양한 근거에서 그 원인을 찾고 있다. 깨어 있을 때처럼, 꿈에서도 망각의 원인은 일반적으로 비슷하다. 깨어 있을 때 우리는 미미하게 지각했던 것들을 금방 잊어버리는데 꿈에서도 역시 그렇다.

강렬한 꿈의 내용들은 상세하게 기억나는 반면 미미한 것들은 그렇지 않다. 그렇다고는 해도, 일관되게 그런 것은 아니어서, 강렬한 인상 자체가 늘 보존되는 것은 아니다. 선명한 꿈의 형상들을 빨리 잊는가 하면 희미한 것들이 오래도록 기억에 남아 있는 경우도 있다. 더구나 여러 번 꾸었던 꿈들은 보다 더 오래 기억된다(물론 대부분의 꿈은 일회적이다).

꿈의 망각과 관련해서 유념해야 할 것은 그것이 단편적이지 않아야 한다는 것이다. 꿈에서의 느낌을 오래도록 간직하기 위해서는 생시에서와 마찬가지로 기억의 일반적 특성, 즉 일련의 사건들이 고립됨 없이 결합돼 있어야 한다는 것이다. 그것은 마치 뒤섞인 낱말에서 뜻을 찾기보다는 정돈된 문장에서 뜻을 이해하기 쉬운 것과 마찬가지다. 하지만 대부분의 꿈들은 무질서하며 이해하기 어려워, 곧잘 잊혀진다.

꿈의 이러한 특성은 깨어 있을 때의 익숙한 심리적 관계로부터 꿈의 부분들을 떼어낸 듯한 착각을 주기도 한다. 그래서 꿈은 '우리의 정신 활동에서 떨어져나가, 훅 불면 흩어지는 구름처럼 심리적 공간을 떠다닌다.' 눈을 뜸과 동시에 우리의 감각이 주변 세계에 독점되는 상황을 생각해보면, 꿈이 그러한 상황을 극복하고 살아남기란 대단히 어려워 보인다. 설령 살아남았다 할지라도 이른 아침의 인상들 앞에서 그것은 금세 힘을 잃는다.

꿈이 쉽사리 잊혀지는 마지막 원인으로는 대부분의 사람들이 자신의 꿈에 대해 거의 관심을 기울이지 않는다는 데 있다. 반증으로, 꿈을 연구하는 사람들의 경우, 평상시보다 연구에 임하고 있을 때 더 많은 꿈을 꾼다는 사실을 감안할 필요가 있다. 즉 그런 사람들은 꿈을 더 쉽게 자주 기억한다.

슈트륌펠이 강조했듯이, 꿈의 속성이 이러한데도 많은 꿈이 그 흔적을 남기고 있다는 것은 기이한 일이다. 이러한 현상은 연구가들의 입장을 더욱 난감하게 한다.

일반화되지 않는 꿈의 특성들도 그 점에 한몫한다. 아침에 잊었다고 생각했던 꿈이 우연한 일을 계기로 낮에 기억나는가 하면 꿈의 내용들이 뒤섞이기도 한다. 결국 이를 비판적으로 보는 사람들의 입장에서 보면 꿈에 대한 우리의 기억은 위조된 것들일 수도 있다는 의심을 받기도 한다.

이에 대해 슈트륌펠 역시 비슷한 의혹을 제기한다.

— 잠에서 깨어난 의식이 꿈의 내용에 간섭한다. 실제로는 일어나지 않은 많은 것들을 꿈속에서 보았다고 상상한다.

예센은 한발 더 나아간다.

― 일관성 있다고 보이는 꿈들을 해석할 때, 우리는 예사롭지 않은 상황들을 고려해야 한다. 즉 과거의 꿈을 회상할 때 무심코 꿈의 내용들을 보충하고 보완하는 습성이 있어 진실을 밝히기 어려워진다. 길게 이어지는 꿈 가운데 진실을 말하는 경우는 거의 없거나 거의 불가능하다. 관계에 대한 정신 활동의 집착이라는 측면에서 보면, 연결되지 않는 꿈에서도 인간은 그 결핍을 보충한다.

이러한 견해와 비슷한 에제V. Egger의 글도 있다.

― 꿈을 기억하기란 참으로 어렵다. 오류를 피할 수 있는 유일한 방법은 꿈에서 깨어난 즉시 종이에 기록하는 방법뿐이다. 그렇지 않으면 전체적으로든 부분적으로든 쉽사리 잊게 된다. 전체적으로 잊어버리는 것은 차라리 나을 수 있다. 그러나 부분적으로 잊어버리는 것은 위험하다.

부분을 보완하기 시작하면 상상에 의지하기 쉽기 때문에, 우리는 자신도 모르는 사이에 창조적 예술가가 된다. 그래서 이야기를 되풀이하다보면 스스로도 자신의 이야기를 믿게 된다.

이러한 오류를 피하기 위해서는 우리의 신뢰도를 객관적으로 검증하는 수밖에 없다. 그러나 스스로의 기억에 의존할 수밖에 없는 꿈의 속성상 그것마저도 불가능하다. 그렇다면 꿈을 기억한다는 데 어떤 가치가 있는 것일까?

꿈엔 어떠한 심리적 특성이 있는가 우리는 꿈이 고유한 정신 활동의 결과라는 가정에서 꿈에 대한 특징을 살펴보았다. 그러나 완성된 꿈은 언제나 낯설어 보인다. 그래서 '꿈을 꾸었다'고 해야 함에도 '꿈에 보았다'고 말하곤 한다. 이러한 이질감은 어디에서 비롯된 것일까? 그것은 꿈의 재료 때문만은 아니다. 꿈에서나 깨어 있을 때나 이 재료는 공통된 것이기 때문이다. 결국 이러한 이질감은 꿈 특유의 심리학적 특성에서 기인한다고 볼 수밖에 없다.

꿈의 주요한 특성 중 하나는 깨어 있을 때와 달리 '형상으로 사고한다'는 데 있다. 개념으로 사고하는 낮 동안의 의식과 이것은 매우 다르다. 꿈속에서 떠오르는 표상들 역시 이 형상에 속하는 것들이다. 이 형상은 주로 '시각적 형상'을 의미하지만 반드시 그런 것만은 아니다. 때로 청각 형상이나 그보다는 미미하지만 다른 감각 인상들을 동원하기도 한다.

부르다흐K. Burdach[18]는 꿈의 특성을 이렇게 정리한다.

— 꿈속에서는 공상하는 것들을 깨어 있을 때의 그것처럼 받아들인다. 인상에 대한 이러한 감각이 우리 정신의 주관적 활동을 객관적인 것처럼 보이도록 한다. 그러므로 잠이 드는 순간, 우리의 자아는 그 기능을 중지한다.

부분적으로 다르긴 하나 델뵈프 역시 비슷한 결론을 내린다. 잠자는 동안 우리는 외부 환경과 격리돼 있기 때문에 꿈의 세계만이 현

---

18 『경험 과학의 생리학』의 저자.

실이라고 믿는다. 그렇게 믿는 한 그 현실이야말로 진실일 수 있다. 하지만 이것은 어디까지나 꿈이며, 꿈에서 깨어나 실제 현실을 깨닫기 전까지는 그것이 꿈인지 아닌지 구분할 기준도 존재하지 않는다. 결국 잠자는 동안에도 자아를 대신해 외부 환경을 받아들이는 사고 습관이 남아 있기 때문에 꿈을 진실이라고 받아들인다.

잠자는 동안 외부 세계와 격리되는 것이 꿈의 주요한 특징 가운데 하나라면, 부르다흐의 다음과 같은 견해를 참조해보는 것도 좋을 것이다. 이러한 견해가 앞의 추론을 보완해줄 것이기 때문이다.

— 일반적으로 정신이 감각 자극에 동요되지 않을 때만 잠들 수 있다. 정확히 말하면 그런 감각 자극에 관심이 끌리지 않을 수 있어야만 안정적인 수면이 가능하다. 이것이 수면의 전제 조건이다. 이 말은 곧, 정신의 안정을 돕는 감각 자극들이 있다면, 그것은 오히려 수면에 도움이 된다고까지 말할 수 있다.

예를 들어 방앗간 주인은 방아 찧는 소리가 들려야 잠이 들고, 밤에 침실용 등을 켜놓아야 잠을 잘 수 있는 사람은 어두운 곳에서는 잠들지 못한다.

잠자는 동안 정신은 외부 세계와 고립되고 격리돼 있지만 그렇다고 관계가 완전히 단절된 것은 아니다. 잠든 사람이 깨어난 연후에만 비로소 보고 느낄 수 있다면 우리는 결코 잠든 사람을 깨울 수가 없을 것이다. 그러나 정신은 수면 중에도 감각을 발동하고 있다. 큰 소리에도 잠이 깨지 않던 사람이 그 사람의 이름을 부르면 깨어난다. 감각의 크기나 정도에 따라서가 아니라, 감각과 정신의 심리적 연관성 때문에 잠에서 깨어난다.

그러므로 잠든 사람과 중요하게 연관된 감각 자극이라면 미세한 자극만을 가해도 깨어날 수 있다. 방앗간 주인은 방아 찧는 소리가 들리지 않게 되면 잠에서 깨어나고, 밤에 침실용 등을 켜 놓아야 잠드는 사람은 등이 꺼지면 깨어난다. 이는 정신이 감각 자극을 지각하고 있다는 사실을 전제로 한 것이긴 하지만, 그 자극이 평범하거나 만족스러울 때는 정신을 방해하지 않는다는 것을 보여준다.

꿈은 부조리하다 잠이 들면 정신 활동이나 심리적 기능이 저하된다는 추론에 별다른 이의를 제기할 수는 없을 것이다. 그래서 이 점을 잘 설명하는 것이 꿈의 특성을 밝히는 데 유효한 견해가 될지도 모른다. 잠에서 깬 후 받는 인상들을 곰곰이 돌이켜보면 이 주장에 설득력이 더해진다.

꿈의 내용엔 논리적 연관성이 없는 것들이 대부분이다. 앞뒤도 잘 맞지 않으며, 특별한 동기도 없이 대립하거나 불가능해 보이는 것들을 가능하게 하고, 낮 동안의 지식이나 윤리·도덕 등과 같은 가치에도 둔감하다.

잠에서 깬 후 꿈에서 본 대로 행동하는 사람이 있다면 그 사람은 미친 사람이라는 소리를 들을 것이 분명하다. 이 점에서 우리는 꿈에서의 심리 활동을 과소평가하게 되거나, 꿈에서는 지적 능력이 훼손되거나 중단된다고 믿는다. 이러한 판단은 대부분의 연구가들에게 특정 이론이나 해명의 토대가 된다. 이 관점을 견지하고 있는 연구가들의 견해를 참조해보자.

르무안A. Lemoine[19]은 꿈의 '비일관성'을 꿈의 본질적 특성으로 거론하며, 모리 또한 이러한 견해에 동조해 이렇게 말한다.

— 완벽하게 합리적인 꿈은 존재하지 않는다. 대부분의 꿈은 비이성적인데다 부조리하기 짝이 없다.

뒤가L. Dugas는 이렇게 말한다.

— 꿈의 세계는 심리적·감정적·정신적으로 무정부 상태에 있다. 그 안에서 꿈들은 어떠한 방해도 받지 않은 채 목적도 없이 유희한다. 꿈속에서 정신은 자동 인형과 같은 기능을 수행한다.

꿈의 이러한 유형에 대해 키케로는 '꿈처럼 부조리하고 난삽하며 비정상적인 상상은 없다'고 냉혹하게 말한다.

페히너[20] 또한 다음과 같이 말한다.

— 심리적 활동이 이성적인 사람의 두뇌에서 백치의 두뇌로 옮겨간 듯이 보인다.

라데슈토크P. Radestock도 말한다.

— 꿈의 혼란스러움에서 확고한 법칙을 찾아내기란 사실상 불가능해 보인다. 꿈은 이성적 의지의 감시와 주의력에서 벗어나 마치 만화경처럼 모든 것을 뒤섞어버린다.

---

19 『생리학과 심리학의 관점에서 본 수면』의 저자.
20 독일의 물리학자이자 철학자. 『정신물리학의 여러 요소들』의 저자.

힐데브란트 역시 다음과 같이 말한다.

— 꿈꾸는 사람의 비약은 참으로 놀랍다. 익숙한 경험 원칙들이 뒤집혀도 너무나 자연스럽게 대응한다. 터무니없는 상황이 과장돼 나타나도 그 모순들을 당연하게 받아들인다. 우리는 간혹 3곱하기 3은 20이라는 잘못된 곱셈을 하기도 한다. 개가 시를 낭송하기도 하고 죽은 사람이 무덤으로 걸어 들어가는가 하면, 큰 바위가 물에 떠 내려가도 전혀 이상하게 생각하지 않는다.

빈츠는 이러한 견해에 빗대 다음과 같이 말한다.

— 열 가지 꿈 중에서 최소한 아홉 가지는 허무맹랑한 내용이다. 우리는 꿈속에서 전혀 연관 없는 사람과 사물을 결합시킨다. 이러한 결합은 만화경에서처럼 모습을 달리해 때로는 훨씬 터무니없고 황당무계한 것으로 바뀌기도 한다.

깊이 잠들지 않는 두뇌의 유희는 잠이 깰 때까지 지속된다. 마침내 잠에서 깨어나 현실로 돌아왔을 때, 우리는 이마에 손을 짚으며 자신이 이성적으로 사고할 능력이 있는 사람인지 스스로 돌아보게 된다.

요틀F. Jodl[21]의 견해에 의하면, 꿈속에서는 지각된 것들을 비판하거나 교정하는 일이 전혀 없다.

— 꿈속에선 온갖 종류의 의식 활동이 나타나지만 그것들은 불완전하고 억제돼 있으며 서로 고립돼 있다.

---

21 『심리학 편람』의 저자.

그러나 꿈의 심리적 기능에 회의적인 연구가들도, 정신 활동의 흔적을 꿈에서 발견할 수 있다는 데는 대체적으로 동의한다. 기억력이나 재현 능력과 관련해 어떤 면에서는 꿈에서 더 우월한 능력을 보인다는 보고도 있다. 낮 동안의 정신 활동에 대해 보충하고 해석하는 능력도 있다고 지베크H. Siebeck는 말한다. 의식을 통해서만 꿈을 이해할 수 있다는 점을 감안하면 꿈속에서도 의식이 유지된다는 것은 명백한 사실이다.

꿈에는 질서가 없다 꿈의 장면들을 서로 결합시키는 연상 작용은 매우 특이해서 깨어 있을 때의 작동 방식과는 그 성격이 다르다고 여러 연구가들은 지적한다. 폴켈트F. Volkelt[22]는 이렇게 말한다.

— 꿈속에서 장면들은 우연한 유사성과 거의 이해할 수 없는 관계에 따라 결합된다. 대개의 꿈들이 이처럼 무질서하고 자유로운 연상들로 가득 차 있다.

모리는 꿈속에서의 이러한 특성을 중시해 그것이 일종의 정신 장애와 비슷하다고 보았다. 그는 발음이 비슷한 낱말들의 연상에 의해 장면이 뒤바뀌며 전개되는 두 가지 꿈에 대해 얘기한다.

하나는 예루살렘이나 메카로 순례('펠리나제')를 떠나는 꿈이었다. 꿈속에서 그는 많은 모험을 겪은 후 화학자 '펠르티에'를 만난다. 화

---

22 독일의 철학자 · 미학자. 『확실성과 진리』의 저자.

학자는 그와 대화를 나눈 뒤 아연으로 만든 삽('펠르')을 준다. 이어 삽은 칼날이 넓은 칼로 변한다. 여기서 '펠리나제'와 '펠르티에'와 '펠르'는 모두 발음상으로 비슷한 낱말들이다. 이처럼 꿈은 비슷한 발음의 연상만으로 장면을 이어나간다.

또 하나의 꿈은 이렇다. 그는 시골길을 걸어가고 있다. 이정표에서 '킬로미터'라는 표시를 읽는다. 그 다음에는 커다란 저울이 있는 잡화점으로 들어간다. 그러자 한 남자가 그의 몸무게를 재기 위해 저울 위에 1킬로그램짜리 추('킬로게비히테')를 올려놓는다.

잡화점 주인이 모리에게 말한다. "당신은 지금 파리가 아니라 '질롤로Gilolo' 섬에 있소이다." 이어서 여러 개의 장면들이 이어진다. '로벨리아' 꽃과 얼마 전 신문에 부고가 난 '로페츠' 장군이 나타나더니 마침내 '로또' 복권 게임을 하다가 그는 잠에서 깨어난다. 여기서도 앞서와 마찬가지로 '킬로미터'와 '킬로그램'과 '킬로게비히테'가 비슷한 낱말들이다. 또 '질롤로' 섬과 '로벨리아', '로페츠', '로또' 등도 비슷한 낱말들이다.

그러나 꿈의 심리적 능력을 경시하는 이러한 태도에 맞서는 견해들도 있다. 뒤가는 꿈을 가리켜, '이성과 반대되는 것이 아니며 이성을 완전히 결여한 것도 아니다'라고 말한다. 특히 심리학자 설리 J. Sully의 말은 주목할 만하다. 그는 꿈의 숨겨진 의미에 대해 이렇게 말한다.

— 우리의 꿈은 부단히 이어지는 개성들을 보존하는 수단이다. 꿈속에서 우리는 사물들에 대한 인상이나 그 옛날 우리를 지배했던 충

동과 활동으로 되돌아간다.

정신적 산물로서의 꿈에 대한 평가는 여러 문헌에서 다양하게 나타난다. 꿈의 심리적 능력에 대한 과소평가에서부터 과대평가에 이르기까지 그 이론과 견해의 차이를 접하다보면 꿈의 특징을 규정하려는 시도 자체가 무익한 것처럼 보이기도 한다.

한마디로 꿈에서는 모든 것이 가능하다고 말하는 것으로 충분치 않을까 하는 생각이 들기도 한다. 그러나 무시할 수 없는 한 가지 사실은 있다. 본질적으로 꿈만의 고유한 특성이 있으며 그 특성을 토대로 일련의 모순들을 해결할 수 있다는 것이다. 이 희망이 모든 꿈 연구가들의 노력을 고무시키는 원동력이다.

아직 해명되지 않은 난해한 문제들이 꿈 연구에 산적해 있음에도, 꿈에는 우리가 인정할 수밖에 없는 몇 가지 정신적 능력이 있다. 여러 방면의 사례와 관찰한 보고에 따르면 꿈은 낮에 다하지 못한 지적 작업을 수행할 수 있으며, 의혹을 해결하고, 예술가들에게 새로운 영감의 근원이 되기도 한다. 논란이 많긴 하지만 꿈의 예언적 능력을 무시해버리기에도 찜찜한 구석이 있다. 이러한 문제는 심리학적으로 해명할 수 있는 가능성이 아직은 많이 열려 있으므로 판단을 유보하는 것이 좋을 것이다.

Ⅴ. 꿈에서의 윤리적 감정

깨어 있는 동안의 도덕적 성향과 감정이 꿈에도 영향을 미치는지, 영향을 미친다면 어느 정도로 미치는지에 대한 견해들은 우리를 당황하게 한다. 한편에서는 꿈과 도덕적 성향이 무관하다고 주장하는 반면, 다른 한편에서는 도덕적 품성이 꿈에서도 유지된다는 입장을 취한다.

일견 보면, 앞서의 주장이 더 그럴 듯해 보인다. 예센은 이렇게 말한다.

— 인간은 꿈속에서 더 선량해지거나 좋아지지 않는다. 양심은 꿈속에서 침묵하는 듯 보인다. 동정심 따위도 느끼지 않으며 흉악한 범죄를 저지르고도 후회하거나 하지 않는다.

라데슈토크 또한 말한다.

— 꿈속에서는 어떤 미학적 취향이나 도덕적 판단도 개입되지 않는다. 각 장면들은 그때그때의 연상들에 의해 결합될 뿐, 판단력은 미약하고 윤리적 무관심이 전체를 지배한다.

폴켈트도 말한다.

— 대부분이 그렇듯, 꿈속에서는 성적(性的) 일탈이 자주 일어난다. 모든 도덕적 감정과 판단력을 잃은 듯, 깨어 있을 때에는 상상도 못할 행위들을 노골적으로 벌인다.

반면 쇼펜하우어는, '모든 사람은 꿈속에서 자신의 성격대로 이야기하고 행동한다'고 말해 위의 견해와 대립한다. 하프너P. Haffner 또한 이의 연장선상에 있다.

— 드문 경우를 제외하곤, 덕망 높은 사람은 꿈속에서도 덕망 높은 행동을 한다. 그는 유혹에 흔들림 없이 온갖 악행이나 패륜을 멀리한다. 그러나 죄 많은 인간은 다르다. 그는 평상시의 생각들을 꿈속에서도 그대로 드러낸다.

숄츠F. Scholz도 비슷한 견해를 피력한다.

— 꿈속에는 진실이 존재한다. 아무리 고귀하거나 비열하게 위장하더라도 우리는 자신을 알아본다. 선량한 인간은 꿈속에서도 수치스러운 범죄를 저지르지 않으며, 그러한 일이 있으면 충격을 금치 못한다. 그런 면에서 로마 황제가 자신을 살해하는 꿈을 꾼 신하를 응징한 것은 그렇게 별난 행동이 아니다. '꿈에도 그런 생각을 한 적이 없다'는 말은 이 점에서 설득력을 지닌다.

플라톤은 '꿈속에서만 악덕을 행하는 사람은 매우 선량한 사람'이라고 말해 이와 대조를 보였지만, 힐데브란트는 '인간의 도덕적 품성은 꿈에서도 유지된다'며 다음과 같이 말한다.

— 학문이나 계산상의 착오 같은 것은 예외지만 선과 악, 정의와 불의, 미덕과 패륜 같은 구분은 꿈속에서도 사라지지 않는다. 깨어 있는 동안 겪는 대부분의 일상과 달리 칸트의 정언적 명령은 꿈에서도 분리될 수 없는 것으로서 우리와 밀착돼 있다. 이러한 도덕적 본성은 꿈에서도 현혹되지 않을 만큼 확고한 것이다.

그러나 이 문제에 대한 연구가들의 대립은 혼란스럽기만 하다. 꿈이 인간의 도덕률과 관계 없다고 생각하는 사람들은 비도덕적인 꿈에 대해서는 관심을 보이지 말아야 할 것이다. 반면 도덕성에 대한 '정언적 명령'이 꿈에서도 힘을 발휘한다고 생각하는 사람들은 비도덕적인 꿈에 대해 책임을 져야 할 것이다. 하지만 어느 쪽도 선이나 악에 대해 확실하게 판별할 수 있는 사람은 없는 것 같다. 아울러 비도덕적인 꿈에 대해, 그러한 기억을 갖고 있지 않다고 주장할 수 있는 사람도 없는 것 같다. 그런 면에서 양측 모두에게 분명한 사실은 꿈의 비도덕성에 특별한 심리적 근거가 있음을 인정해야 한다는 것이다.

그 심리적 근거에 욕망의 문제가 개입돼 있음을 베니니V. Benini는 이렇게 설명한다.

— 완전히 억눌려 소멸됐다고 생각한 욕망들이 꿈속에서 되살아난다. 은폐돼 있던 과거의 정열이 부활하고 예기치 않던 일이나 사람들이 우리 앞에 나타난다.

폴켈트는 좀더 유연하게 입장을 정리한다.

— 깨어 있는 동안 의식에 침입해 숨어 있던 기억들도 꿈속에 나타나 자신들이 아직 정신 안에 존재한다는 것을 알리곤 한다.

숨어 있는 기억들이 꿈속에 떠오르는 것을 우리는 '의도하지 않은 표상들'이라 부를 수 있을 것이다. 이 의도하지 않은 표상들은 왜 밤에 고개를 드는 것일까? 여기에서 다시 의견이 갈린다.

힐데브란트를 비롯해 그를 지지하는 사람들은, 부도덕한 충동들은 깨어 있는 동안 어느 정도 힘을 갖고 있지만 억압돼 있어 행동으로 드러나지 않는다고 말하면서, 제어기처럼 충동을 억제하고 있던 것이 꿈에서 떨어져나가 인간 본연의 모습을 보여준다고 말한다.

이러한 가정은 도덕적 손상을 상기시키는 경고자의 역할을 꿈에 부여한다. 뿐만 아니라 이 경고자는 알지 못하고 있던 신체적 질병을 환기시키는 역할도 수행한다. 이 논리에 따르면 '의도하지 않은 표상'은 곧 '억압돼 있는 표상'이다.

다른 연구가들의 견해는 이러한 추론을 무색케 한다. 예센은 의도하지 않은 표상들을 지적하면서, '의지력이 휴식을 취하고 있는 가운데 표상들은 내적 움직임에 따라 기계적으로 진행되는 특성'이 있다고 말한다. 모리는 부도덕한 꿈에 대해 이렇게 말한다.

— 우리를 말하고 행동하게 하는 것은 우리의 성향이다. 양심은 때때로 경고할 뿐 우리를 제어하지 못한다. 나는 문제 있는 나의 성향들에 주의하면서 깨어 있을 때는 그것에 대항하려 노력하지만 꿈속에선 의도대로 되지 않는다. 꿈속에선 아무런 두려움이나 후회 없이 충동에 따라 행동한다. 꿈속의 환영들은 내 의지의 영역 밖에 있는 어떤 자극들에 의해 촉발되는 것이 분명하다.

그는 이 점에 대해 좀더 예리하게 첨언한다.

— 꿈속에서 인간은 있는 그대로의 자신과 부딪친다. 깨어 있는 동안에는 양심이나 명예심, 두려움 등이 우리를 지켜주지만 그러한 통제를 벗어나는 순간 정열의 노리개가 된다.

그러나 꿈속에서 느끼는 감정들이 우리의 의식과 전혀 무관한 것만은 아니다. 슈트리커S. Stricker는, 꿈이 오로지 허위로만 이루어진 것은 아니라고 말하면서, 꿈속에서 강도를 만났다면 강도는 상상의 산물이지만 두려움은 현실적인 것이라고 지적한다. 그렇다면 꿈속에서 겪는 이러한 흥분, 감정의 기조들을 꿈의 내용과는 다르게 판단해야 할 것이다.

두번째 장
꿈을 어떻게 해석할 것인가

정신 분석을 하기 위해서는 환자의 협조가 필수적이다. 환자는
마음을 편안히 하고 떠오르는 생각에 집중해야 한다. 비판의식
을 가져서도 안 되고 편견에 빠져 있어서도 안 된다. 눈을 감고
주의를 기울여 머리에 떠오르는 모든 것들을 남김 없이 말할 수
있어야 한다.

꿈은 의미 있는 정신 활동이다 나는 꿈을 해석할 수 있다고 믿는다. 사실 이러한 가정은 이제까지 살펴보았던 꿈에 대한 지배적 이론들과는 대립하는 것이다. 꿈을 해석한다는 것은 꿈에 어떤 의미를 부여하는 것이고, 그것은 곧 꿈을 일반적인 정신 활동과 동등하게 취급하는 것이기 때문이다. 하지만 이제까지의 꿈 이론들은 꿈을 정신 활동의 영역에 포함시키지 않았다. 꿈을 무의미한 신체적 증상, 즉 하품이나 재채기 정도로만 파악해왔다. 이런 입장에서 볼 때 꿈은 황당무계하며 불합리하고 부조리한 현상에 지나지 않는다.

하지만 모든 사람이 다 이렇게 생각하고 있는 것은 아니다. 대개의 보통사람들은 꿈에 어떤 의미가 있다고 믿는다. 그래서 사람들은 예부터 꿈을 해석하려고 노력해왔다. 이 과정에서 꿈을 해석하는 두 가지 방법이 통용돼 왔다. 상징적인 해석 방법과 암호 해독법이 그

것이다.

상징적인 해석 방법은 꿈의 내용에 주목해 이미 존재하는 어떤 전범에 맞추어 꿈을 해석하는 방식이다. 이 방법의 좋은 실례로『구약성서』에 나오는 요셉의 '이집트 파라오 꿈' 해석을 들 수 있다. 이집트의 왕 파라오가 꾼 꿈은 이렇다.

일곱 마리의 살찐 황소가 나타난다. 뒤이어 일곱 마리의 마른 암소가 뒤쫓아와 이 살찐 암소를 잡아먹는다. 그런데도 마른 암소의 몸은 그대로다.

이 꿈을 해석할 사람이 없자 요셉이 나서서 해몽한다.

"일곱 마리는 7년을 뜻하고 살찐 암소는 풍년을 뜻한다. 같은 논리로 마른 암소는 흉년을 뜻한다. 그러므로 이 꿈은, 7년간 풍년이든 끝에 7년간 흉년이 들어 그동안 비축해 둔 물자를 모두 먹어치운다는 예언을 상징한다."

어떤 꿈을 상징적으로 해석하는 데 정해진 지침은 없다. 성공 여부는 재치 있는 착상과 순간적인 직관에 달려 있다. 그러므로 이 방법엔 특별한 재능이 필요한 것처럼 보인다.

암호 해독법은 말 그대로 암호문처럼 꿈을 다뤄 해석하는 방법이다. 암호문에서 모든 부호는 이미 정해져 있는 암호 해독의 열쇠에 따라 다른 부호로 번역된다. 예를 들어 편지와 장례식 등이 등장하는 꿈을 꾸었다고 치자. 해몽서를 찾아보면 편지는 불쾌감을, 장례식은 약혼을 의미한다는 것을 알 수 있다. 암호 해독법은 이렇게 해독된 낱말들을 토대로 꿈의 내용을 재구성해 해석한다. 이 방법은 꿈 전체가 아니라 꿈의 부분에 관심을 갖는다. 그래서 꿈은 특정한 의미를 지닌 부분들의 결합처럼 보인다. 이 암호 해독법을 만들어낸 동기는 전후 관계 없이 혼란스러운 꿈들 탓이다.

그러나 이 두 가지의 해석 방식은, 학문적인 관점에서 보면 그다지 유용하다고 할 수 없다. 상징적인 방법은 그 적용 범위가 제한돼 있어 설득력 있는 해석을 낳기가 불가능하다. 암호 해독법에서 모든 것은 암호 해독의 열쇠말에 달려 있다. 어떤 해몽서를 택하느냐가 신뢰의 관건이 된다. 이런 사정 때문에 연구가들은 꿈을 해석하는 데 있어 상당히 비관적이다. 그러나 나는 다르게 생각한다. 꿈에 대한 보통사람들의 믿음이 연구가들의 그것보다 더 진실에 가깝게 보인다. 나는, 꿈에는 해석 가능한 의미가 숨어 있다고 확신한다.

그러한 확신을 나는 정신 분석을 통해 환자를 치료하면서부터 갖게 되었다. 정신 분석은 히스테리성 공포증이나 강박관념 같은 정신병을 해명하고 치료하기 위한 방식인데, 이 작업의 일환으로 나는 꿈을 해석하게 되었다.

환자들에게 특정한 주제와 관련해 떠오르는 생각들을 빠짐없이 이야기하라고 하자 그들은 자신의 꿈 내용도 들려주었다. 환자들의 꿈 이야기를 들으면서 병인(病因)의 근원에 다가갈 수 있다는 것을 알게 되었고, 이러한 방식을 차용해 꿈을 해석해 보자는 생각이 자연스럽게 떠올랐다.

꿈의 해석과 정신 분석　정신 분석을 하기 위해서는 환자의 협조가 필수적이다. 환자는 마음을 편안히 하고 떠오르는 생각에 집중해야 한다. 비판의식을 가져서도 안 되고 편견에 빠져 있어서도 안 된다. 눈을 감고 주의를 기울여 머리에 떠오르는 모든 것들을 남김 없이 말할 수 있어야 한다.

그러나 대부분의 경우 비판적 관점을 포기하고 자유 연상에 의지해 사고하고 말하기란 참으로 어려워 보인다. 어떤 생각들은 억눌려 있어 아예 생각의 표면으로 떠오르지 못하는 것들도 있다.

이 폐단을 극복하려면 자신이 하나의 심리적 관찰자가 되어 스스로를 바라볼 수 있어야 한다. 그러한 관점으로 자신의 내면을 응시하는 훈련을 하게 되면 비판적 활동을 억제할 수 있다. 그래서 이 방법을 잘 적용하면 꿈의 일부만 기억해내도 분석의 효과를 얻을 수 있다.

관찰 훈련이 제대로 안된 대부분의 환자들에게 꿈꾼 내용을 질문하면, 그들은 정신적으로 아무것도 포착하지 못한다. 그러나 꿈을 부분적으로 나누어 말해 볼 것을 주문하면 다양한 배후 생각들을 떠올린다. 이 배후 생각들을 조합하면 보다 큰 그림을 그릴 수 있다. 나의 정신 분석 방식은 이러한 부분적 해석을 지향한다. 이 방식은 암호 해독법과 유사하지만 그리 간단하지만은 않다.

꿈은 그것을 꾼 사람에 따라, 또 내용에 따라 다양한 의미가 숨어 있다는 것을 인정해야 한다. 그래서 나는 우선 스스로의 꿈을 분석해보기로 했다. 이 또한 간단한 일은 아니지만 꿈의 다양한 동기들에 대해 편안하게 접근할 수 있다는 장점이 있다. 게다가 나 자신을 관찰하는 일이 타인을 관찰하는 것보다 유리하다. 물론 혹자는, 자의성을 배제할 수 없다면서 이러한 자기 분석의 신뢰성에 대해 의혹을 제기할 수도 있을 것이다. 또 자신의 내밀한 부분들을 드러내는 데서 오는 쑥스러움과 멋쩍음을 극복해야 한다는 문제도 있다. 이로 인한 오해의 가능성 또한 무시할 수 없다.

하지만 나는 이러한 난점도 극복해야 한다고 본다. 델뵈프가 말한, '모든 심리학자는 자신의 약점까지도 고백할 수 있어야 한다'는 견해에 전적으로 찬동하기 때문이다.

환자 이르마를 정신 분석함 1895년 여름 나는 이르마라는 젊은 부인을 정신 분석 요법으로 치료한 적이 있다. 이 환자는 우리 가족과도 친해, 내 입장에서는 괴로운 측면도 있다. 친한 사이다 보니 개인적 관심은 커지는 반면 의사로서의 권위는 약화된다. 치료에 실패할 경우 환자 가족과의 오랜 친교에도 금이 갈 위험이 있다. 치료는 부분적으로 성공해 히스테리성 공포는 극복됐지만, 완치된 것은 아니어서 신체적 증상이 다 사라진 것은 아니었다. 나는 하나의 해결책을 제시했는데, 환자로서는 받아들이기가 난감했는지 응하지 않아 치료는 중단됐다.

그러던 어느 날, 나와 가까운 젊은 의사가 이르마와 그녀의 가족이 머물고 있던 시골에 다녀와 나를 찾았다. 나는 환자의 안부를 물었고 젊은 의사인 오토는, '전보다 나아지긴 했지만 썩 좋아 보이지는 않는다'고 대답했다. 나는 오토의 이러한 말투에서 다소 불쾌한 기색을 느꼈다. 그의 눈빛엔 환자에게 너무 많은 것을 요구하고 있다는 힐난의 감정이 담겨 있었다. 정당하든 부당하든, 오토의 그런 감정은 환자 가족의 영향 탓일 거라고 나는 짐작했다. 진작부터 이르마의 가족들은 나의 치료를 달가워하지 않았기 때문이다.

그날 저녁 나는 우리를 지도하고 있던 의사 M에게 변명할 목적으로 이르마의 병력을 기록했다. 그리고 이날 밤 꿈을 꾸었다.

넓은 홀이다. 우리는 많은 손님들을 접대하고 있다. 손님 중에 이르마가 눈에 띈다. 나는 그녀를 한쪽 구석으로 데려가 나의 해결책을 받아들이지 않은 그녀의 태도를 비난한다.

"당신이 아직도 아프다면 그건 당신 탓입니다."

그녀가 대답한다.

"내가 지금 목과 배가 얼마나 아픈지 알아요? 꼭 짓누르는 느낌이에요."

나는 깜짝 놀라 그녀를 바라본다. 그녀의 얼굴은 창백하고 퉁퉁 부어 있다. 몸에 병이 있는데 내가 모르고 지나친 것은 아닐까 하는 우려가 머리를 스친다. 나는 그녀를 창가로 데려가

목 안을 살펴보려 한다. 하지만 그녀는 틀니를 낀 여자들처럼 입 벌리기를 거부한다. 마침내 그녀가 입을 크게 벌렸고 나는 목 안 오른쪽에서 커다란 반점을 발견한다. 나는 급히 의사 M 을 부른다. 그는 진찰한 다음 틀림없다고 확인한다. M의 모습은 평소와 달라서 얼굴은 창백하고 턱수염도 없는데다 다리는 절고 있다.

이르마의 옆에는 어느 틈엔가 의사 오토도 와 있다. 또 다른 친구 레오폴트가 그녀를 진찰한 후 왼쪽 아랫 부분에서 탁음이 들린다고 말하면서, 왼쪽 어깨 쪽의 피부를 가리킨다. 그때 M 이 말한다.

"감염된 것이 틀림없네. 하지만 별일은 아니지. 이질 증상이 나타나면서 병균이 빠져나올 걸세."

우리는 즉시 어디서 감염됐는지 알아낸다. 의사 오토가 얼마 전 그녀의 몸이 좋지 않았을 때 프로필 약제, 프로필렌, 프로피온산, 트리메틸아민을 주사했던 것이다. 그런 주사는 그렇게 경솔하게 놓는 법이 아니다. 분명 주사기 역시 소독하지 않았을 것이다.

다른 꿈들에 비해 이 꿈은 주제가 무엇인지 분명하게 드러나는 장점이 있다. 오토에게 들은 이르마의 안부와, M에게 변명할 목적으로 밤 늦게까지 기록한 병력이 수면 중에도 정신 활동을 지속하게 한 것이다. 이 꿈을 분석하면 이렇다.

◇ **넓은 홀이다. 우리는 많은 손님들을 접대하고 있다** : 그해 여름 아내의 생일 파티가 열리기 이틀 전, 내 아내는 자신의 생일날 여러 명의 친구들이 찾아올 것이라고 예상했다. 친구들 중에는 이르마도 포함돼 있었는데, 내 꿈은 그러한 상황을 예견한 것이다. 아내의 생일이 되어 우리는 이르마를 포함한 많은 사람들을 넓은 홀에서 접대한다.

◇ **당신이 아직도 아프다면 그건 당신 탓입니다** : 당시 나는 환자들에게 증상의 숨겨진 의미를 알려주는 것이 내 임무의 전부라고 생각하고 있었다. 해결책을 받아들이지 않는 것까지 내가 책임져야 한다고는 생각하지 않았다. 꿈속의 이르마에게 하는 내 말에서, 그녀의 통증을 책임지고 싶어하지 않는 이러한 의도가 읽힌다. 통증의 원인이 해결책을 거부한 이르마에게 있다면 그것은 내 잘못이 아니다. 꿈의 내용 또한 이러한 측면에서 해석해야 하지 않을까?

◇ **내가 지금 목과 배가 얼마나 아픈지 알아요? 꼭 짓누르는 느낌이에요** : 배의 통증은 이르마가 느끼는 증상들 가운데 하나였다. 그러나 그리 심하지는 않았다. 그보다는 메스꺼움과 구토감에 대해 더 하소연했다. 목의 통증이나 복통, 짓누르는 것 같은 증세는 그녀에게 그리 대수로운 증상이 아니었다. 꿈에서 왜 이러한 증상들을 선택하게 되었는지 의아했지만, 당장은 알 길이 없다.

◇ **그녀의 얼굴은 창백하고 퉁퉁 부어 있다** : 이르마의 얼굴은 항상 불그스름했다. 여기에서 나는 다른 인물이 이르마와 대체된 것이 아닐까 추측한다.

◇ **몸에 병이 있는데 내가 모르고 지나친 것은 아닐까 하는 우려가 머리를 스친다** : 오진에 대한 걱정은 전문의라면 결코 벗어날 수 없는 두려움이다. 하지만 이르마의 통증은 몸에서 연유하는 것이고, 그렇다면 그것은 내 소관이 아니다. 내겐 그것을 치료할 의무가 없다. 나는 그녀의 히스테리성 통증만을 치료하면 된다.

◇ **나는 그녀를 창가로 데려가 목 안을 살펴보려 한다. 하지만 그녀는 틀니를 낀 여자들처럼 입 벌리기를 거부한다** : 내겐 이르마의 목 안을 진찰할 기회가 전혀 없었다. 이 장면에서 어떤 여자 가정교사를 진료했던 기억이 떠오른다. 그녀는 젊고 아름다워 보였지만 입을 벌리게 하자 의치를 숨기려 했다. 이것은 드러내 보았자 피차간에 기분 좋을 것 없는 사소한 비밀에 대한 기억들과 연관된다.

◇ **나는 급히 의사 M을 부른다** : 이 장면은 M이 우리 사이에서 차지하는 지위와 관련해 생각해보면 상식적으로 수긍이 간다. 그러나 '급히'라는 대목은 눈길을 끈다. 여기에서 과거에 겪었던 슬픈 체험 하나가 생각난다. 언젠가 나는 안전하다고 생각된 약제를 처방했는데, 환자가 심한 중독 현상을 일으켜 '급히' 도움을 요청해야 했던 적이 있었다. 불행히도 그 환자는 사망했으며, 이 충격적인 사건은 나의 뇌리에 깊숙이 각인돼 있다. 아울러 이 환자의 이름이 나의 큰딸과 같다는 것을 나는 나중에 알았다. 그것은 마치 운명의 보복처럼 생각되었다.

◇ **M의 모습은 평소와 달라서 얼굴은 창백하고 턱수염도 없는데다 다리는 절고 있다** : M의 창백한 안색이 주위 사람들의 걱정을 사고 있

는 것은 사실이다. 그러나 '턱수염'과 '절고 있는 다리'는 다른 사람, 외국에 살고 있는 내 형님에게서 온 것이 틀림없다. 그 형님은 턱수염을 깨끗하게 밀고 있으며 인상도 M과 비슷하다. 관절염 때문에 다리를 전다는 소식도 며칠 전 들은 터였다. 이렇게 두 인물이 꿈속에서 하나로 결합된 데는 이유가 있다. 사실 나는 두 사람 모두에게 비슷한 사정으로 기분이 나빠져 있었다. 두 사람에게 어떤 제안을 했는데 둘 다 거절했던 것이다.

　◇ 이르마의 옆에는 어느 틈엔가 의사 오토도 와 있다. 또 다른 친구 레오폴트가 그녀를 진찰한 후 왼쪽 아랫 부분에서 탁음이 들린다고 말하면서, 왼쪽 어깨 쪽의 피부를 가리킨다 : 오토와 레오폴트는 같은 의사이면서 친척 간이기도 한 운명적 경쟁자이다. 이 두 사람은 한때 나를 도와 2년간 일했다. 따라서 꿈속의 이러한 장면은 내겐 익숙한 광경이다. 내가 오토와 함께 증세에 관해 논의하고 있으면, 레오폴트는 환자를 다시 한번 진찰해 예기치 않은 도움을 주곤 했다. 이들 두 사람은 경쟁자답게 성격도 판이했다. 한 사람은 민첩했고, 다른 한 사람은 신중하면서 꼼꼼했다. 내가 꿈에서 두 사람을 대립시켰다면 그것은 신중한 성격의 레오폴트를 칭찬하기 위해 그랬을 것이다. '왼쪽 아랫 부분의 탁음'은 레오폴트의 신중함에 감탄했던 어떤 사건과 관련돼 있다는 인상을 준다.

　◇ 그때 M이 말한다. "감염된 것이 틀림없네. 하지만 별일은 아니지. 이질 증상이 나타나면서 병균이 빠져나올 걸세" : 이 말은 다소 우스꽝스럽게 들린다. 하지만 신중히 분석하면 어떤 의미의 가닥이 잡힌다.

내가 환자에게서 발견한 것은 국부적인 디프테리티스였다. 이 병이 전신으로 감염되면 디프테리아가 되는데, 나는 내 딸이 병에 걸렸을 때 이와 관련해 토론을 벌인 적이 있다. 그런데 레오폴트는 탁음을 통해 전신이 감염됐다는 것을 확인했고, 이는 곧 병을 전이시킨 여러 경위를 생각나게 한다. '별일은 아니지'라는 발언은 위로하는 말이다. 이 위로를 통해 나 또한 책임감에서 자유로워지고 싶어했던 것 같다. 디프테리티스가 낫지 않는 것은 정신과 의사인 내 책임일 수 없다. 하지만 그러한 책임을 모면하기 위해 나는 이르마에게 병을 뒤집어씌운 꼴이 된다. 민망한 일이 아닐 수 없다. 그래서 희망적인 결말을 약속할 필요가 있었을 것이다. 내가 M의 입을 통해 위로의 말을 하게 한 것은 그런 측면에서 일리 있는 선택이었던 듯하다.

◇ **우리는 즉시 어디서 감염됐는지 알아낸다** : 꿈에서 '즉시 알아낸다'는 발상은 납득이 잘 안 간다. 감염된 사실을 증명한 것은 레오폴트였으므로, 우리는 그 전까지만 해도 어디서 감염된 것인지 몰랐다고 봐야 한다.

◇ **의사 오토가 얼마 전 그녀의 몸이 좋지 않았을 때 프로필 약제, 프로필렌, 프로피온산, 트리메틸아민을 주사했던 것이다** : 실제로 오토는 이르마 가족들과 함께 있는 동안, 근처의 호텔로 왕진을 가 어떤 환자에게 주사를 놓은 적이 있다고 고백했었다. '주사'라는 표현에서 코카인에 중독됐던 친구에 대한 기억이 떠오른다. 나는 그 친구에게 모르핀을 끊는 동안 내복약으로만 코카인을 사용하라고 권유한 적이 있었다. 하지만 그 친구는 내 말을 듣지 않았다. 망설임 없이 코

카인 주사를 맞았던 것이다.

    ◇ **그런 주사는 그렇게 경솔하게 놓는 법이 아니다 : 여기에서 '경솔하다'는** 비난은 오토를 겨냥하고 있다. 나는 그가 말과 눈빛으로 반감을 드러냈던 그날 오후 이와 비슷한 생각을 한 적 있다. 어쩌면 저렇게 남의 말을 쉬이 곧이듣고 경솔하게 판단할까 하는 생각이 들었던 것이다. 이 밖에도 이 구절은 생각 없이 코카인 주사를 맞고 세상을 떠난 친구를 다시 암시한다. '경솔한 주사'를 통박하는 오토에 대한 이 비난을 통해 그 친구의 불행을 언급하고 싶었는지도 모른다.

    ◇ **분명 주사기 역시 소독하지 않았을 것이다 :** 이 부분 역시 오토를 향한 비난이지만 근본 원인은 다른 데 있다. 나는 매일 두 차례씩 모르핀 주사를 놓아주던 여든 살 넘은 노부인의 아들을 어제 만났다. 아들이 전하는 소식에 의해 나는 그 노부인이 정맥염에 걸렸다는 사실을 알았고, 그렇다면 이는 불결한 주사기가 원인일 것이라고 생각했다. 사실 나는 2년 동안 모르핀 주사를 놓았지만 단 한 번도 그녀에게 병균을 침윤시키지 않았다. 모름지기 의사라면 그래야 마땅하다. 나는 그렇게 성실한 것이다.

    이것으로 나는 내 꿈에 대한 해석을 마쳤다. 해석을 하는 동안 나는 꿈의 배후에 떠오르는 생각들을 자제하기 위해 노력했고, 그러면서 꿈의 의미와 동기를 깨닫게 되었다. 꿈은 전날 저녁의 일들과 관련돼 있다. 전날 오토가 가져온 소식과 나의 병력 기록이 동기이며, 이를 통해 나는 몇 가지 소망을 충족시킨다.

꿈의 결론은 이르마의 고통이 내 책임이 아니라는 것이다. 그 책임은 오토에게 있다. 오토는 이르마가 완치되지 않았다는 말로 나를 불쾌하게 했고, 나는 꿈속에서 그 비난을 오토에게 돌려줌으로써 복수하고자 한 소망을 이루었다. 또 꿈은 이르마의 현재 상태가 다른 원인 때문이라는 근거들을 제시하면서 나를 책임에서 벗어나게 해주었다. 꿈은 내 소망대로 일련의 사실들을 꾸며내면서 나를 위무한다. 따라서 꿈의 내용은 소망 충족이고 그 동기는 소망이다. 꿈을 해석해보면 이러한 인식에 이를 수 있다.

꿈의 목적은 소망 충족에 있다

나는 꿈이 소망 충족이라는 인식에 이르렀다. 그러나 꿈이 소망
충족이라면 무엇 때문에 이렇듯 기이하고 복잡한 방식으로 나타
나는 것일까? 이러한 변화는 어떤 경로를 통해 이루어지는 것일
까? 이러한 의문은 꿈의 보편적 특징에 대한 여러 가지 생각으
로 우리를 이끈다.

나는 꿈이 소망 충족이라는 인식에 이르렀다. 그러나 이러한 인식이 최종적인 것은 아니다. 연이어 다양한 의문들이 꼬리를 문다. 꿈이 소망 충족이라면 무엇 때문에 이렇듯 기이하고 복잡한 방식으로 나타나는 것일까? 이러한 변화는 어떤 경로를 통해 이루어지는 것이며 꿈의 재료는 또 어디에서 오는 것일까?

이러한 의문은 꿈의 보편적 특징에 대한 여러 가지 생각으로 우리를 이끈다. 우리가 분석한 첫번째 꿈은 소망 충족이었지만 다양한 형태의 꿈이 있다는 점을 또한 부인할 수 없다. 두려움에 대한 꿈도 있고 성찰하는 꿈도 있으며 단순히 추억을 재현하는 꿈도 있을 수 있다.

소망 충족을 목적으로 하는 꿈의 사례는 너무나 많다. 그래서 왜 진작 꿈의 이러한 특성을 이해하지 못했는지 의아해지기도 한다.

가령 특별히 짠 음식을 먹었을 때 나는 종종 물 마시는 꿈을 꾼다. 꿈속에서 나는 벌컥벌컥 물을 들이켜곤 하는데, 실제에서처럼 물맛이 아주 좋다. 그러면 나는 잠에서 깨어나고, 곧 물을 마시게 된다. 즉 이 꿈을 통해 나는 갈증이라는 목마름을 해결함으로써 소망을 충족한다. 이 과정에서 꿈은 한 가지 기능을 수행한다.

나는 비교적 잘 자는 편이라 어떤 욕구 때문에 잠에서 깨어나는 경우가 흔치 않다. 물 마시는 꿈으로 갈증을 해소할 수 있다면 굳이 깨어날 필요가 없다. 편리하게 물 마시는 꿈을 꾸기만 하면 된다. 그런데 나는 깨어나고, 그제서야 실제로 물 마시고 싶다는 소망을 충족한다. 그러니까 이 꿈은 앞서 분석한 꿈과는 좀 다르다. 오토에 대한 복수욕의 꿈과 달리, 이 꿈에서의 갈증 해소 욕구는 꿈에서 충족되지 않는다.

그러나 '갈증 해소'와 관련해 얼마 전에 꾼 꿈은 좀더 달랐다. 그날 밤 나는 갈증을 느껴, 침대 옆 탁자 위에 있던 물을 마시고 잠이 들었다. 그러나 한밤중에 다시 갈증이 났다. 물을 마시기 위해서는 아내 쪽의 탁자 위에 있던 물컵을 가져와야 했는데 그것은 참으로 번거로운 일이었다. 그래서 나는 꿈을 꾸었다. 아내가 물 그릇을 들고 내게 가져다주는 꿈이었다. 그릇은 내가 이탈리아 여행에서 구입해 다른 사람에게 선물한 유골 단지였다. 유골 때문이었겠지만, 물이 너무 짜서 나는 그만 깨어나고 말았다.

여기서 꿈이 얼마나 편리한 쪽으로 사태를 끌고 가는지 알 수 있다. 소망 충족이 꿈의 목적이기 때문에 완벽하게 이기적일 수 있는 것이다. 유골 단지의 등장 또한 소망 충족에 기여한다. 유골 단지는 짠 맛의 원인을 제공하는 역할을 함으로써 내가 잠에서 깨어날 수밖에 없는 동인(動因)이 된다.

소망 충족 ─ 성인들의 꿈 젊은 시절 나는 이런 식의 이기적인 꿈을 자주 꾸었다. 예전부터 밤늦게까지 일하는 버릇이 있어 아침에는 제시간에 일어나기가 매우 어려웠다. 그럴 때면 나는 침대에서 일어나 세수하는 꿈을 꾸곤 한다. 결국은 침대에서 일어나지 않았다는 사실을 깨달을 수밖에 없게 되지만, 꿈 덕분에 좀더 잘 수 있었던 것이다.

나와 비슷한 생활 습관을 지닌 젊은 동료도 이런 꿈을 꾼 적이 있다고 고백했다. 그는 병원 근처에서 하숙을 했는데, 매일 아침 늦지 않게 깨워줄 것을 하숙집 여주인에게 부탁해 놓았다고 한다. 그러나 하숙집 여주인이 이러한 부탁을 들어주기란 쉽지 않았다. 동료가 유난히 달콤한 잠에 빠져 있던 어느 날이었다. 하숙집 여주인이 방에 대고 소리쳤다.

"페피 씨 일어나세요! 출근할 시간이에요."

이 소리에 잠을 깨기는커녕 꿈을 꾸었다. 그가 병실에 누워 있는데, 침대 머리맡에는 '페피, 의대 졸업반, 22세'라고 씌어진 명찰이 붙어 있었다. 꿈속에서 그는, '나는 지금 병실에 누워 있다. 그러니 새삼스레 일어나 출근할 필요는 없겠지' 하고 혼잣말을 하며 계속 잠을 잤다고 한다.

◆

　이렇듯 꿈이 잠자는 동안 영향을 미치는 또 다른 사례가 있다. 내 환자 중 한 부인은 턱을 수술한 후 경과가 좋지 않아 하루종일 얼음찜질을 하고 있어야 했다. 그러나 그녀는 잠이 들면 무의식적으로 얼음찜질 기구를 내팽개치는 악습이 있었다. 이 사실을 안 담당의가 어느 날 내게 부탁을 해왔다. 환자에게 그러지 말도록 충고해 달라는 것이었다. 환자는 내게 이런 변명을 늘어놓았다.

　"이번엔 정말로 어쩔 수 없었어요. 다 꿈 때문이죠. 꿈에서 나는 오페라의 관람석에 앉아 공연을 관람하고 있었는데, 카를 마이어 씨가 요양원에 누워 턱의 통증 때문에 전전긍긍하고 있지 뭐예요. 그 순간 내 턱은 더 이상 아프지 않다는 확신이 들더군요. 그래서 이 구닥다리 같은 찜질 기구는 필요 없겠다 싶어 던진 거예요."

　이 부인의 꿈엔 좀더 희망적인 상황을 갈구하는 소망이 배어 있다. 현재의 지긋지긋한 상황에서 벗어나고픈 바람이 영향을 끼쳤던 것이다. 꿈속에서 턱의 통증으로 고생하고 있는 역을 떠맡은 카를 마이어씨는 부인이 알고 있던 사람 중 가장 친하지 않은 젊은이였다.

　환자가 아닌 보통사람에게서도 소망 충족을 대변하는 꿈의 사례들이 있다. 꿈 해석에 관한 내 이론을 자신의 부인에게 알려준 한 친구가 어느 날 내게 말했다.

"어제 내 아내가 생리하는 꿈을 꾸었다면서, 그 꿈 얘기를 자네에게 들려주라고 했네. 자넨 그 꿈이 무엇을 의미하는지 알고 있겠지?"

물론 나는 알고 있다. 젊은 부인이 생리하는 꿈을 꾸었다는 것은 생리가 중단되었다는 것을 의미한다. 임신을 알리는 메시지임과 동시에, 어머니로서의 양육 의무가 시작되기 전 잠시만이라도 자유로워지고 싶어하는 부인의 소망이 개입돼 있는 것이다.

얼마 전에는, 부인이 셔츠의 가슴 부위에 젖이 묻어 있는 꿈을 꾸었다는 편지를 보내온 친구도 있었다. 이 역시 임신을 알리는 꿈이지만 첫 임신은 아니다. 젊은 어머니는 첫아이를 가졌을 때보다 둘째아이를 가졌을 때 젖이 더 많이 나오기를 바라기 때문이다.

또 이런 예도 있다. 전염병에 걸린 아이를 돌보느라 몇 주 동안 병원 밖 나들이를 할 수 없었던 부인의 꿈이다. 이 젊은 부인은 다행히 아이의 병이 나아 파티에 참석하는 꿈을 꾸었다. 파티장엔 도데, 부르제, 프레보 같은 작가들이 보였는데 모두들 그녀에게 친절했다. 꿈속에 나타난 작가들의 외모는 사진에서 본 모습 그대로였다. 하지만 사진을 본 적이 없는 프레보만은 전날 병실을 청소한 소독원의 모습을 하고 있었다. 이 소독원은 사람들의 발길이 끊긴 후 병실에 발을 들여놓은 첫 방문객이었다. 이 꿈의 의미는 오랜 간병에서 벗어난 부인이 이제는 자유로운 일을 할 때가 되었다는 뜻으로 집약된다.

소망 충족 ─ 아동들의 꿈　소망 충족의 예를 보여주는 꿈들은 이 정도만 거론해도 충분할 것이다. 사실 이런 꿈들은 단순하기 짝이 없는 것이지만, 바로 그렇기 때문에 상세히 다룰 가치가 있다는 것이 내 생각이다. 더 단순한 꿈으로는 아동들의 꿈을 들 수 있는데, 성인 심리를 이해하기 위해서도 아동 심리를 들여다보는 일은 매우 중요하다. 고등동물을 이해하기 위해서는 하등동물의 구조를 이해하는 것이 도움이 되는 이치와 같다.

아동들의 꿈은 단순한 형태의 소망 충족이 주를 이루는데, 성인들의 꿈과는 달리 연구가들의 관심을 끌지 못하고 있다. 아동들의 꿈에는 풀어야 할 수수께끼가 없다. 대신 꿈의 본질이 소망 충족에 있다는 사실을 뚜렷이 증명한다. 나는 내 자녀들이 꾼 꿈에서 그러한 사례를 보여주는 몇 가지 꿈을 수집할 수 있었다.

1896년 여름, 우리 가족은 아우스제 근처의 언덕으로 소풍을 갔다. 나는 아이들에게 날씨만 좋으면 다흐슈타인 산의 멋진 경치는 물론 망원경으로 지모니 산장을 볼 수도 있다고 말했다.

우리는 계곡 쪽으로 걸어갔다. 아이들은 계곡의 풍경에 즐거워했으나 다섯 살짜리 아들 녀석만은 시무룩했다. 그 아이는 새로운 산이 나타날 때마다 저 산이 다흐슈타인이냐고 물었다. 나는 다흐슈타인은 눈 앞에 보이는 산 뒤에 있다고 말했다. 이런 질문이 몇 번 반복된 후 녀석은 아예 입을 닫아버렸다. 그리고 폭포 쪽으로 올라가는 계단으로는 같이 가려고도 하지 않았다. 나는 녀석이 벌써 지친 모양이라고 생각했다. 그러나 다음날 아침 녀석은 제법 흐뭇한 표정으로 내게 와 말했다.

"간밤에 우리가 지모니 산장으로 간 꿈을 꾸었어요."

그제야 비로소 나는 녀석의 마음을 이해했다. 내가 다흐슈타인 산에 대해 얘기했을 때, 녀석은 그 산에 올라가 망원경으로 지모니 산장을 보게 될 거라고 기대했던 것이다. 그러나 그 앞의 산과 폭포로 만족할 수밖에 없다는 현실을 깨닫곤 실망했던 것이다. 그런데 꿈이 그것을 보상해주었다.

나는 녀석의 꿈에 대해 이것저것 물어보았다. 녀석은 같은 말만 되풀이했다.

"여섯 시간이나 계단을 걸어 올라갔어요."

여덟 살 난 딸아이도 꿈을 꾸었는데, 그 아이 역시 꿈속에서 원하던 것을 얻었다. 아이의 꿈은 이랬다.

"아빠, 에밀이 우리 가족이 되었어요. 에밀은 우리처럼 엄마와 아빠를 자기의 엄마와 아빠처럼 부르면서, 커다란 방에서 우리와 함께 잤어요. 그런데 엄마가 들어와 파란색 종이로 싼 초콜릿을 한 움큼 우리 침대에 넣어주셨어요."

에밀은 열두 살 난 이웃집 소년으로, 이 아이 역시 우리와 함께 소풍을 갔다. 소풍 도중 이 소년의 행동은 매우 의젓해서 딸아이의 호감을 샀던 모양이다. 이 소년이 꿈속에서 가족의 일원으로 등장한 것은 이런 친밀감이 밑바탕이 되었다.

나는 이 소년이, 소풍 도중 아이들이 앞서 가자 엄마와 아빠가 따라올 때까지 기다리자고 한 말을 기억하고 있다. 딸아이의 꿈은 이런 일시적 유대감을 반영한 것이다. 초콜릿 이야기는 처음에 영문을 몰랐으나 아내가 설명해 주어 알았다. 집으로 오는 도중 아이들이 자동판매기 앞에서 초콜릿을 사달라고 졸랐던 모양인데, 아내는 그 날 아이들의 요구를 충분히 들어주었다고 생각해 사주지 않았다. 나는 이 작은 소동을 눈치채지 못했으나 설명을 듣고 나니 비로소 꿈 전체가 이해되었다. 이 꿈 역시 딸아이의 소망 충족에 기여했던 것이다.

우리의 언어 습관만 살펴보아도 '꿈은 소망 충족'이라는 이론의 타당성을 쉽게 알 수 있다. 기대 이상의 일이 생겼을 때 사람들은, '그런 일은 꿈에도 생각하지 못했다'고 기쁨에 겨워 소리친다.

네번째 장
꿈은 왜곡돼 나타난다

꿈을 왜곡하는 현상과 검열하는 현상을 통해 인간에게는 두 가
지 심리적 경향이 있음을 추정할 수 있다. 이 중 하나는 소망 충
족으로서의 꿈을 지향하는 반면, 다른 하나는 그 꿈을 검열하고
급기야 표현을 왜곡하도록 강요한다. 검열을 수행하는 이 두번
째 심리적 경향이 허락하지 않는 한 첫번째 심리적 경향의 어떤
것도 의식에 떠오를 수 없다.

꿈은 소망 충족에 기여한다. 그렇다면 모든 꿈이 그럴까? 내가 그렇다고 주장하면 반드시 거센 반대에 부딪칠 것이다.

사람들은 꿈이 소망을 충족하긴 하지만 그렇지 않은 꿈들도 많다고 주장할 것이다. 경우에 따라서는 즐거움보다는 고통과 불만이 꿈에 더 자주 나타난다고 말하는 사람도 있다. 숄츠나 폴켈트 같은 연구가들이 그런 주장을 한다. 사라 위드와 플로렌스 핼럼 같은 여성들은 자신의 꿈을 분석한 통계를 통해 그런 주장을 구체화하기도 한다.

가령 그들의 통계에 따르면 꿈 가운데 57.2퍼센트는 불쾌한 것이고 편안한 꿈은 28.6퍼센트에 지나지 않는다. 불쾌한 꿈 이외에 우리를 소름끼치게 하고 가위눌리게 하는 불안한 꿈들도 있다. 우리가 앞서 살펴보았던 아동들의 꿈에서도 실은 그런 꿈들이 많다.

이렇게 거론하다보면 꿈이 소망 충족에 기여한다는 명제는 일반화시킬 수 없는 것처럼 보인다. 그러나 아니다. 겉으로 드러난 꿈의 외현만 보고 판단하면 소망 충족이라는 이론에 허점이 있는 것처럼 보이지만, 해석을 통해 꿈의 배후를 들여다보면 우리의 이론은 매우 튼튼하다는 것을 알 수 있다. 불쾌하거나 불안한 꿈 역시 그 배후에는 소망 충족이라는 기본 의도가 숨어 있다.

꿈 — 왜곡의 어처구니없음 앞에서 분석했던 이르마의 꿈을 생각해보자. 이 '이르마의 주사 꿈' 역시 처음에는 소망 충족과는 거리가 먼 것처럼 보였다. 분석을 시도하기 전에는 나 역시 그런 사실을 깨닫지 못했다. 그러나 분석 결과 이 꿈이 나의 소망을 충족하는 심리 활동의 결과물이라는 것을 알았다. 그렇다면 겉으로 드러나는 꿈은 왜 왜곡돼 나타나는 것일까? 나는 나의 두번째 꿈 해석을 통해 그것을 해명해보고자 한다.

1897년 봄에 나는 이곳의 대학 교수 두 사람이 나를 객원 교수로 추천했다는 소식을 들었다. 이 말을 듣고 나와 개인적 친분도 없는 사람들이 나를 인정해 준 것 같아 무척 기뻤다. 그러나 다음 순간 이를 기대해서는 안된다고 스스로 다짐했다.

이제까지 교육부에서는 이런 제안에 별 관심을 보이지 않았던데다 나보다 연령이나 업적 면에서 뒤질 게 없는 동료 서너 명이 임명을 기다리고 있었기 때문이다. 게다가 나는 이 방면에 야심도 없었다. 교수라는 칭호에 연연하지 않아도 될 만큼 지금의 일에 만족하고 있다는 것도 한 이유였다.

그러던 어느 날 저녁, 가깝게 지내던 동료 R이 나를 찾아왔다. R 역시 교수 임용에 추천돼 당국의 허락을 기다리고 있던 참이었다. 그는 나처럼 체념하는 성격이 아니어서 자신의 일을 진척시키기 위해 이따금 교육부를 찾아가곤 했다. 그날도 R은 교육부에 다녀오는 길이었다.

그는 교육부의 관리에게 교수 임명이 늦어지는 이유가 종교적인 문제 때문이 아니냐고 단도직입적으로 따졌노라면서, 지금 같은 상황에서는 장관도 어떻게 해볼 도리가 없다는 답변을 들었다고 했다. 동료의 이런 소식은 체념하고 있던 나의 결심을 더욱 굳혀주었다. 종교적인 문제에서 나도 자유롭지 않았기 때문이다.

동료가 다녀간 이튿날 새벽, 나는 이 일과 관련해 충분히 주목할 만한 꿈을 꾸었다. 그 꿈의 내용은 이렇다.

꿈속에서 동료 R은 내 삼촌이다. 나는 그에게 깊은 애정을 느낀다. 그의 용모가 변한 듯 보인다. 얼굴은 길쭉해진 것 같고, 턱을 감싸고 있는 누르스름한 수염이 유난히 눈에 띈다.

이 꿈을 꾸고 난 다음, 나는 꿈의 내용이 하도 황당해서 웃어넘겼다. 그러나 꿈은 온종일 나의 뇌리를 떠나지 않았다. 그래서 나는 꿈을 해석하기 시작했다.

‘동료 R이 내 삼촌’이라는 것은 무슨 뜻일까? 내게 삼촌이라고는 요제프 삼촌 한 사람뿐이다. 그런데 이 삼촌에게는 우울한 사연이 있다. 이 양반은 30여 년 전에 사업을 하다 법을 어겨 벌을 받았다. 당시 상심해 있던 아버지께선, 요제프 삼촌이 결코 나쁜 사람은 아니지만 생각이 좀 모자란다고 입버릇처럼 말했다. 따라서 R이 요제프 삼촌으로 변형돼 나타났다면, 나는 R이 삼촌처럼 모자라는 사람이라고 말하고 싶은 것이다. 이 얼마나 불쾌하고 믿을 수 없는 이야기인가.

아울러 내가 꿈에서 본 얼굴은 길쭉하고 수염이 누르스름한 게 삼촌과 같았다. 하지만 R의 수염은 젊었을 땐 흑발이었으나 지금은 회색빛에 가까웠다. 그럼에도 꿈속의 얼굴은 R이기도 하고 삼촌이기도 하다. 그러므로 내가 동료 R을 삼촌처럼 생각이 모자라는 사람으로 여기고 있다는 것은 명백하다.

나는 왜 이런 어처구니없는 꿈을 꾸게 된 것일까? 두 사람 사이에 어떤 유사성이 있는 것일까? 한 사람은 범법자이지만 한 사람은 전혀 그런 일과는 상관없는 사람이다. 두 사람을 비교한다는 것은 웃음거리밖에 안된다.

그런데 며칠 전 다른 동료 N과 나누었던 대화가 생각난다. 그 역시 교수 임용 추천을 받은 사람이었는데, 나 역시 추천받았다는 사실을 알고는 축하해주었다. 나는 그 축하를 사양했지만 그는 나와 자신은 입장이 다르다며, 자신이 법적으로 고발당한 일이 있다는 사실을 환기시켰다. 법적 논란 때문에 교수 임명이 어려운 자신과 달리 나는 문제가 없으니 임용될 가능성이 크다는 것이다.

여기서 나는 꿈이 의미하는 바를 해석할 수 있다. 꿈은 내가 교수로 임용될 가능성이 크다고 암시하면서 나를 위무하고 있는 것이다. 한 사람은 생각이 모자란 바보로, 다른 한 사람은 범법자로 묘사하면서 나는 어느 쪽에도 해당되지 않으니 안심하고 기다리라는 메시지를 주고 있다. 교육부의 관리가 R에게 들려준 소식의 불쾌한 상황에서 나만 용케 빠져나오도록 했던 것이다. 이 꿈은 내 소망이 무엇인지를 넌지시 암시하고 있다.

여기까지 분석하자 내 마음은 적잖이 편치 않다. 나를 위해 두 동료를 왜곡하고 깎아내린 경솔함이 마음에 걸린다. R은 결코 생각이 모자란 사람이 아닐 뿐더러 내가 존경하는 동료이기도 하다. 꿈에서 R이 내 삼촌으로 변형돼 나타났을 때 나는 삼촌에게 따뜻한 애정을 느꼈으나 이 또한 실제와는 다르다. 실제의 현실에서 나는 요제프 삼촌에게 한번도 따뜻한 감정을 느껴본 적이 없다. 그런데도 꿈에서는 이러한 감정이 뒤섞여 있다. 어떻게 해서 이런 말도 되지 않는 왜곡이 일어난 것일까?

이 왜곡엔 하나의 심리적 동기가 있다. 꿈에서 내가 삼촌의 가면을 통해 따뜻한 감정을 이입시킨 것은 R에 대한 폄하를 상쇄하고자 한 내 의도와 맞물려 있다. 이 의도가 꿈을 왜곡하고 위장한 것이다.

이토록 소망 충족을 알아볼 수 없게 위장하고 있는 경우엔, 이 소망에 저항하도록 하는 어떤 요인이 있기 마련이다. 이 저항 때문에 소망은 왜곡돼 겉으론 드러나지 않는다. 이러한 사례는 사회

생활에서도 찾아볼 수 있다. 두 사람 중 한 사람은 권력자이고 다른 한 사람은 그런 권력자의 눈치를 봐야 하는 경우, 다른 한 사람은 자신의 심리적 활동을 왜곡시키거나 위장한다. 우리가 일상적으로 표명하는 타인에 대한 예의범절 역시 그러한 위장에서 자유롭지 않다.

왜곡과 위장의 사례는 시인이나 작가의 창작세계만 살펴봐도 적나라하게 드러난다. 문학은 필연적으로 진실에 복무하고자 하지만 때때로 그 진실은 권력의 힘과 부딪친다. 권력자는 작가의 말과 글을 억압함으로써 체제 유지를 도모하는데, 이는 문학이 체제 저항적이기 때문이다. 그러나 저항은 현실의 폭력 앞에서 무기력할 수밖에 없다. 그래서 작가는 자신의 표현을 위장하거나 은폐한다. 검열이 엄할수록 위장의 범위는 넓어지고, 비유는 깊이를 더해 간다. 그래서 본래의 의미를 독자들이 추적할 수 있도록 유도하기 위해 작가는 점점 더 기지를 발휘한다.

꿈 — 왜곡의 두 가지 심리적 경향 꿈을 왜곡하는 현상과 검열하는 현상을 통해 인간에겐 두 가지 심리적 경향이 있음을 추정할 수 있다. 이 중 하나는 소망 충족으로서의 꿈을 지향하는 반면, 다른 하나는 그 꿈을 검열하고 급기야 표현을 왜곡하도록 강요한다. 검열을 수행하는 이 두번째 심리적 경향이 허락하지 않는 한 첫번째 심리적 경향의 어떤 것도 의식에 떠오를 수 없다.

두 가지 심리적 경향과 의식의 관계를 고려하면, 꿈속에서 비하했던 동료 R에게 내가 보인 분명한 애정과 비슷한 경우를 현실 정치에서 찾아보기란 그리 어렵지 않다.

가령 권력을 독점하기 위해 필사적인 독재자와 활발한 여론이 대치하는 국면을 가정해보자. 국민들이 마음에 들지 않는 관료를 해임하라고 요구할 경우, 독재자는 반발한다. 그는 자신이 국민들의 의사를 염두에 두고 있지 않다는 것을 보여주기 위해, 하등 그럴 이유가 없는데도 그 관료에게 높은 훈장을 수여한다. 검열을 관장하는 두번째 심리적 경향이 그런 식으로 친구 R에게 지나친 애정을 표출하도록 하는 것이다.

문제는 이처럼 불쾌한 내용의 꿈을 어떻게 소망 충족의 꿈으로 해석할 수 있느냐는 것이다. 그러나 불쾌한 내용은 오로지 소망하는 것을 위장하기 위한 심리적 경향 때문이라는 것을 우리는 알고 있다. 따라서 불쾌한 꿈은 이 단계에서는 불쾌하지만, 첫번째 심리적 경향의 입장에서 보면 여전히 소망 충족에 기여하는 무엇인가를 포함하고 있다. 모든 꿈은 첫번째 심리적 경향에서 출발하며, 왜곡과 위장을 담당하는 두번째 심리적 경향의 꿈에 대한 관계는 창조적이라기보다는 방어적이라는 점에서 불쾌한 꿈들 역시 소망 충족의 꿈이라고 볼 수 있다.

꿈의 이러한 속성을 이해하지 않으면 우리는 꿈을 결코 이해할 수 없다. 꿈에는 비밀스러운 의미가 많으며, 그 의미가 소망 충족이라는 사실을 분석을 통해 다시 증명해보고자 한다. 다음의 꿈은 '꿈이

96

소망 충족'이라는 나의 이론에 반발해 '전혀 그렇지 않은 꿈'을 꾸었다고 주장하는 어느 환자의 꿈이다. 꿈의 내용은 이렇다.

저는 만찬을 열려고 했어요. 그런데 집에는 약간의 훈제 연어 말고는 준비된 것이 아무것도 없지 뭐예요. 그래서 장을 봐와야겠다고 생각했죠. 하지만 때마침 일요일 오후라 가게 문이 모두 닫혔다는 데 생각이 미쳤어요. 할 수 없이 물건을 배달시키려고 수화기를 들었어요. 그런데 전화마저 고장이 났지 뭐예요. 결국 만찬을 열려던 계획을 포기할 수밖에 없었답니다.

처음 들으면 꿈이 조리 정연해 소망 충족과는 아무런 관계도 없는 것처럼 보인다. 하지만 전날의 체험들을 참작해 꿈을 분석해보면 이 또한 소망 충족과 관련돼 있음을 알 수 있다.

환자의 남편은 정육점 주인으로 매우 우직하고 성실한 사람이다. 전날 남편은 살이 너무 쪄 몸무게를 줄이기 위해 다이어트를 시작하겠다고 선언했다. 운동을 열심히 함은 물론 앞으로 만찬 같은 초대에는 응하지 않겠다는 것이다. 여기까지만 들으면 이 꿈은 전혀 해석의 여지가 없어 보인다. 꿈이 하나의 재료로 선택될 때는 그만한 배경이 있게 마련인데 무언가를 숨기고 있는 것처럼 보였다. 내가 계속 캐묻자, 마침내 환자는 털어놓았다.

환자에겐 여자 친구가 한 명 있는데, 남편이 그 친구만 보면 항상 칭찬하기 때문에 그녀는 마음속으로 질투심을 느끼고 있었다. 다행인 것은 풍만한 체형을 좋아하는 남편의 기호에 맞지 않게 그 친구는 매우 말랐다는 것이다. 환자가 그 친구를 만났을 때 친구는 살이 찌고 싶다는 소망을 드러내며 이렇게 말했다.

"언제 초대할 거죠? 댁의 음식은 언제나 맛있어요."

이제 꿈의 의미를 명확히 알 수 있었다. 나는 환자에게 이렇게 말했다.

"당신은 만찬에 초대해 달라는 말을 들으면서 이렇게 생각했을 겁니다. '당신을 내가 초대하면, 당신은 우리 집에서 많이 먹고 살이 쪄 더욱 우리 남편의 마음에 들겠지. 그럴 바엔 차라리 만찬을 열지 않는 편이 더 나아.' 그래서 당신의 꿈은 만찬을 열 수 없다고 말하는 것입니다. 당신의 친구가 살이 찌도록 돕지 않겠다는 것이죠. 풍만한 체형을 좋아하는 남편의 마음에 그 친구가 들어설 자리를 만들어선 안되니까요."

어떻게 꿈속에서 훈제 연어를 생각하게 됐느냐고 묻자 그녀는, '훈제 연어는 그 친구가 좋아하는 음식이에요'라고 대답했다. 친구를 초대하고 싶지 않다는 것이 이 환자의 소망이었던 것이다.

꿈은 소망 충족이라는 내 이론에 반발해 재치 있는 꿈을 꾼 환자도 있었다. 내가 어느 날 그 환자에게 꿈은 소망 충족이라고 설명하자, 다음날 그 환자는 시어머니와 함께 휴가 가는 꿈을 꾸었다고 말했다. 나는 그 전에 환자에게 충고하길, 시어머니와 함께 여름을 보내선 안된다고 말했었다. 그 후 환자는 시집에서 멀리 떨어진 휴가지에 방을 구했고, 그로 인해 걱정했던 시어머니와의 동거를 피할 수 있게 되었다는 것을 알고 있었다. 그런데 꿈은 반대였던 것이다. 환자는 내 이론이 틀렸다는 것을 보여주고 싶어했고, 이것이 그녀의 소망이 되어 꿈에 나타났던 것이다.

왜곡의 모자를 쓰고 나타나는 소망 충족의 꿈 분석이라기보다는 추측에 가까운 것이긴 하지만, 이런 꿈을 꾸었다는 친구도 있었다. 변호사인 그 친구와 나는 학창시절 8년간을 함께 공부했다. 언젠가 작은 모임에서 나는 꿈이 소망 충족이라는 이론을 강의했는데, 그 친구는 집에 돌아가 '소송 사건마다 패하는' 꿈을 꾸었다며 내게 와 하소연했다. 나는 짐짓, 모든 소송에서 다 이길 수는 없지 않느냐며 그를 위로하고 돌려보냈지만, 속으로는 이렇게 생각했다. 내가 8년 동안 우등생으로 공부하고 있을 때 중간에서 맴돈 경험을 갖고 있는 사람이라면, 언제가 한번은 내가 호되게 창피를 당했으면 하는 소망이 어찌 움트지 않았겠는가? 그 소망이 이런 꿈을 꾸게 만들었던 것이다.

약간은 모호하지만 나의 꿈 이론에 대한 반박으로 이런 꿈을 꾼 환자도 있었다. 그 환자는 젊은 여성이었다.

선생님도 아시겠지만, 제 언니에겐 카를이라는 아이밖에 없어요. 큰아이 오토는 제가 언니 집에 같이 살고 있었을 때 죽었지요. 저는 오토를 무척 귀여워했어요. 사실 제가 키우다시피 했거든요. 카를도 좋아하긴 하지만 죽은 오토만큼은 아니에요. 그런데 어젯밤 카를이 죽어 제 앞에 누워 있는 꿈을 꾸었지 뭐예요.

그 애가 손을 합장한 채 작은 관 속에 누워 있었는데, 주위엔 촛불이 켜져 있었어요. 오토가 죽었을 때처럼 말이지요. 오토가 죽었을 당시 저는 정말 큰 충격을 받았어요.

선생님, 이 꿈이 무엇을 뜻하는지 말씀 좀 해주세요. 선생님은 저를 잘 알고 계시니까요. 하나밖에 없는 조카가 죽기를 바랄 만큼 제가 정말 나쁜 이모인가요? 아니면 제가 그토록 귀여워했던 오토보다는 차라리 카를이 죽었으면 하고 바라는 것인가요?

나는 마지막 해석은 당치도 않다고 안심시킨 후, 깊이 생각한 끝에 제대로 해석해줄 수 있었다. 이 젊은 아가씨가 살아온 내력을 잘 알고 있었기 때문에 해석은 그다지 어렵지 않았다. 그녀도 내 해석에 수긍했다.

일찌감치 고아가 된 이 아가씨는 나이 차가 많은 언니 집에서 자라났다. 어느 날 언니 집을 드나드는 방문객 가운데 한 남자를 만나 사랑하게 되었다. 이 남자는 언니의 친구였는데, 결혼에 이를 것처럼 보였으나 무산되었다. 그 정확한 이유는 알 수 없었으나 언니의 반대 때문이었다. 이후 아가씨가 사랑하던 남자도 발길을 끊었다. 그리고 자신이 귀여워했던 오토가 죽고 나서 얼마 후 이 아가씨도

독립했다.

하지만 아가씨는 헤어진 남자를 잊을 수 없었다. 그녀의 자존심은 그를 피하라고 명령했지만 다른 구혼자들에게는 사랑을 느낄 수 없었다. 그 남자는 작가였다. 그의 강연이 있는 날이면 아가씨는 청중들 사이에 앉아 그를 지켜봤다. 어디서든, 그를 볼 수 있는 기회가 있으면 놓치지 않았다.

내게 꿈 이야기를 들려준 날은 연주회가 열릴 예정이었고, 그 전날 아가씨는 사랑하는 사람이 그 연주회에 참석할 것이라는 것을 이미 들어 알고 있었다. 여기까지 듣고 나자 꿈의 의미에 대해 짐작이 갔다. 나는 아가씨에게, 오토가 죽고 난 후 어떤 사건이 있었느냐고 물었다. 그녀는 주저 없이 대답했다.

"물론 있었죠. 발길을 끊은 후 처음으로 그 남자가 우리 집을 찾아왔어요. 저는 오토의 관 옆에서 그 남자를 다시 만났죠."

예상대로였다. 나는 꿈을 이렇게 해석했다.

"이제 또 다른 조카가 죽는다면, 당시와 같은 일이 되풀이될 겁니다. 당신은 언니 집에서 하루를 보낼 것이고 작가 또한 문상하기 위해 찾아오겠죠. 당신은 그 상황을 고대하고 있는 것입니다. 나는 당신이 오늘 열릴 연주회의 입장권을 가방 안에 소지하고 있다는 것을 알고 있습니다. 당신은 오늘 일어날 만남을 꿈을 통해 몇 시간 앞당긴 셈입니다."

이 아가씨는 소망을 은폐하기 위해 이런 상황, 즉 슬픔 때문에 사랑은 생각할 수도 없는 상황을 설정했던 것이다. 대개의 경우 극한 상황에서는 연인끼리 감정을 나누지 않기 때문이다. 그러나 끔찍이 사랑했던 첫 조카의 관 옆에서 연인에 대한 감정을 억제하지 못했을 가능성도 있다. 아가씨는 조카인 카를의 죽음을 소망하지 않았다고 강조했지만, 연인에 대한 이런 감정이 결국 꿈을 왜곡시켰다.

◈

이번의 꿈은 내가 잘 아는 어느 법학자에게 들은 것이다. 그는 내가 꿈 이론을 너무 성급하게 일반화시키고 있다며 그것을 만류하려는 의도에서 이 얘기를 들려주었다.

나는 어떤 부인의 팔을 잡고 집으로 가는 꿈을 꾸었습니다. 집 앞에 도착하자 마차 한 대가 기다리고 있었고 한 신사가 내게로 다가왔습니다. 그는 자신을 경찰이라고 소개하면서 동행할 것을 요구했습니다. 나는 상황을 정리할 시간을 달라고 부탁했지요. 선생께선 체포되는 것이 내 소망이라고 얘기할 작정이십니까?

나는 물론 아니라고 대답할 수밖에 없었다. 내가 물었다.
"당신은 무엇 때문에 체포되셨습니까? 그 죄목을 아십니까?"
"네, 영아 살해 때문이라고 생각합니다."
"영아 살해요? 그건 아이를 낳은 어머니만이 저지를 수 있는 범죄일 텐데요?"

"그렇습니다."

"왜 그런 꿈을 꾸게 되었습니까? 전날 무슨 일이 있었습니까?"

"그건 말하기가 곤란합니다."

"나로선 꼭 알아야 합니다. 그렇지 않으면 이 꿈을 해석할 수 없습니다."

"그렇다면 할 수 없군요. 나는 그날 밤 집이 아닌 곳에서 어떤 부인과 함께 지냈습니다. 그 부인은 내게 매우 소중한 사람입니다. 새벽에 깨어나 우린 다시 관계를 가졌고, 그 후 잠이 들었습니다. 그리고 방금 말한 꿈을 꾸었습니다.

"그 부인은 유부녀입니까?"

"그렇습니다."

"당신은 그 부인과의 사이에 아이를 원하십니까?"

"아닙니다. 그렇게 되는 날엔 우리의 관계가 다 알려질 겁니다."

"그렇다면 정상적인 성교를 하지는 않으시겠군요?"

"사정 전에 멈추도록 조심하고 있습니다."

"당신은 그날 밤 이 방법을 여러 번 사용했으며, 새벽에 한 번 더 반복한 후 불안한 심정으로 잠이 들었다고 추정해도 되겠습니까?"

"맞습니다."

"그렇다면 당신의 꿈은 소망 충족과 관련 있습니다. 꿈에서 당신은 아이가 생기지 않았으면 하는 소망으로 영아 살해와 같은 방식을 취했습니다. 이를 추정할 수 있는 연결고리가 있습니다. 선생과 나는 며칠 전 이 방면에 관한 얘기를 나눴었지요."

실제로 그와 나는 며칠 전 만나, 낙태를 범죄시하는 현실과 임신만 되지 않으면 성교를 허락하는 현실에 대해 언급하면서 결혼의 위기를 논한 적이 있었다.

"우리는 이와 관련해 중세 시대의 논쟁거리에 대해서도 얘기했습니다. 영혼이 있어야만 살인의 개념을 적용할 수 있는바, 영혼이 태아 속으로 들어가는 시점을 어떻게 잡아야 할 것이냐는 문제였죠. 아마 당신은 영아 살해와 피임이 같은 행위라고 읊은 레나우[N. Lenau][1]의 시도 틀림없이 읽었을 겁니다."

"그러고보니 오늘 오전, 묘하게도 우연히 레나우가 생각났습니다."

"이 꿈에는 사소한 소망 충족이 하나 더 있습니다. 꿈에서 당신은 부인의 팔을 잡고 집으로 갑니다. 실제로 그 부인과 밤을 보내는 대신, 집으로 귀가함으로써 성교 후의 불안한 기분을 떨쳐버리려고 한 것이죠. 하지만 왜 굳이 영아 살해여야 했는지, 그 동기엔 좀 미심쩍은 부분이 있습니다. 당신은 어떻게 여성 특유의 이런 범죄를 상상하게 되었습니까?"

"여기까지 왔으니 솔직히 말씀드리지 않을 수 없군요. 몇 년 전 이와 비슷한 사건에 연루된 적이 있습니다. 나와 관계했던 한 처녀

---

1 독일계 헝가리 태생의 시인 니콜라우스 레나우의 시 〈죽어버린 행복〉을 말한다. 그는 주로 황혼이나 고독, 밤과 같은 시상을 소재로 '인간의 우울'을 노래했다.

가 있었는데, 그만 임신을 하게 되어 낙태를 시도하게 되었지요. 다 내 잘못입니다. 그 계획은 나와 관련 없지만 행여나 발각될까 두려워 오랫동안 괴로웠습니다."

"그렇군요. 그때의 '태아 살해'에 대한 기억이 사정하는 방법에 영향을 주어 당신을 고민하게 만들었군요."

어떤 젊은 의사는 내 강연에서 이 꿈 이야기를 듣고, 주제는 다르지만 비슷한 꿈을 꾸었다. 그는 꿈꾸기 전날 소득세를 신고했는데, 수입이 별로 없었기에 아주 솔직하게 신고했다. 그러고는 어떤 사람이 조세위원회의 회의에 참석한 다음 그를 방문하는 꿈을 꾸었다. 꿈속에서 그 사람은 솔직하게 소득세를 신고하지 않았다며 이 의사를 힐난했다. 그리고 탈세의 죄를 물어 엄중한 형을 선고했다. 이 꿈의 의미는 간단하다. 수입 많은 의사로 대접받고 싶다는 소망이 서툴게 왜곡된 것이다.

꿈 이야기는 아니지만 이와 관련된 젊은 여성의 이야기도 있다. 이 여성은 사랑하는 남자가 화를 잘 내는 사람이라 결혼하면 틀림없이 손찌검을 당할 테니 결혼하지 말라는 충고를 받는다. 그러자 그녀는, '그 남자가 제발 나를 때려주었으면' 하고 바란다. 결혼하고 싶은 소망이 너무 강렬해, 예상되는 불쾌함을 감수함은 물론 그 행위를 소망하기까지 하는 것이다.

소망 반대의 꿈 내 이론에 반박하는 듯 보이는 꿈들을 '소망 반대의 꿈'으로 정리할 수 있을 것이다. 이런 꿈들은 크게 두 가지로 나눠볼 수 있다.

첫번째는 내 이론이 틀리기를 바라는 소망이다. 내 진료에 반발하는 환자들은 대부분 이런 성향의 꿈을 꾼다. 이 글을 읽는 독자들 가운데도 그런 사람이 있을 수 있다. 그들은 오직 내 말이 틀렸으면 하는 바람만으로 '소망 반대의 꿈'을 꾼다.

두번째의 또 다른 동기는 너무나 익숙한 것이어서 그냥 지나치기 쉽다. 나 역시 오랫동안 그랬다. 많은 사람들의 성적 성향에는 공격적인 사디즘sadism적 요소가 뒤바뀌어 생겨나는 마조히즘masochism[2]적 요소가 존재한다.

자신이 겪는 육체적 고통에서가 아니라, 굴욕 같은 정신적 고통에서 쾌락을 찾는 사람들을 관념적 마조히스트라고 부른다. 이러한 사람들이 꾸게 되는 소망 반대의 꿈이 마조히스트적 성욕의 산물임을 알기란 어렵지 않다. 그러한 꿈을 예로 들어보자.

어린시절 형에게 동성애를 느껴 심하게 형을 괴롭힌 젊은이가 있었다. 그는 성격이 완전히 뒤바뀐 후 다음처럼 세 가지 내용으로 구성된 꿈을 꾸었다.

---

2 이성으로부터 육체적으로, 혹은 정신적으로 학대받고 고통받음으로써 성적 만족을 느끼는 변태성욕의 심리상태를 말한다. 오스트리아의 작가 자허 마조흐(Sacher - Masoch)가 이러한 경향의 주제로 작품을 쓴 데서 유래했다.

1) 형이 자신을 괴롭힌다.

2) 동성애자 두 사람이 서로에게 추파를 던진다.

3) 자신이 미래를 위해 관리하고 있던 기업을 형이 매각한다.

동생은 몹시 괴로워하면서 꿈에서 깨어났다. 이 마조히즘적 소원의 꿈을 해석하면 이런 의미가 된다. "형은 어린시절 나로 인해 많은 고통을 겪었다. 그에 대한 징벌로 나의 기업을 매각한다면, 그것은 지극히 당연한 일이다."

나는 불쾌한 내용의 꿈 역시 소망 충족과 관련돼 있음을 여러 사례를 통해 설득력 있게 보여주고자 노력했다. 이러한 내용의 꿈들을 해석하는 과정에서 말하기 싫은 주제와 부딪치고는 했는데, 당연한 일이다. 이는 그 주제의 혐오감에서 비롯되는 문제이지만, 우리는 이를 극복해야 한다. 그리고 꿈에서 되풀이되는 불쾌한 감정이 소망 충족이라는 꿈 이론의 가치를 훼손하는 것도 아니라는 것을 알아야 한다.

대부분의 사람들은 남에게 알리고 싶지 않은 소망이 있어 스스로를 억압한다. 이 억압 의도가 꿈을 왜곡시키고 소망 충족을 은폐하도록 한다. 이 억압 의도가 검열 행위를 낳는 근원이기도 하다. 종합하면, 꿈은 억압하고 억제된 소망의 위장된 충족이라고 말할 수 있다.

불쾌한 꿈과 달리 불안한 꿈도 있는데, 사람들은 이 불안한 꿈이 소망 충족을 의미한다는 견해를 가장 받아들이기 어려워하는 것 같다. 그러나 이 문제는 비교적 간단히 해결할 수 있다.

우리가 꿈에서 느끼는 불안은 외관상으로만 그럴 듯하게 보일 뿐이다. 그래서 꿈의 내용만으로 꿈을 해석하려 하면 난점에 부딪친다. 이것은 공포와 마찬가지로 다른 근원을 갖고 있기 때문이다. 동일한 환경임에도 어떤 사람은 불안을 느끼고 어떤 사람은 그렇지 않다는 점을 감안해 보면 알 수 있다.

꿈에서의 불안이 '불안 신경증'을 앓고 있는 사람의 증세와 유사한 경향을 보이고 있기 때문에 나는 다른 논문에서 이 부분을 분석한 바 있다. 신경증적 불안은 성생활에서 비롯되며 원래 목적에서 벗어나 사용되지 못한 리비도Libido를 나타내는 것이라고 주장한 바 있다. 이후 이 주장은 좀더 신뢰받게 되었고 그런 면에서 불안한 꿈을 우리는 성적인 내용의 꿈이라고 추론할 수 있다. 즉 해당하는 리비도가 불안으로 바뀐 것이다. 이와 관련해서는 좀더 논의할 기회가 있을 것이다.

다섯번째 장
꿈의 재료와 출처

꿈은 왜 사소하면서도 단편적인 것만을 다루는 것일까? 그것은 심리적 활동의 낭비에 불과한 것일까? 답은 '아니다'이다. 깨어 있는 동안 우리의 주의를 끄는 문제는 꿈속에서도 우리를 지배한다. 우리는 낮 동안의 흥분할 만한 재료들을 꿈속에서 응용한다. 그럼에도 사소한 인상이 꿈의 내용을 지배하는 것 같은 인상은 전적으로 꿈에서의 왜곡 현상 때문이다.

이제까지 우리는 겉으로 드러난 꿈의 내용을 훨씬 능가하는 잠재적인 꿈의 내용들이 있다는 것을 발견했다. 또한 우리는 앞서 여러 연구가들이 지적했음에도 아직 해명하지 못한 꿈의 특성들에 대해서도 잊지 않고 있다. 그 특성들은 세 가지로 분류할 수 있다. 첫째, 꿈은 최근의 인상을 뚜렷이 반영한다는 것, 둘째, 꿈은 중요하고 본질적인 것보다는 부수적이고 사소한 것을 기억한다는 것, 그래서 깨어 있을 때의 기억과는 다른 원칙에 따라 재료를 선택한다는 것, 셋째, 꿈은 어린시절의 인상을 마음대로 반영하며 오래 전의 세세한 일까지 끄집어낸다는 것 등이다.

익히 아는 바와 같이 이러한 특징들은 겉으로 드러난 꿈의 내용들에서 관찰한 것들이다.

최근의 인상이나 사소한 것을 반영하는 꿈 나 자신의 경험을 참고하면, 대부분의 꿈은 전날의 체험과 관련돼 있다는 것을 확인할 수 있다. 이 말은 곧 꿈 해석의 기초로서 전날의 체험을 돌아보는 작업이 필수적임을 시사한다. 이러한 관계가 얼마나 설득력 있는지 알아보기 위해 내가 꾼 꿈들과 출처를 예시해 보고자 한다.

◇ 나는 어떤 집을 방문했다 간신히 주인을 만난다. 그 집의 여주인은 상당 시간 나를 '기다리게 한다' : 나는 전날 저녁 한 여자 친척과 만나 대화를 나누었다. 그때 원하는 물건을 '기다려야 한다'는 등의 말을 그녀에게 했다.

◇ 내가 어떤 식물의 종(種)에 관한 '연구논문'을 작성한다 : 오전에 서점의 진열대에서 시클라멘 속(屬)에 관한 '연구논문'을 보았다.

◇ 나는 거리에서 두 여자를 본다. '어머니와 딸' 사이로 딸은 한때 내 환자였다 : 전날 치료 중인 여자 환자는 '어머니'가 치료를 더 이상 받지 못하게 한다고 내게 말했다.

◇ 내가 서점에서 정기간행물 구독을 신청한다. 비용은 일 년에 '20굴덴'이다 : 전날 아내는 내게 '20굴덴'의 산후 조리비를 아직 지불하지 않았다고 말했다.

◇ 나를 '회원' 취급하는 사회민주주의 '위원회' 명의의 '서한'을 받는다 : 전날 자유주의 선거 '위원회'와 박애주의협회 의장에게 동시에 '서한'을 받았다. 실제로 나는 이 협회의 '회원'이다.

꿈은 전날이거나 그보다는 좀더 오래된 날들의 인상과 관련이 깊

다. 굳이 따지자면 전날에 더 우선권이 있을 것이다. 이삼 일 전의
인상이 원인인 것 같은 꿈도 따져보면 전날의 회상이 영향을 미친
결과임을 확인할 수 있다. 따라서 모든 꿈은 채 하루도 넘기지 않은
체험에서 자극된다고 나는 생각한다.

아울러 꿈에서 나는 사소한 인상에 대한 암시만을 발견하는데,
이는 꿈이 주로 삶의 지엽적인 부분을 내용으로 받아들이기 때문이
다. 그러나 꿈의 내용과는 달리 꿈을 해석할 때는 결과가 다르게 나
타난다. 해석에선 모든 것이 충분하게 중요한 체험으로 귀결된다.
여기서 나는 중요한 인식에 이르렀다. 꿈은 왜 사소하면서도 단편
적인 것만을 다루는 것일까? 그것은 심리적 활동의 낭비에 불과한
것일까?

답은 '아니다'이다. 깨어 있는 동안 우리의 주의를 끄는 문제는 꿈
속에서도 우리를 지배한다. 우리는 낮 동안의 흥분할 만한 재료들을
꿈속에서 응용한다. 그럼에도 사소한 인상이 꿈의 내용을 지배하는
것 같은 인상은 전적으로 꿈에서의 왜곡 현상 때문이다. 우리는 앞
장에서 이 부분을 검토한 바 있다. 꿈은 흥분할 만한 인상을 그대로
드러내지 않고 암시를 통해 드러낸다. '훈제 연어'에 대한 여성 환자
의 기억이 '친구'를 암시하는 것과 같다.

이 문제를 갈등 없이 해결하기 위해선 꿈의 전후 맥락에 얽힌 개
인의 의식 세계를 조망하는 것이 필수적이다. 그래야만 잠재된 꿈의
내용과 드러난 꿈의 내용 사이에 걸쳐져 있는 연결고리를 파악할 수
있다. 이것이 꿈을 해석하는 데 있어 중요한 관건임은 두말 할 나위

가 없다.

꿈은 자극할 만한 체험을 하루에 두 번 이상 겪는 경우, 두 체험을 하나로 결합시켜 언급한다는 점도 눈여겨보아야 할 대목이다. 꿈은 그 체험들을 하나로 묶으라고 강요하는 것 같다. 예를 들어 보자.

나는 어느 여름날 오후 기차를 탔고, 거기서 두 남자를 만났다. 두 사람은 처음 보는 사이였다. 한 남자는 사교계에 명망이 자자한 동료였고 다른 남자는 내가 진료를 맡고 있는 훌륭한 가문의 젊은이였다. 나는 이 젊은이의 사촌을 치료하고 있었다. 나는 두 신사를 소개시켰다. 그러나 그들은 기차 여행 내내 나하고만 대화를 나누었으므로 나는 번갈아가며 두 사람과 얘기해야 했다.

나는 내 동료에게 이 전도양양한 젊은이를 사교계에 소개시켜줄 것을 부탁했다. 동료는 그 젊은이가 유능해 보이긴 하지만 외양이 초라해 좋은 가문에 출입하기는 쉽지 않을 거라고 대답했다. 나는 그래서 추천이 필요한 것 아니냐고 말했다. 그러고는 연이어 젊은 친구에게 그의 숙모에 대한 안부를 물었다. 이 숙모는 내 환자의 어머니였는데 중병에 걸려 있었다.

이날 밤 나는 꿈을 꾸었다. 동료에게 후원을 부탁했던 젊은 친구가 상류층 인사들이 가득 모여 있는 살롱에서 조사를 낭독하고 있는 꿈이었다. 꿈속에서 그의 숙모가 돌아가셨던 것이다.

이 꿈을 통해 전날의 두 인상이 결합됐으며 통일된 상황으로 재편됐다는 것을 알 수 있다. 나는 이제까지의 분석을 통해 꿈의 출처를 다음과 같이 정리할 수 있다는 결론을 얻었다.

— 꿈에서 직접 나타나는 최근의 중요한 체험.

— 꿈을 통해 하나로 통합되는 최근의 중요한 여러 체험.

— 동시에 발생했지만, 사소한 체험을 빌미로 꿈에서 나타나는
　최근의 중요한 체험들.

— 꿈에서 사소한 인상을 빌려 대신 나타나는 중요한 체험. 회상
　이나 사고의 흐름 같은 것들이 여기에 해당함.

　이상과 같은 연구를 토대로 꿈을 자극하는 데 사소한 자극이란 없
으며 따라서 단순한 꿈 역시 존재하지 않는다고 결론 내릴 수 있다.
아동들이 밤 동안 느끼는 감각적인 짧은 꿈을 제외하면 나는 엄밀한
의미에서 이 결론이 옳다고 생각한다. 꿈은 결코 사소한 것과 관계
하지 않는다. 우리는 잠자는 동안 거의 방해받지 않기 때문이다. 얼
핏 보아 단순해 보이는 꿈들도 막상 분석을 해보면 교묘하게 왜곡된
것으로 드러난다. 이에 대한 반론이 만만치 않을 것 같지만 이 문제
는 우리가 이미 정리한 바 있다.

　어린시절의 꿈 — 잠재적 꿈의 출처　아동기 인상들의 꿈을 판별
할 수 없기 때문에 그 출처가 얼마나 빈번한지를 우리는 알지 못한

다. 따라서 어떤 꿈이 아동기의 꿈인지를 증명해낼 수 있어야 한다. 증명 가능한 조건들이 맞아떨어지는 행복한 경우는 아주 드물지만, 모리가 꾼 한 남자의 이야기는 그러한 확신에 힘을 보태준다.

고향을 떠나온 지 20년 된 한 남자가 어느 날 고향을 방문하기로 한다. 여행을 떠나기 전날 밤 이 남자는 꿈을 꾼다. 낯선 마을에서 낯선 남자를 만나 이야기하는 꿈이다. 그런데 꿈에서 깨어난 그가 고향에 도착했을 때, 꿈에서 봤던 그 낯선 마을이 실제로는 이웃에 존재한다는 사실을 깨닫는다. 낯선 남자 역시 세상을 떠난 아버지의 친구라는 것과 아직 그곳에 살고 있음을 알게 된다.

이러한 사실은 그가 어린시절을 확실하게 기억하고 있다가 꿈에 반영했다는 움직일 수 없는 증거이다. 이러한 증거를 시사하는 꿈은 또 있다.

내 강의를 듣는 수강생의 꿈인데, 그는 얼마 전 '보모의 침대에 그의 어렸을 적 가정교사가 누워 있는 꿈을 꾸었다'고 말했다. 이 학생은 열한 살 때까지 보모의 침대에서 보모와 함께 잠을 자곤 했노라고 설명했다. 꿈속에서도 그 장소에 대한 기억이 뚜렷했다. 하지만 왜 가정교사가 그 침대에 누워 있었는지 의아해서, 그는 이 꿈 얘기를 자신의 형에게 했다. 그러자 형은 웃으며, 꿈이 그랬다면 그것은 사실일 거라고 말했다. 당시 형의 나이는 여섯 살이었기 때문에 전후 사정을 잘 기억하고 있었다. 보모와 가정교사는 서로 사랑하고 있었는데 밀회의 장소가 마땅치 않자 손위 형에겐 맥주를 먹여 잠들게 하고 보모의 침대에서 사랑을 나눴던 것이다. 당시 수강생은 세 살짜리 어린애였던만큼 방해가 안된다고 생각했기 때문에 그냥 두었다.

어린시절에 꾸었던 꿈을 성인이 되어서도 계속 반복해 꾸는 경우도 있다. 어떤 30대 의사의 꿈이 이런 경우에 해당된다. 이 의사는 어려서부터 최근까지 누런 사자가 나타나는 꿈을 꾸었다고 말했다. 얼마나 자주 꾸었는지 사자에 대해 세세히 묘사할 수 있을 정도였다. 그런데 어느 날 이 사자가 실제로 나타났다. 사기로 만든 장난감 사자였다. 어머니가 그 사자에 대해 설명해주자 그제서야 그는 자신의 꿈을 이해할 수 있었다. 이 사자는 그가 어린시절 가장 좋아한 장난감이었다는 것이다. 그 자신은 기억조차 나지 않는 이야기였다.

꿈을 분석하다 보면 소망 충족이 어린시절의 체험과 연관돼 있다는 것을 알고는 놀라게 된다. 친구 R이 내 삼촌의 모습을 하고 나타났던 꿈을 다시 분석해보자.

이 꿈에서 나는 '객원 교수'가 되고 싶은 욕심을 은연중 드러냈다. 이러한 명예욕은 어디에서 유래한 것일까? 어렸을 때 심심치 않게 들었던 이야기가 생각난다. 내가 태어났을 때 어떤 농부의 부인이 어머니에게, 내가 장차 큰 인물이 될 거라는 예언을 했다고 한다. 그것이 내게 영향을 미쳤을까? 하지만 이런 예언은 주변에서 흔히 들을 수 있다. 기대에 부풀어 자식에게 당신의 미래를 맡기는 어머니들은 많다. 이런 예언이 해가 되는 것도 아니다. 나의 출세욕이 여기에서 비롯된 것일까?

이 부분을 해명하기에 좀더 적합한 예도 있다. 내가 열한두 살 무렵, 부모님이 나를 자주 데려가곤 했던 어느 식당에서 있었던 일이다. 식당엔 약간의 사례를 받고 손님들이 화두를 던지면 즉석에서 시를 지어주는 한 남자가 있었다. 부모님은 내게 그 시인을 데려오도록 했다. 내가 그 시인에게 다가가 용건을 전달하자 그는 그 자리에서 나를 위해 몇 줄의 시를 지어주었는데, 장차 내가 '장관'이 될 거라는 내용이었다. 이 두번째 예언에서 받은 인상은 너무도 강렬해서 아직도 뇌리에 남아 있다.

당시는 시민내각의 시대여서 누구나 열심히 공부하면 성공할 수 있다는 희망이 있었다. 유대인이라고 해서 예외가 아니었다. 내 꿈으로 돌아가 생각해보면, 나는 꿈을 통해 음울한 현실에서 벗어나 당시의 소망을 충족하려 했던 것 같다. 나는 마치 장관이라도 된 양 나의 두 동료를 유대인이라는 이유로 폄하하면서, 한 사람은 바보로 또 한 사람은 범죄자로 취급했다. 장관이 나의 앞길을 가로막자 꿈속에서 내가 그 장관이 되어 힘을 행사한 것이 아니고 무엇이던가.

먼 옛날의 기억에 의해 부쩍 강화되는 꿈속의 소망들도 있다. 나는 오래 전부터 로마에 가보고 싶다는 생각을 했고 이러한 바람을 꿈을 통해 충족하곤 했다.

언젠가의 꿈에서는 기차의 차창을 통해 천사의 다리와 티베르 강을 바라보기도 했다. 꿈속의 이 풍경은 전날 한 환자의 살롱에서 본 유명한 동판화에서 비롯된 것이다.

또 한 번의 꿈에서는 누군가 나를 언덕 위로 데려가 반쯤 안개에 덮인 로마를 보여주기도 했다. 거리가 아주 멀었는데도 시내가 생생히 보여 놀라웠다. 그리고 다른 꿈에서 나는 로마 시내에 가 있었다. 그러나 실망스럽게도 도시다운 광경을 발견하지는 못했다. 검은 물이 흐르는 작은 강이 보였을 뿐이다. 강의 한편에는 검은 바위가 있었고 다른 편 초원에는 흰색의 꽃들이 피어 있었다.

나는 거기서 아는 사람을 만났는데, 그에게 다가가 시내로 가는 길을 물어보아야겠다고 생각하며 꿈에서 깨어났다. 나는 꿈속에서나마 로마를 보겠다고 헛된 시도를 하고 있었음이 분명하다.

이 꿈 직후 나는 다시 로마로 가는 네번째 꿈을 꾸었다. 길 모퉁이에 독일어 광고가 무수히 부착돼 있는 것을 보고 놀라는 꿈이었다. 전날 나는 '독일인들에게 프라하는 편안한 고장이 아닐 것'이라는 내용의 편지를 친구에게 썼다. 이로 미루어 꿈은 프라하 대신 로마에서 만나고 싶다는 소망과 함께 프라하에서 독일어가 좀더 많이 사용됐으면 하는 관심을 표명한다.

이 관심은 대학시절에 비롯된 것으로 보이나, 나는 슬라브인들이 모여 사는 마을에서 태어났기 때문에 어린시절 틀림없이 체코어를 이해했을 것이다. 일곱 살 때 외웠던 동시를 지금도 힘들이지 않고 암송할 수 있을 정도다. 이 꿈 역시 나의 어렸을 적 인상들과 복잡하게 얽혀 있다.

나는 최근에 이탈리아를 여행한 적이 있는데, 마침내 이 여행에서 로마에 대한 내 동경이 어떻게 강화됐는지 알게 되었다. 그것은 젊은 시절 받은 한 인상 때문이었다.

나는 김나지움 시절, 유대인 사령관이었던 한니발을 숭배했다. 한니발과 로마는 강인한 유대인 기질과 가톨릭 교회 제도의 대립을 상징한다. 반유대 운동이 횡행하던 그때 유대인이었던 소년의 생각과 느낌은 한니발에게로 기울어질 수밖에 없었다. 로마에 가고 싶다는 꿈속의 열망은 이런 몇 가지 소망의 은폐를 기반으로 분출되었던 것이다.

그런데 이 열망의 배경에는 아버지가 있었다. 내가 열한두 살 무렵이었을 시절, 아버지는 나를 데리고 산책을 다니며 자신의 속내를 드러내시곤 했다. 한번은 내가 자신보다 얼마나 좋은 시대에 태어났는지 알려주시려는 듯 이런 말씀을 하셨다.

"내가 젊었을 때의 일이다. 어느 토요일, 나는 옷을 멋지게 차려입고 새로 산 털모자까지 쓴 채 시내의 중심가를 산책하고 있었지. 그때 한 기독교도가 내게 다가오더니 갑자기 내 모자를 벗겨 진흙탕 길에 내던지는 것이었어. 그러더니 이렇게 소리치는 거야. '이 유대인아, 그 인도에서 내려오지 못해!'"

"그래서 아버지는 어떻게 하셨나요?"

"나는 차도로 내려가 담담히 모자를 주워 들었지."

아버지는 태연히 대답하셨다. 하지만 그 대답은 어린아이의 손을 잡고 걸어가는 키 크고 건장한 남자의 태도와는 왠지 어울려 보이지 않았다. 나는 못내 불만스러운 이러한 상황을 내 감정에 좀더 잘 맞는 다른 상황으로 대체했다. 한니발의 아버지가 아들에게, 제단 앞에서 로마인에 대한 복수를 맹세케 했던 장면이 그것이다. 이날 이후 한니발은 내 환상에서 중요한 자리를 차지했다.

나폴레옹의 경우도 이와 비슷하다고 말할 수 있다. 나폴레옹은 알프스를 넘어 스스로 한니발의 뒤를 따른다. 그가 영웅을 숭배하게 된 배경엔 한 살 연상의 소년과 어울려 놀았던 생후 3년간의 체험이 크게 작용하고 있다. 이 소년과 때로는 친밀하게, 때로는 싸우며 노는 과정에서 힘이 약한 소년이 품게 되었을 어린시절의 소망을 짐작하기란 어렵지 않다. 이처럼 꿈을 분석해 들어갈수록 어린시절의 체험이 잠재적 꿈의 출처로서 중요한 역할을 한다는 것을 알 수 있다.

우리는 꿈이 왜곡 없이 과거의 기억을 그대로 재현하는 경우를 별로 보지 못했다. 그러나 그러한 경우가 아주 없는 것도 아니다. 내 환자 가운데 어떤 사람은 과거의 사건을 거의 왜곡하지 않고 재현하는 꿈을 꾸었다. 이 환자는 열두 살 때 병석에 누워 있는 친구를 문병 간 적이 있었는데, 침대에서 몸을 뒤척이다 알몸이 드러난 친구의 생식기를 보게 되었다. 그 순간 환자는 자기도 모르게 친구의 음경을 붙잡았다. 친구는 놀랍고 불쾌한 표정으로 그를 바라보았고 그는 머쓱해져 정신을 차리게 되었다. 그로부터 23년이 흘렀지만 이 사건은 그때의 느낌 그대로 생생하게 꿈에서 재현되었다. 다만 꿈속에서는 친구와 자신의 역할만 바뀌어 있었을 뿐이다.

하지만 어린시절의 체험들은 꿈속에서 대부분 암시로 대체되기 마련이다. 따라서 꿈은 해석을 필요로 한다. 그런데 어린시절의 사건을 제대로 기억해내기란 그리 쉬운 일이 아니다. 일반적으로 꿈에서 어린시절의 체험을 추론해가는 과정은 정신 분석을 통해 이루어지지만, 유아기 동안의 인상에서 끌어낸 결론을 무분별하게 꿈에 적용해서는 안된다. 유년기 때의 사건이 맡는 역할은 꿈의 특성으로서가 아니라 신경증적 기질에 의해 결정되었을 수 있기 때문이다.

나는 어린시절의 체험이 등장하는 몇 가지 꿈을 분석한 바 있다. 그렇다고 내게 어떤 병의 징후가 있어 내 꿈을 분석한 것은 아니다. 내 자신의 꿈을 분석하다 어린시절의 사건이나 체험과 만나게 되었을 뿐이다. 여기서 나는 최근의 동기와, 오랫동안 잊고 있었던 어린시절의 체험이 동시에 조우하는 한 가지 사례를 언급하는 것으로 이 장을 끝마치고자 한다.

나는 여행 중이었는데, 허기지고 지친 상태로 숙소를 찾아가 잠이 들었다. 거기에서 다음과 같은 꿈을 꾸었다.

나는 먹을 것을 얻기 위해 부엌으로 간다. 그곳에는 세 여인이 있다. 한 여인은 여관 주인인데 마치 경단을 빚듯 손으로 무엇인가를 굴리고 있다.
그녀는 분명치는 않지만 다 만들 때까지 기다리라고 말한다.

나는 기분이 상해 그곳을 나온 후 외투를 입는다. 그런데 이 옷은 내게 너무 크다. 다시 벗는데 외투의 깃에 털이 달려 있어 나는 좀 놀란다.

두번째로 집어든 외투에는 긴 줄무늬와 함께 터키식의 그림이 그려져 있다. 그때 얼굴이 길고 뾰족하게 턱수염을 기른 사람이 다가와 그 옷은 자기 것이라며 못 입게 한다. 나는 그에게 터키식 문양을 보여준다. 그는 이 터키식 문양이 당신과 무슨 상관 있느냐고 묻는다. 이후 그 사람과 나는 친한 사이가 된다.

이 꿈을 분석하던 중 뜻밖에도 열세 살 무렵 읽은 소설이 생각났다. 제목과 작가의 이름은 기억나지 않지만 이야기의 결말은 지금도 생생하다. 소설 속에서 미쳐버린 주인공은 자신의 운명에 영향을 끼친 세 여인의 이름을 계속 불러댄다. 하지만 이 기억을 어떻게 분석해야 할지 난감했는데, 이때 인간의 운명을 관장하는 세 여신[1]이 머리에 떠올랐다.

꿈에 나타난 세 여인 중 한 사람인 여관 주인은 생명과 최초의 자양분을 주는 어머니라는 것을 알 수 있다. 여인의 가슴은 사랑과 굶주림이 만나는 곳이다. 여성미를 숭배하던 한 젊은이가 갓난아기 때의 유모 이야기가 나오자 그때의 좋은 기회를 좀더 이용하지 못해

---

1 그리스 신화에 등장하는 신으로 클로토, 라케시스, 아트로포스를 말한다. 클로토는 생명을 주고 라케시스는 운명을 나누어 주며 아트로포스는 생명을 거두어 간다고 알려져 있다.

유감스러워했다는 일화가 있다.

　꿈속의 여인은 경단을 빚듯이 손바닥을 마주 비빈다. 이 부분은 내 유년시절의 한 체험과 관계가 있다. 내가 여섯 살이었을 때 나는 어머니로부터 처음 공부를 배우기 시작했다. 그때 어머니는 가르치시길, 인간은 흙으로 빚어졌으며 그러므로 다시 흙으로 돌아가야 한다고 말씀하셨다. 나는 그 말을 믿지 않았고, 그러자 어머니는 직접 손바닥을 비벼 떨어져나오는 검은 때 부스러기를 보여주셨다. 나는 실제로 떨어지는 그 부스러기에 무척 놀랐다.

　꿈에 부엌으로 가 만나고자 했던 사람이 어머니라는 사실은 자명하다. 실제로 어린시절 나는 배가 고프면 부엌으로 갔다. 그러면 어머니는 아궁이 옆에서 식사 준비가 끝날 때까지 기다리라고 말했다.

　이제 꿈의 다음 장면, 내가 부엌에서 나와 외투를 입는 장면을 보자. 나는 외투 도둑이 되는데, 이때의 외투는 성교의 도구를 의미하면서 어떤 은밀한 행동을 암시한다. 은밀한 행동은 다시, 나의 대학시절 자신의 글을 표절한 사람이 있어 이를 고소한 교수를 생각나게 한다. 이 표절자와 외투 도둑이 겹치면서 꿈의 후반부로 인도한다.

　실제로 외투 도둑이 대학 강의실에 나타난 적이 있었다는 것을 나는 안다. 내가 외투를 입어보았다는 것은 내가 외투 도둑이라는 것이 아닐까? 하지만 이 결합은 터무니없어 보인다. 마침내 소중했던 선생님에 대한 기억도 떠오른다.

그 선생님의 성함은 '먹는 것'[2]을 연상시킨다. 이런 식으로 복잡하게 얽힌 사고의 갈래를 추적하는 것은 무모한 일일 수 있다. 그보다는 사고의 기저를 이루는 한 흐름만을 추적하기로 하자.

꿈에 나타나 외투를 입지 못하게 했던, 얼굴이 길고 턱수염이 뾰족한 사람은 내 아내에게 터키 옷감을 팔던 상인과 인상이 비슷하다. 이 상인의 이름은 포포비치Popovic[3]였다. 그러고 보니 이 이름 또한 익살스럽기 짝이 없다.

그는 인사할 때 자신의 이름을 소개하면서 얼굴을 붉혔다. 이름을 가지고 놀리는 것은 어린아이들이나 하는 짓궂은 장난이다. 그런데 내가 그런 장난을 즐긴다면 그것은 보복 행위나 다름 없다. 나 또한 그런 식으로 놀림받으며 자랐기 때문이다.[4]

앞에서 일화로 언급했던 유모 얘기(좋은 기회를 이용하지 못해 유감스러웠다는 것)는 나의 소극적인 처세와 연관이 있다. 허기진 자라면 당연히 적극적으로 그 문제를 해결해야 한다. 그러니까, 배고픔이 꿈꾸는 사람에게 불어넣는 사고는 이런 것이다. '설령 부당한 일을 저지르는 한이 있더라도 가질 수 있는 것은 다 가져야 한다. 기회를 놓쳐서는 안된다. 인생은 짧고 죽음은 피할 수 없다.' 여기에는 성적인 의도도 들어 있다. 그러나 욕망은 결코 만족을 모르기 때문에 '기회

---

2 선생님의 이름은 플라이슐(Fleischl)이다. 이 플라이슐은 육류를 의미하는 플라이쉬(Fleisch)를 연상시킨다.
3 독일어로 포포(Popo)는 엉덩이를 의미한다.
4 프로이트(Freud)에는 '기쁨'이나 '즐거움'의 뜻이 있다.

를 놓쳐서는 안된다'는 생각은 검열을 두려워해 꿈 뒤로 숨을 수밖에 없다.

◆

이 장의 서두에 제시한 꿈의 세 가지 특성, 즉 꿈은 최근의 인상을 뚜렷이 반영한다는 것과 중요하고 본질적인 것보다는 부수적이고 사소한 것을 기억한다는 것, 또 꿈은 어린시절의 인상을 반영하며 오래 전의 세세한 일까지 끄집어낸다는 것을 이제까지 고찰해 보았다.

이 밖에 꿈 분석을 하면서 얻은 다른 결론 하나를 여기에 덧붙이고 싶다. 그것은 꿈이 종종 '다의적으로' 보인다는 사실이다. 사례를 통해 살펴봤듯이 꿈 하나에 여러 개의 소망 충족이 결합돼 있을 뿐만 아니라 충족된 소망들 또한 다른 것들을 은폐하고 있어 어린시절의 소망 충족에까지 곧잘 거슬러 오르게 한다. 이것은 어쩌면 '곧잘'이 아니라 '규칙적으로'라고 말해야 할지도 모르지만.

전형적인 꿈들 꿈을 꾼 당사자가 꿈의 배후에 있는 무의식적 사고를 알려주지 않으면 그 사람의 꿈을 해석하기란 불가능하다. 이런 측면 때문에 꿈 해석을 실용적으로 활용하기에 많은 어려움이 따른다. 하지만 개인사를 전제로 이루어지는 것이 아닌 꿈도 있다. 모든 사람들이 공통적으로 꾸며 꿈의 출처 또한 비슷해서 같은 의미를 갖는 꿈, 그러한 꿈을 우리는 전형적인 꿈이라고 부른다. 이러한 꿈은 특별한 관심을 불러일으킨다.

벌거벗고 당황하는 꿈_ 우리는 가끔 낯선 사람들 앞에서 옷을 벗거나 흐트러진 옷차림을 하고 있는 꿈을 꿀 때가 있다. 그러면서도 전혀 부끄러움을 느끼지 않는가 하면 수치심과 당혹감을 느껴 숨거나 도망치려고 한다. 하지만 그 난처한 상황을 모면하지 못해 전전긍긍할 때가 더 많으며, 전형적인 꿈은 그럴 때에만 문제가 된다. 나는 대부분의 사람들이 한번쯤은 이런 꿈을 꾸었으리라고 믿는다.

꿈에서 어떤 방식으로 어느 정도 옷을 벗고 있는지는 대부분 불분명하다. 간혹 구체적으로 기억할 수도 있지만 그런 경우는 드물어서 '나는 내의 아니면 속치마 차림이었다'는 식으로 애매하게 말한다. 일반적으로 흐트러진 옷차림의 경우 그 정도가 그리 심하지는 않다. 군인이라면 벌거벗는 대신 규정에 어긋나는 복장 정도로 나타난다. '나는 군도를 차지 않고 나갔다가 상관과 마주쳤다'거나 '군복 대신 사복을 입고 있었다'는 식이다.

수치심을 유발하는 상대방은 대부분 침착한 표정의 낯선 사람들이다. 전형적인 꿈에서는 당혹스러운 옷차림이 눈에 띄거나 그 때문에 비난받는 일은 결코 일어나지 않는다. 이와는 반대로 사람들은 무관심하거나 엄숙한 표정을 짓고 있다.

수치심 때문에 당혹스러운 상대방 앞에서 취하게 되는 이 무관심은 생각을 요한다. 누군가 벗고 있다면 놀라거나 비웃든지, 아니면 격분해야 마땅할 것이다. 하지만 이런 불쾌한 측면은 소망 충족에 의해 제거되는 대신 당혹감은 어떤 힘에 의해 남아 있다.

소망 충족에 의해 왜곡된 꿈 가운데 대표적인 것으로 안데르센의 동화 〈벌거벗은 임금님〉을 들 수 있다. 이 동화는 임금님을 위해 옷을 짓는 두 사람의 사기꾼에 관한 이야기이다.

사기꾼들은 그 옷이 착한 사람들의 눈에만 보인다고 말한다. 보이지 않는 옷을 입은 임금님은 외출을 하고, 백성들은 마음을 시험하는 그 옷의 위력에 눌려 임금님이 벌거벗은 것을 모르는 척 외면한다. 이것이 지금 말하고자 하는 꿈의 상황과 같다.

사기꾼은 꿈이고, 임금님은 꿈꾸는 사람 자신이다. 도덕적 경향은 억압되어 금지된 소망이 꿈의 내용을 이룬다. 신경증 환자들을 분석하는 과정에서 그러한 꿈이 어린시절의 기억을 토대로 하고 있다는 것을 알 수 있다. 우리가 옷을 다 입지 않고도 사람들 앞에서 부끄러워하지 않을 때는 오로지 어린시절뿐이다. 많은 아이들의 경우 나이가 좀더 들어서도 옷을 벗고 수치심을 느끼기는커녕 즐거워한다. 그들은 자기 몸을 두드리면서 신나게 돌아다닌다. 옆에 있던 어머니나 누군가가 주의를 줘도 별로 개의치 않는다.

신경증 환자들의 어린시절을 주의깊게 들여다보면 성이 다른 아이 앞에서 옷을 벗는 것이 중요한 역할을 하고 있음을 알 수 있다.

편집증 환자의 경우 옷을 입거나 벗을 때 누군가 엿본다는 망상은 이러한 체험에 원인이 있다. 성도착증 환자 중에는 어렸을 때의 이 충동을 못 이겨 노출증에 걸린 사람들도 있다.

수치심 없이 옷을 벗고 돌아다니던 시절도 훗날 되돌아보면 낙원처럼 생각될 때가 있다. 낙원은 어린시절에 대한 집단적 환상일 뿐이다. 낙원에서라면 아무리 벗고 있어도 수치심을 느끼지 않는다. 꿈은 인간을 그러한 낙원으로 데려간다. 그래서 우리는 어렸을 때를 그리워하며, 그때의 인상을 내용과 상관 없이 꿈에서 재현하곤 한다. 이것이 소망 충족의 근간을 이룬다.

벌거벗는 꿈, 즉 노출 꿈의 핵심을 이루는 것은 자신의 모습과 흐트러진 옷차림이다. 자신의 모습은 현재의 모습이고 흐트러진 옷차림은 많은 기억들과 혼재되거나 검열 때문에 모호해진다. 여기에 꿈꾸는 사람을 부끄럽도록 만드는 존재들이 등장한다. 그러나 어떤 존재도 어린시절에 경험했던 실제의 인물은 아니다. 그런 인물이 꿈속에 등장했던 적은 지금까지 단 한번도 없었다.

꿈은 단순한 회상이 아니다. 기이하게도 어린시절 성적 관심을 끌었던 인물들은 꿈이나 히스테리, 강박 신경증에는 모습을 드러내지 않는다. 편집증에서는 자신을 주시하는 구경꾼이 등장한다. 이 증상의 환자들은 구경꾼이 보이지 않아도 누군가 자신을 지켜보고 있다는 맹목적인 믿음을 갖고 있다. 하지만 꿈에선 구경꾼 대신 '많은 낯선 사람들'을 끼워 넣는다. 낯선 사람들은 구경거리에 관심이 없다. 이들은 꿈꾸는 당사자의 소망이 만들어낸 대립물일 뿐이다. 이 낯선 사람들은 꿈속의 다른 관계에서도 자주 등장한다. 그들은 언제나 소망하는 대립물로서 '비밀'을 유지하고 있다.

그 밖에도 벌거벗는 꿈에서는 억압이 표현된다. 꿈에서의 불쾌감은 자신의 의지와 상관없이 노출 장면이 등장하게 된 것에 대한 심리적 반응이다. 그런 감정이 싫었다면 그 장면을 환기시키지 말았어야 할 것이다.

소중한 사람이 죽는 꿈_ 전형적인 꿈의 또 다른 예로 소중한 사람이 죽는 꿈을 들 수 있다. 이 꿈엔 두 부류가 있다. 하나는 꿈속에서 전혀 슬픔을 느끼지 않다가 깨어난 후 그런 자신에 대해 의아해하는 꿈이고, 다른 하나는 꿈을 꾸면서도 비통해하는 꿈이다.

첫번째 부류의 꿈은 전형적인 꿈이 아니므로 무시해도 된다. 이러한 꿈들은 꿈속의 실제 내용과 달리 어떤 소망이 은폐된 결과일 뿐이다. 앞서 예로 들었던, 언니의 외아들이 죽어 관 속에 누워 있는 광경을 본 꿈이 그런 경우이다. 어떤 이모도 어린 조카가 죽기를 원하지는 않는다. 이 꿈은 우리가 이미 분석했듯이, 과거의 애인을 보고 싶다는 소망이 은폐돼 그렇게 나타났을 뿐이다. 이러한 소망은 슬퍼할 동기를 제공하지 않는다. 꿈속에서 느끼는 감정은 겉으로 드러난 꿈의 내용이 아니라 잠재적인 꿈의 내용에 속한다.

하지만 소중한 사람의 죽음 앞에서 비통함을 느끼는 꿈들은 다르다. 이 꿈은 내용이 의미하는 바대로 관계된 사람이 죽었으면 하고 소망하는 꿈이다. 그러나 부모나 형제자매가 죽는 꿈을 꾸었다고 해서 꿈을 꾼 당사자가 그들의 죽음을 바라고 있다는 증거로 활용돼서는 안된다. 꿈 이론은 그렇게 포괄적으로 적용할 수 있는 것이 아니다. 그러한 꿈을 꾸었다면, 언젠가 어렸을 때 그러한 소망을 가진 적이 있었다고 추론하는 정도로 만족해야 한다. 그럼에도 비슷한 꿈을 꾼 적이 있는 사람들은 이 이론에 강하게 반발할 수도 있다.

어린아이들이 자신의 형제자매와 맺고 있는 관계에 주목해 생각해보자. 나는 혈연간의 관계가 오롯이 사랑에 넘치는 관계라고만 보지 않는다. 성인들의 세계에서도 형제간의 불화는 흔하게 목격되는데, 이러한 불화는 유년시절에 비롯되었다고 봐도 큰 무리가 없다.

형제간에 우애 있다고 알려진 사람들도 어린시절로 돌아가 생각해보면 대부분 싸우면서 자랐기가 십상이다. 형은 동생을 괴롭히기 일쑤고 동생은 그러한 형에 대해 분노하고 시기하며 두려워한다. 부모들은 자식들의 사이가 좋지 않다는 것을 알지만 왜 그런지 그 이유를 알지는 못한다.

어린이는 철저하게 이기적이다. 어린이는 자신의 욕구를 다스릴 줄 모를 뿐만 아니라 경쟁자인 다른 아이들, 특히 형제에 대해 배려할 줄 모른다. 자신이 원하는 것이면 무조건 충족하려고 든다. 그것이 일반적인 아동들의 행태이다. 그렇다고 우리는 그런 아이를 '나쁜 아이'라고 죄인 취급하지는 않는다. 그저 '버릇없는 아이'일 뿐이다. 이 버릇없음은 대부분 성장 과정을 거치면서 순치되게 마련이지만 때로 도덕성의 발달이 지체될 때도 있다. 그래서 이런 퇴행이 심각해지면 후에 히스테리로 발병해 버릇없는 성격이 되살아날 수도 있다. 실제로 버릇없는 아이의 성격과 히스테리적 성격은 놀라울 정도로 닮아 있다.

따라서 현재 우애가 깊은 형제자매들, 그래서 그들 가운데 누군가가 죽으면 몹시 상심할 사람들도 무의식 속에는 과거의 유쾌하지 못한 소망이 깃들어 있으며 이 소망이 꿈을 통해 나타날 수 있는 것이다. 유년기의 아동들이 동생을 대하는 태도를 관찰해보면 아주 흥미롭다. 늘 혼자이던 어느 날 갑자기 황새가 동생을 가져왔다는 소식을 들으면 그 아이는 단호하게 말한다. "황새에게 다시 데려가라고 해!"

어린아이들은 낯선 존재의 등장에 매우 민감해하며, 그로 인해 받게 될 불이익에 대해서도 영악하게 계산할 줄 안다. 내가 아는 어떤 부인은 그 옛날 동생이 태어났을 때 이렇게 반응했다고 한다.

"그래도 내 빨간 모자를 주지는 않을 거야."

새로운 존재에 대한 적대감은 이때부터 움튼다. 나는 세 살도 채 안된 여자아이가 요람 속에서 자고 있는 젖먹이 동생의 목을 조르려고 한 사건을 알고 있다. 아기의 존재가 자신에게 별로 득이 되지 않는다는 것을 본능적으로 알고 있는 것이다.

이 나이 또래의 아이들은 매우 분명하게 질투심을 느낀다. 물론 갓 태어난 아기에 대한 이런 태도는 정상적인 상황에서는 단순히 나이의 차이에서 오는 결과일 뿐이다. 동생과의 나이 차가 현격히 벌어져 있는 경우엔 질투심보다는 모성적 보호 본능이 우선 싹튼다. 형제자매간에 형성되는 어린아이들끼리의 적대감은 어른들이 생각하는 것 이상으로 강하다.

내가 아는 여성 환자들은 형제자매에 대한 적대감이 커지면서 하나같이 형제자매가 죽는 꿈을 꾸었다. 예외도 있었지만 그 역시도 다시 해석한 결과 일종의 규칙이 있었다. 나는 언젠가 심리 분석 도중 이러한 사실을 어느 부인에게 설명해 주었다. 그 부인의 증상에 비추어볼 때 형제자매와의 관계에서 문제가 발생했다고 생각했기 때문이다. 그러나 놀랍게도 그 부인은 그런 꿈을 한 번도 꾼 적이 없다고 말했다. 하지만 그것과 관련 없어 보이는 다른 꿈이 그녀에게 생각났다. 이 꿈은 부인이 네 살 때 꾼 것인데 당시 그 부인은 형제 중 막내였다.

한 무리의 어린이들이 풀밭에 모여 뛰어놀고 있었다. 아이들은 모두 자신의 언니, 오빠, 사촌형제들이었다. 그런데 갑자기 그들에게 날개가 생기더니 모두 하늘로 날아올라가 버렸다.

이러한 꿈은 이후로도 반복되었지만, 부인은 꿈의 의미를 짐작조차 못했다. 하지만 이 꿈의 의미는 단순하다. 검열의 영향을 거의 받지 않은 사실 그대로의 꿈, 형제자매들이 죽기를 소망하는 꿈이라는 것을 알기란 어렵지 않다. 나는 이 꿈을 이렇게 분석한다. 어린이들 가운데 한 명이 죽었을 때 아마 그 부인은 어른에게 물었을 것이다.

"아이들이 죽으면 어떻게 되나요?"

그러고는 틀림없이, 아이들이 죽으면 날개 달린 천사가 된다는 이야기를 들었을 것이다. 그 이후 당시 네 살이 채 안됐던 이 부인은 꿈을 꾼다. 형제들이 모두 천사처럼 날개를 달고 날아올라가는 꿈, 그리하여 결국엔 혼자만 남게 될 현실을 상상해보라! 어린이들이 초원에서 놀다 날아가는 것은 나비를 암시한다고 보면 틀림없다. 고대인들은 나비의 날개로 영혼을 만들려고 했는데, 이와 같은 사고의 흐름이 아이를 이끌었음이 분명하다.

어린아이들의 형제자매에 대한 적대감은 이해할 수 있지만, 그렇다고 상대가 죽기를 바랄 정도로 사악할 수 있느냐고 이의를 제기하는 사람도 있을 것이다. 그렇게 말하는 사람은 죽음에 대한 어린아이들의 사고를 이해하지 못한 것이다. 어린아이들이 생각하는 죽음은 어른들이 생각하는 죽음과는 사뭇 다르다. 아이들은 사멸에 대한 공포나 두려움을 잘 알지 못한다. 아이들에게 그 두려움은 생소할 뿐이다. 그래서 죽음이라는 낱말로 장난도 치고 다른 아이를 위협하기도 한다.

"너 한번만 더 그러면 죽어!"

이 말을 들은 어머니는 진저리친다. 이 세상에 태어난 인간의 과반수가 유년기를 채 넘기지 못하고 죽는다는 사실을 알고 있기 때문이다. 여덟 살까지만 해도 어린아이는 자연사 박물관을 구경한 다음 집에 돌아와 어머니에게 이렇게 말한다.

"엄마, 난 엄마가 너무 좋아요. 이 다음에 엄마가 죽으면 늘 엄마를 볼 수 있도록 박제해서 이 방 안에 놓아둘 거예요!"

죽음에 대한 어린아이들의 생각은 어른들과 이렇게 다르다. 더구나 임종의 모습을 본 적이 없는 아이들에게 죽음은 '떠난다는 것', 그래서 살아 있는 사람을 더 이상 방해하지 않는다는 정도의 의미밖에 없다. 아이들은 이러한 부재가 어떻게 해서 일어나는지 알지 못한다. 그것이 여행 때문인지, 해고되었기 때문인지, 관계가 소원해졌기 때문인지, 죽음 때문인지 구별하지 못한다. 그래서 한동안 여행을 떠났다가 돌아온 어머니는 아이들이 한번도 자신을 찾지 않았다는 말을 듣고 서운해하기도 한다. 실제로 어머니가 죽었을 경우에도 사정은 비슷해서, 아이들은 처음에 어머니를 잊었다는 듯이 행동한다. 그런 뒤 나중에서야 어머니의 죽음을 받아들이고 기억한다.

형제자매와 같은 경쟁자의 죽음과 달리, 부모가 죽는 꿈에서 죽는 쪽은 주로 꿈꾸는 사람과 성별이 같은 쪽이다. 남자 아이는 아버지의 죽음을, 여자 아이는 어머니의 죽음을 꿈꾼다. 이것을 규칙이라고 확언할 수는 없지만 대부분 그렇다. 인간은 성적으로 눈을 뜨면서부터 어느 한쪽으로 성적 경향을 갖게 마련이다. 그래서 남자 아이는 아버지를 경쟁자로 인식하고 여자 아이는 어머니를 경쟁자로 인식한다.

이런 생각을 끔찍하다고 비난하기 전에 부모와 자식 간의 현실적 관계에 주목할 필요가 있다. 부모와 자식 간에는 적대감을 불러일으키는 동기가 한 가지 이상 숨어 있다. 우선 아버지와 아들의 관계를 살펴보자. 신화와 전설을 통해 전해져 내려오는 얘기들 속엔 아버지의 권력과 그 권력을 행사할 때의 냉혹함에 대해 부정적으로 언급한 사례가 많다. 어미 돼지가 낳은 새끼들을 수퇘지가 먹어치우듯 크로노스는 자신의 자식들을 뱃속에 먹어 삼킨다. 제우스는 자신의 아버지를 거세한 다음 스스로 그 자리를 차지한다.

고대의 가족에서 아버지가 절대적인 권력을 휘두를수록 아들은 그만큼 더 적대적이 되어 아버지의 죽음을 고대했을 것이다. 적개심을 유발하는 부권의 남발은 요즘 사회에서도 심심치 않게 목격된다. 아버지를 잃은 아들의 경우 비통함보다는 마침내 바라던 자유를 얻었다는 기쁨이 더 큰 경우를 자주 본다.

어머니와 딸 사이의 갈등은 딸이 자라 어머니가 감시인이라는 생각을 갖게 되면서 표출된다. 딸은 성적 자유를 갈망하지만, 어머니는 점점 성숙해 가는 딸의 성장을 지켜보면서 자신은 이제 성적 욕구를 단념할 때가 되었다는 것을 깨닫는다.

이러한 관계는 누구에게나 자명한 것이다. 그러나 성적 선호는 일반적으로 부모에게서 먼저 나타난다. 아이들이 너무 어려 성적인 분별이 흐릿할 때는 안 그렇지만, 아이들이 자라나 성적 징후가 완연해지면서부터는 아버지는 딸을 귀여워하고 어머니는 아들의 편을 들게 된다.

아이들에게 있어 어른에게 사랑받는다는 것은 특별한 욕구의 충족일 뿐만 아니라, 모든 일을 자신의 뜻대로 할 수 있음을 의미한다. 그래서 아이들은 부모 가운데 어느 한쪽을 선택해야 할 경우 자신의 성적 충동에 따름은 물론, 부모에게서 받은 자극을 그대로 되풀이한다.

그러나 어른들은 아이들의 이러한 징후를 쉽게 지나치곤 한다. 내가 알고 있는 여덟 살짜리 어떤 여자 아이는 어머니가 식탁에서 자리를 뜨기만 하면 마치 자신이 어머니라도 되기나 한 듯 선언한다.

"이제부터 내가 엄마예요. 카를, 야채 좀 더 들지 않겠어요? 많이 먹어요."

이 아이는 또 이렇게 말한다.

"엄마가 어디로 가버릴지도 몰라요. 그러면 아빠는 나와 결혼해야 해요. 내가 아빠의 부인이 되겠어요."

아버지가 여행을 떠나 어머니의 옆자리에서 잘 수 있었던 사내아이가 아버지의 귀가로 그 자리를 빼앗겼다면, 그 사내아이는 아버지가 영영 돌아오지 않기를 바랄 수도 있다. 이러한 심리는 충분히 예상할 수 있는 일이며, 이때 아이의 소망이 아버지의 죽음과 연결돼 있다는 것은 분명하다. 할아버지의 죽음을 겪은 아이들은 그것이 영영 돌아오지 않는 여행길이라는 것을 경험을 통해 알고 있기 때문이다.

어린아이들을 관찰한 결과, 내 해석에 무리가 없다 하더라도 전적인 확신을 하기엔 아직 거쳐야 할 관문이 많을 것이다. 하지만 의사로서 성인 신경증 환자들의 정신을 분석할 때에는 그런 확신이 든다.

어느 날 나는 어떤 부인이 슬픔에 가득 찬 얼굴로 몹시 비통해하고 있는 것을 보았다. 그녀는 친척들이 자신을 소름끼쳐 하기 때문에 만나고 싶지 않다고 말했다. 그러고는 어떤 꿈이 생각나는데 그 꿈이 무엇을 의미하는지 모르겠다고 하소연했다. 이 꿈은 부인이 네 살 때 꾼 꿈으로 이런 내용이었다.

> 살쾡이인지 여우인지 모를 짐승 한 마리가 지붕 위를 걸어다닌다. 그때 무엇인가가 밑으로 떨어진다. 어쩌면 자신이 떨어진 것인지도 모른다. 그 후 사람들이 죽은 어머니를 집 밖으로 내가고 부인은 몹시 슬피 운다.

나는 이 꿈이 어머니의 죽음을 바랐던 어린시절의 소망을 의미하며, 친척들이 그녀를 소름끼쳐 할 거라는 생각 또한 이 꿈 때문이라고 말했다. 그녀는 곧 이 꿈을 해명하는 데 실마리가 될 만한 단서를 제공했다. 부인은 어린시절 어떤 부랑자에게 '살쾡이 눈'이라는 욕설을 들은 적이 있었다. 그리고 그녀의 어머니는 그녀가 세 살 때 지붕에서 떨어진 벽돌에 머리를 맞아 많은 피를 흘렸다.

과거에 나는 여러 종류의 심리 상태를 겪는 젊은 아가씨를 관찰할 기회가 있었다. 그녀의 병은 제정신을 잃을 정도로 분노에 휩싸이는 것으로 시작됐다. 그녀는 특히 어머니에게 혐오감을 드러내 어머니가 가까이 오기만 하면 욕설을 퍼붓곤 했다. 하지만 나이 차이가 많이 나는 언니에게는 다정하고 온순했다. 그 후 정신은 맑지만 무감각하고 잠을 이루지 못하는 상태가 지속됐다. 나는 이 단계에서부터 그녀의 꿈을 분석하기 시작했다.

환자의 꿈엔 어머니의 죽음을 은폐하려는 시도가 빈번히 나타났다. 어느 노부인의 장례식에 참석하기도 하고, 자신과 언니가 상복 차림으로 식탁에 앉아 있는 꿈을 꾸기도 했다. 이후 병세에 차도를 보이면서부터는 히스테리성 공포증이 나타났다. 환자는 자신의 어머니를 극도로 염려해 어디에 있든 어머니가 안전하다는 것을 확인해야 안심이 되었다.

내 경험에 의하면 이 경우는 시사하는 바가 아주 많다. 이 경우는 자극하는 한 표상에 대한 정신의 반응이 다양하게 나타났다고 할 수 있다. 평소 환자는 분노를 억누르고 있었는데 이 때문에 그녀의 불안한 심리가 가중됐다. 분노를 억누르는 힘이 마음을 제압하는 데서 정신에 균열이 생겼다고 할 수 있다.

이런 상태에서는 어머니에 대한 무의식적 적대감이 강하게 나타났다. 그런 다음 흥분을 가라앉히고 마음이 진정되면서 검열이 지배력을 회복하게 되자, 이제 그녀는 꿈속에서 어머니가 죽기를 소망하게 되었다. 그리고 차츰 정상을 되찾아가면서는 히스테리적 방어 현상으로 어머니를 지나치게 염려했다. 히스테리에 걸린 아가씨들이 왜 어머니에게 지나친 애정을 보이는지 이런 맥락에서 이해할 수 있다.

한번은 또 강박 신경증으로 폐인이 되다시피 한 젊은 남자의 무의식적 정신세계를 관찰할 기회가 있었는데, 이 환자는 자신이 사람들을 죽일 것이라고 염려한 나머지 문 밖 출입을 하지 못했다. 그리고 살인 사건에 연루돼 고발될 경우를 대비해 자신의 알리바이를 준비하느라 시간을 다 보냈다. 이 환자가 도덕적이며 교양을 갖춘 젊은이라는 것은 새삼 말할 필요도 없다.

분석 결과 이 고통스러운 강박관념의 배경엔, 지나치게 엄격했던 아버지에 대한 살해 충동이 자리잡고 있었다. 놀랍게도 이 충동은 환자가 일곱 살 때 의식적으로 표현되었으나 그 충동의 기원은 훨씬 더 어린시절에 있었다. 강박성 비난 증상은 아버지가 죽고 환자가 서른한 살 되던 해에 나타났는데 이것은 공포증의 형태로 다른 사람에게 전이되었다. 자신의 아버지를 낭떠러지에서 밀어버리고 싶다는 생각을 지닌 사람이라면, 남들의 목숨도 함부로 빼앗을 수 있다는 가정을 충분히 할 수 있다. 이런 연유로 이 환자는 자신의 방에만 틀어박혀 지냈던 것이다.

오이디푸스의 전설과 햄릿의 비극_ 이러한 인식을 뒷받침해 주는 사례를 오이디푸스 왕의 전설과 소포클레스가 지은 같은 제목의 희곡에서 발견할 수 있다.

오이디푸스는 테베의 왕 라이오스와 왕비 요카스테의 아들로, 아버지를 살해할 것이라는 신탁을 받고 태어나자마자 버림을 받는다. 그러나 그는 목숨을 건져 다른 나라에서 왕자로 자라난다. 그러던 어느 날 오이디푸스는 자신의 출생에 의심이 들어 직접 신탁을 듣게 된다. 신탁의 내용은 그의 마음을 경악하게 한다. 그가 아버지를 죽이고 어머니와 결혼할 운명이므로 고향을 떠나라는 것이다.

오이디푸스는 고향을 떠나 길을 가던 중 우연히 라이오스 왕을 만난다. 두 사람 사이에 뜻하지 않게 싸움이 벌어지고, 오이디푸스는 성급하게 라이오스 왕을 죽이고 만다.

그 후 오이디푸스는 테베에 이르러 길을 막는 스핑크스의 수수께끼를 푼다. 테베인들은 감사의 표시로 오이디푸스를 왕으로 추대하고 요카스테는 그의 왕비가 된다. 오이디푸스는 오랫동안 나라를 통치하며 자신이 누구인지 모르는 어머니와의 사이에서 딸 둘과 아들 둘을 낳는다. 그러나 나라 안에 페스트가 창궐하자 테베인들은 또다시 신탁을 하게 된다.

소포클레스의 비극은 여기에서부터 시작된다. 신탁은 라이오스 왕의 살해범이 나라 안에서 추방되면 페스트가 수그러들 것이라는 소식을 전한다. 이 이야기는 오이디푸스가 라이오스를 살해했으며 아울러 그의 아들이라는 사실이 폭로되는 과정으로 전개된다. 결국 자신의 만행에 충격을 받은 오이디푸스는 스스로 눈을 멀게 하고 고향을 떠난다. 마침내 신탁의 예언이 실현된 것이다.

한마디로 오이디푸스 왕은 인간 운명의 비극을 상징한다. 그러나 이 비극이 충격을 주는 이유는 인간의 운명과 의지 사이의 대립에 있는 것이 아니라 그 대립을 증명하는 소재의 특수성에 있다.

이 비극엔 운명의 힘을 인정하게 만드는 우리 내면의 목소리가 담겨 있다. 우리는 어쩌면 이러한 운명의 포로들일지도 모른다. 어머니에게는 최초의 성적 자극을 받고 아버지에게는 최초의 증오심과 폭력적 희망을 품게 돼 있는 운명의 포로들. 그래서 우리의 꿈은 그것이 사실이라고 설득시키고 있는지도 모른다. 그런 면에서 아버지를 살해하고 어머니와 결혼한 오이디푸스는 우리 어린시절의 소망 충족일 수 있다.

그러나 우리가 신경증 환자가 되지 않는 한, 오이디푸스와는 달리 우리의 성적 자극을 어머니에게서 분리시키고 아버지에 대한 질투심을 잊을 수 있다. 우리는 어린시절의 원시적 소망을 충족한 인물 앞에서 마음속의 소망을 억압한다. 비록 소포클레스는 문학작품을 통해 오이디푸스의 행동을 통제했지만, 그 충동이 우리의 내면에 존재하고 있다는 것만은 확실한 것 같다.

또 다른 비극, 셰익스피어의『햄릿』역시『오이디푸스 왕』과 비슷한 토대에 뿌리를 두고 있다. 그러나 동일한 재료를 다르게 취급한다.『오이디푸스 왕』에서는 토대가 된 어린시절의 소망이 충족되고 폭로된 데 반해『햄릿』에서는 억압된다.

이 작품은 자신에게 주어진 복수의 임무를 지연시키는 햄릿의 망설임에 토대를 두고 있다. 이 망설임의 원인을 그의 우유부단한 성격에서 찾는 사람들도 있다. 하지만 작품의 줄거리를 보면 햄릿이 그런 인물이 아니라는 것을 알 수 있다. 그가 결단력 있는 행동을 보여주는 장면이 두 번 나오는데, 한 번은 벽 뒤에서 엿듣는 염탐꾼을 칼로 찌를 때이고, 다른 한 번은 그를 살해하려는 두 명의 신하를 단호하게 처단할 때이다. 이때의 햄릿은 계획적이고 교활하기까지 하다. 그렇다면 그는 왜 아버지의 혼백이 부여한 임무를 실행하지 못한 것일까?

햄릿은 무엇이든 다 할 수 있다. 다만 그는, 자신의 아버지를 죽이고 어머니를 차지한 남자에게 복수하는 일만은 하지 못한다. 이 남자는 어린시절 억압된 자신의 소망을 충족시킨 사람이다. 햄릿에게 복수할 것을 촉구하는 증오심은 복수의 대상보다 자신이 더 나을 것이 없다고 꾸짖는 양심의 가책과 뒤바뀐 것이다.

셰익스피어가 이 작품을 쓴 것은 부친이 죽은 직후였다고 한다. 아버지에 대한 슬픔이 절실했을 무렵이다. 따라서 우리는 셰익스피어가 어린시절 아버지와의 감정이 새삼스러워졌을 때 이 작품을 썼다고 추정할 수 있다.

시험 꿈_ 시험을 치르고 졸업한 사람이라면 누구나 시험에 떨어져 시달리는 불안한 꿈을 꾼 적이 있을 것이다. 박사 학위를 딴 사람들에게 이 꿈은 구두시험에 합격하지 못했다고 비난받는 꿈으로 대체된다. 꿈속에서 이미 자신은 몇 년 전에 개업한 의사나 대학 강사라고 항의해봐야 헛일이다.

우리에게는 어린시절 잘못을 저지르고 벌을 받았던 많은 기억들이 있다. 이 기억들이 엄중한 시험이라는 '심판의 날'을 맞아 우리 안에서 생생하게 되살아난다. 신경증 환자들의 '시험에 대한 공포' 역시 이러한 어린시절의 두려움을 통해 강화된다. 학교를 졸업하고 어른이 된 이후 우리를 징계하는 사람은 이제 부모나 가정교사가 아니다. 냉혹한 책임감이 우리의 교육을 떠맡는다. 무엇인가를 잘못해 벌을 받을 것이라고 예상할 때마다 우리는 시험을 치르는 꿈을 꾼다. 이때 겁먹고 질리지 않는 사람은 별로 없을 것이다.

내가 시험 꿈을 깊이 해명할 수 있게 된 것은 경험 많은 동료 빌헬름 슈테켈 덕분이다. 그는 언젠가 말하길, 졸업 시험을 치르는 꿈은 시험에 합격한 사람들만 꾼다고 지적했다. 시험에 실패한 사람은 결코 그런 꿈을 꾸지 않는다는 것이다. 따라서 시험 꿈은 불안이 부당한 것이라는 증거를 과거에서 찾는 것이라고 할 수 있다.

이것은 깨어 있는 동안의 심리적 장치가 꿈의 내용을 오해하게 하는 뚜렷한 사례일 것이다. 그렇지만, 나는 이미 박사가 되었다고 항의하는 꿈은 실상 꿈이 선사하는 위로이다. 그러므로 우리가 꿈의 탓으로 돌리는 불안은 낮의 잔재에서 온 것이다.

이것은 여러모로 실험해본 결과 한결같이 맞아떨어졌다. 예를 들어 나는 박사학위 구두시험을 치를 때 법의학 과목에서 낙방했는데, 이 과목은 한 번도 꿈속에서 나를 괴롭힌 적이 없었다. 반면 식물학이나 동물학, 화학 시험을 치르는 꿈은 자주 꾸었다. 이러한 과목들은 자신이 없어 불안한 마음으로 시험을 치렀으나 운이 좋았던지 무사히 시험에 통과한 과목들이다. 고등학교 때인 김나지움 시절과 관련해서는 당시 훌륭한 성적으로 합격했던 역사 시험을 치르는 꿈을 자주 꾸었다. 이 꿈은 비록 실패한 시험의 사례는 아니지만, 그것은 존경하는 나의 은사가 나를 배려한 덕분에 잘 치를 수 있었던 시험일 뿐이다. 내 환자 중에는 김나지움 시절 졸업 시험을 포기했다가 후에 다시 시험을 봐 합격했으나, 장교 시험에 떨어져 끝내 장교가 되지 못한 사람이 있다. 그는 졸업 시험을 치르는 꿈은 자주 꾸지만 낙방한 장교 시험을 치르는 꿈은 한 번도 꾼 적이 없다고 말했다.

시험 꿈엔 위로 이외에도 비난과 항의가 겹쳐져 있다. 너는 이미 나이가 들 만큼 들었고 인생을 그렇게 많이 살았음에도 여전히 어린애 같은 짓을 하고 있다는 비난이 들어 있다. 반씩 섞인 자기 비난과 위로가 시험 꿈의 잠재적인 내용과 부합한 것이다. 졸업 시험을 치르는 꿈을 최초로 분석한 슈테켈은 이 꿈이 성적인 시험 및 성숙과 관계 있다고 말한다. 나 역시 그것이 사실이라는 것을 여러 경험을 통해 확인하고 있다.

그 밖의 전형적인 꿈들_ 그 밖의 전형적인 꿈들로는 하늘을 날거나 추락하는 꿈 등이 있다. 이러한 꿈들은 대부분 어린시절의 인상을 반복한다. 이 꿈들은 아이들이 즐겨했던 놀이나 장난들과 관계가 깊다. 가령 어른들은 아이를 높이 들어올려 비행기를 태워준다든가, 아이를 무릎에 올려놓고 받쳐주는 척하면서 떨어뜨리는 등의 놀이를 한다. 그러면 아이들은 환호성을 지르며 계속 해달라고 조른다. 특히 조금 무섭거나 어지러우면 더욱 즐거워한다. 그 후 몇 년이 지나면 이 놀이는 꿈속에서 나타난다. 그러나 꿈에서는 받쳐주는 손이 사라지고 아이들은 자유롭게 하늘을 날아다니거나 떨어진다. 나중에 서커스의 곡예를 보고 나기라도 하면 이 기억은 새로워져 자유자재로 곡예하는 꿈을 꾼다.

이러한 놀이는 아이들의 성적 감각을 일깨우기도 한다. 통칭 어린 시절의 '쫓아다니며 즐기는 놀이'는 날거나 떨어지는 등의 모습으로 꿈에 나타난다. 일상에서는 즐거웠을 놀이들이 꿈에서는 불안으로 뒤바뀐다. 실제로도 이러한 놀이들은 싸움이나 울음으로 끝날 때가 많다.

이로 미루어 잠자는 동안의 신체 감각이나 운동 감각이 날거나 떨어지는 꿈을 낳는다는 설명은 타당성이 부족하다. 이러한 감각 자체는 꿈과 관련된 기억에 의해 재현되며 따라서 꿈의 출처라기보다는 꿈의 내용으로 보아야 한다. 그러나 이러한 전형적 꿈들의 경우 완전히 해명하기란 매우 어렵다.

쾌감과 관련된 대부분의 꿈들, 날거나 떠다니는 꿈들은 때때로 전혀 다른 해석을 요구한다. 사람에 따라 특별하게 해석해야 할 꿈이 있는가 하면 전형적인 꿈도 있다.

내 환자 중에는 일정한 높이로 거리를 떠다니는 꿈을 자주 꾸는 부인이 있었다. 그녀는 체구가 매우 작은데다 성관계시 몸이 더럽혀지는 것을 몹시 싫어했다. 그녀의 떠다니는 꿈은 새가 되고 싶은 소망을 충족한다. 평상시 천사라는 말을 듣고 싶어하는 많은 여성들이 이런 꿈을 꾼다고 할 수 있다. 남성들의 경우 이런 비행 꿈엔 성적인 요소가 담겨 있다.

추락하는 꿈은 불안한 심경을 대변할 때가 많은데, 특히 여성들의 경우가 그렇다. 여성들은 성적인 유혹에 굴복당하는 꿈을 꿀 때 주로 이런 꿈을 꾼다고 알려져 있다. 추락하는 꿈의 유아적 출처는 아직 밝혀지지 않았지만, 누구나 어린시절 떨어져본 적이 있음을 감안하면 이 꿈의 출처를 짐작하기는 어렵지 않다. 떨어지고 나면 누군가는 아이를 들어올려 안아주고 쓰다듬어 준다.

수영하는 꿈은 오줌을 싸는 꿈과 관계 있다. 파도를 가르면서 쾌감을 느끼는 꿈을 꾸었다면, 그 사람은 어린시절 오줌을 자주 싸던 사람이라고 추정할 수 있다.

불장난과 관련된 꿈 역시 마찬가지다. 이 꿈에 대한 일반적인 해석, 즉 불장난하면 오줌 싼다는 어렸을 때의 경고는 유효한 해석이다. 즉 어린시절의 야뇨증에 대한 추억이 이 꿈의 토대를 이룬다.

이런 식의 전형적인 꿈은 얼마든지 더 열거할 수 있다. 좁은 골목길을 걷거나 늘어선 방들을 가로질러가는 꿈도 있고 도둑 맞는 꿈도 있다. 사나운 짐승에게 쫓기는 꿈도 있다. 그런가 하면 칼이나 창 따

위에 위협받는 꿈들도 흔하다. 이들 가운데 쫓기는 꿈은 불안에 시
달리는 전형적인 꿈의 내용들이다.

여섯번째 장
꿈의 작업

꿈에서 논리적으로 사유하고 있는 듯한 활동은 꿈의 사고들 사이의 관계를 인식해서가 아니다. 그것은 단지 꿈의 사고가 전달한 내용일 뿐이다. 꿈에서 대화를 나눈 것처럼 보이는 모든 것들이 기억에 있는 꿈의 재료에서 그대로 차용했거나 약간 수정한 모방이라는 것을 확인하기란 어렵지 않다. 이럴 때 대화는 꿈의 사고 안에 있는 사건의 암시에 불과하다. 이것과 꿈의 의미는 전혀 다르다.

기존의 꿈에 대한 해석들은 겉으로 드러난 꿈의 내용, 즉 외현적 꿈의 내용을 문제 삼았었다. 하지만 우리는 다른 방식으로 이 문제에 접근해 왔다. 외현적 꿈의 내용이 아니라 잠재적 꿈의 내용을 토대로 꿈을 해석해 왔다. 이로 인해 우리는 새로운 과제를 떠안게 되었다. 즉 잠재적 꿈과 외현적 꿈의 관계를 탐색하고, 어떤 과정을 통해 잠재적 꿈이 외현적 꿈을 만들어내는지를 추적해야 한다.

꿈의 사고와 꿈의 내용은 하나의 내용을 두 개의 다른 언어로 묘사하는 것과 같다. 보다 정확히 말하면, 꿈의 내용이 꿈의 사고를 다른 표현 방식으로 옮겨놓은 것처럼 보인다. 따라서 우리는 원본과 비교하고 번역해 다른 표현 방식의 기호와 결합 법칙을 알아내야 한다. 꿈의 사고는 알아내기만 하면 바로 이해할 수 있다. 꿈의 내용은 마치 상형문자와 같아서 기호 하나하나를 꿈의 사고가 뜻하는 언어로 옮겨놓아야 한다.

여기에서 이 기호들을 기호 간의 관계로 읽어야 한다는 문제가 발생한다. 그렇지 않고 기호의 생긴 모양대로만 읽다보면 길을 잘못 들 수 있다. 가령 복잡한 형태의 그림 퀴즈가 있다고 할 때, 이 그림을 회화적 구성으로만 판단하면 이해가 가지 않을 것이다. 퀴즈에 나와 있는 그림 하나하나들은 각자로서는 의미를 갖고 있지만 전체적으로 보면 불합리한 오류투성이일 게 뻔하다. 이런 관점에서 보면 꿈은 매우 무가치한 것일 수 있다. 하지만 부분과 전체를 꼼꼼하게 살펴 각각의 모습이 뜻하는 의미와 낱말을 보충한다면 꿈이라는 그림 퀴즈를 올바르게 풀 수 있을 것이다.

Ⅰ. 꿈에서의 압축 작업

꿈의 내용과 꿈의 사고를 비교해보면 엄청나게 큰 규모의 '압축 작업'이 일어난다는 것을 깨닫게 된다. 꿈의 사고가 지닌 내용의 풍성함에 비해 겉으로 드러난 꿈은 매우 짧고 빈약해 보인다. 일반적으로 사람들은 노출된 꿈의 사고를 완벽한 재료로 간주해서 압축의 정도를 과소평가한다. 그러나 꿈을 해석하다보면 이면에 숨어 있는 새로운 꿈의 사고들을 밝혀내기란 그리 어렵지 않다. 하지만 이때도 완벽하게 해석했다고 말할 수는 없다. 해석에 빈틈이 없어 보일 때 조차도 꿈은 다른 의미를 지니고 있을 수 있으며, 따라서 꿈에서의 '압축의 정도'가 어느 정도인지 단정지을 수는 없다.

꿈이 형성되는 과정에서 많은 심리적 재료의 압축이 일어난다는 이론에 대해 반론을 제기할 수도 있을 것이다. 가령 우리는 밤새 꿈을 꾸지만 깨고 나면 대부분 기억하지 못한다는 것을 전제로 해서 말이다. 그러니까 단지 우리가 기억하지 못할 뿐, 실제의 꿈은 꿈의 사고가 지닌 양과 비슷할 것이라는 논리다. 이러한 반론이 일리 있는 것도 사실이다. 하지만 기억해 낼 수 있는 것보다 훨씬 많은 꿈을 꾸었다는 느낌이 착각에서 비롯되는 경우도 자주 있다. 게다가 꿈의 작업에서 압축이 일어나는 과정은 망각의 가능성과는 무관하다. 이러한 가정은 기억나는 꿈의 잔재들을 분석하는 과정에서 자연스레 불식될 것이다.

실제로 꿈의 많은 부분이 단지 기억에서 사라지는 것일 뿐이라면 꿈의 사고에 접근할 수 있는 길은 없다고 봐야 한다.

그렇다면 이러한 압축은 어떻게 이루어지는 것일까? 압축은 '생략'을 통해 일어난다고 봐야 한다. 꿈은 꿈의 사고를 충실하게 번역한 결과도 아니고 올곧게 반영한 결과도 아니다. 그것은 지극히 불완전하고 결함 많은 묘사일 뿐이다. 꿈의 내용이 이렇다면 꿈의 사고에서 취사선택을 결정하는 조건은 무엇일까?

이 점을 해명하기 위해서는 꿈의 내용을 이루고 있는 요소에 주목해야 한다. 꿈의 요소들은 꿈의 사고들에 의해 중복 결정될 뿐만 아니라 꿈의 사고들 역시 꿈에서 여러 개의 요소들에 의해 표현된다. 그러니까 꿈의 요소와 꿈의 사고는 상호 간섭적이다.

그러나 이 간섭이 순차적으로 이루어지는 것은 아니다. 즉 한 무리의 꿈의 사고가 꿈의 내용을 결정하고 나면 연이어 다른 한 무리의 꿈의 사고가 꿈의 내용을 결정하는 것이 아니다. 그보다는 후보자 명단을 놓고 선거하듯이, 전체 꿈의 사고가 어떤 식으로든 가공된 다음 그중 가장 많은 지지를 받는 요소들이 꿈의 내용에 들어가게 된다. 꿈에 대해 이러한 관점으로 접근하다보면 꿈의 요소와 사고 사이에 매번 동일한 원칙이 작용하고 있음을 확인할 수 있다.

하나의 사례를 통해 이 점을 확인해 보자. 이 사례는 폐쇄공포증 때문에 치료받고 있는 어느 남성 환자의 꿈인데, 꿈의 내용과 꿈의 사고가 교묘하게 뒤엉켜 있다.

환자인 그는 많은 사람들과 함께 마차를 타고 X거리로 간다. 그곳에는 작은 식당이 있다. 식당 안에서는 연극이 상연된다. 그는 관객이 되기도 하고 배우가 되기도 한다. 연극이 끝나고 시내로 갈 때는 옷을 갈아입어야 한다. 배우들 중의 일부는 1층으로, 나머지는 2층으로 가라는 지시를 받는다.

그때 싸움이 일어난다. 위층 사람들은 아래층 사람들이 준비가 안돼 있어 내려갈 수 없노라고 화를 낸다. 그의 형은 위층에 있고 그는 아래층에 있다. 그는 형에게 독촉하지 말라며 화를 내지만 이 부분은 불확실하다. 그런데 사실은 그가 도착했을 때부터 이미 아래층으로 갈 사람과 위층으로 갈 사람은 결정되어 있다.

식당에서 나온 그는 X거리에서 시내로 가는 언덕을 혼자 올라간다. 올라가는 것이 너무 힘들어 좀처럼 그곳을 벗어날 수가 없다. 그때 나이든 신사가 그와 같이 걸으면서 이탈리아의 왕을 비난한다. 언덕 끝에 이르자 걷기가 훨씬 수월해진다.

이 꿈을 해석해 보면 이렇다. 언덕을 올라가는 것이 처음에는 힘들었지만 끝에 가서 수월해졌다는 것은 알퐁스 도데가 쓴 「사포 Sappo」의 첫 부분을 생각나게 한다. 이 소설의 첫 부분에 보면 한 젊은이가 애인을 안고 층계를 올라가는 장면이 나온다. 팔에 안은 애인의 몸은 처음에는 가볍지만 올라갈수록 무겁게 느껴진다. 이 장면은 신분이 낮고 과거가 불확실한 처녀를 진지하게 사랑하지 말라고 경고하는 것처럼 보인다.

나는 이 환자가 얼마 전 교제하고 있던 여배우와 헤어졌다는 것을 알고 있다. 소설과는 반대로, 언덕을 오르는 길이 처음에는 힘들었지만 나중에는 수월해진다는 설정 역시 이 경우에 대한 상징으로 읽힌다.

내가 이렇게 분석하자, 환자는 전날 저녁 본 연극의 내용과 해석이 일치한다고 말했다. 「빈의 변두리」라는 이 연극은 화류계에 발을 들여놓은 한 소녀가 신분 높은 남성들과 관계를 맺으면서 출세했다가 서서히 몰락한다는 내용인데, 몇 년 전 상연된 「계단에서 계단으로」라는 연극을 상기시킨다. 이 연극의 광고 전단엔 많은 계단이 그려져 있다.

　해석을 계속해 보자. 그는 최근에 한 여배우와 깊이 사귀고 있었는데 그녀는 X거리에 살았다. 이 거리에는 식당이 없다. 하지만 그는 여배우와 함께 빈에서 여름 한철을 보낸 적이 있었는데 근처의 한 호텔에 묵었다.[1] 그는 호텔을 떠나면서 마부에게 이런 말을 했다고 한다.

　"벌레가 없는 게 그나마 다행이었소."

　그는 벌레를 매우 무서워했다.

　"어떻게 이런 곳에 묵으셨습니까? 사실 이곳은 호텔이 아니라 여관이죠."

　그는 여관이라는 말을 듣는 즉시 이런 시구를 떠올렸다.

　　매우 자상한 여관 주인이 있었다네
　　얼마 전 나는 그의 여관에 묵었지

　울란트Ludwig Uhland[2]의 이 시에서 여관 주인은 실상 '사과나무'이다. 그래서 의식의 흐름은 자연스레 이렇게 이어진다. 괴테의 〈파우스트〉 가운데 제1막 21장이다.

1　독일어의 '묵다'라는 낱말에는 '위에서 내려오다'라는 뜻도 있다.
2　독일의 서정 시인. 민요풍의 서정시를 많이 남겼다.

파우스트(젊은 아가씨와 춤을 추며)

언젠가 아름다운 꿈을 꾸었다네

꿈속에서 사과나무를 보았지

아름다운 사과 두 개가 반짝이며 유혹했다네

나는 사과나무로 올라갔다네

아름다운 아가씨

그대들이야 에덴 동산에서부터 사과를 탐했지

나의 정원에도 사과는 있어

나는 기쁨으로 설렌다네

여기에서 사과는 젖가슴을 의미한다. 꿈꾼 이를 사로잡은 여배우의 으뜸가는 매력은 아름다운 가슴이었다. 이러한 해석은 환자의 어린시절로 거슬러 올라가 유모와의 관계를 생각나게 한다. 어린이에게 유모의 가슴은 여인숙이기도 하다. 그러니까 유모와 알퐁스 도데의 사포는 얼마 전 헤어진 애인을 암시하고 있다.

꿈에는 환자의 형도 등장하는데, 형은 위에 있고 그는 아래에 있다. 이것은 사실 실제와는 반대이다. 내가 알고 있는 바에 의하면 형은 사회적 지위를 상실했고 그는 유지하고 있기 때문이다. 그렇다면 여기에도 분명 무슨 의미가 있을 것이다.

꿈의 사고와 내용 사이의 괴리를 어떻게 이해해야 할까? 그 단서를 꿈의 끝 부분에서 발견할 수 있다. 앞에서도 언급했지만, 꿈의 끝

부분에서 언덕을 올라가는 것은 「사포」와는 반대이다. 이 전도된 내용은 꿈의 사고에도 그대로 영향을 미쳐, 사포의 경우와 달리 여자가 남자를 안고 간다는 공상으로 귀결된다. 이런 경우는 어린시절밖에 없기 때문에, 다시 젖먹이를 안고 가는 유모와의 관계를 상기시킨다. 따라서 꿈은, 이런 암시를 통해 유모와 사포를 동시에 성공적으로 묘사하고 있다.

꿈에서 사람들이 위층과 아래층으로 바쁘게 움직이는 부분은 일종의 성적 환상을 암시한다. 이 환상은 쾌감이 억제된 것으로, 그의 신경증과도 관계 있다. 식당에 모여 있는 많은 사람들은 비밀을 의미하며 이것이 그의 모든 연적들을 대리한다.

이탈리아 왕을 욕하는 대목은 사포의 경우와도 일맥상통해, 신분이 낮은 사람이 상류사회로 진입하는 것을 암시한다. 이런 암시를 거쳐 꿈의 끝에 이르러 환자는 비로소 편안함을 느끼게 된다. 이렇듯 이 꿈엔 많은 내용들이 압축돼 있다.

또 다른 압축 꿈의 사례로 어느 중년 부인이 꾼 꿈이 있다. 이 부인 역시 환자로 정신 분석 치료를 받는 와중에 이 꿈 이야기를 들려주었다. 이 꿈엔 환자의 심리불안과 함께 성적인 사고 재료가 많이 포함돼 있다.

부인은 상자 속에 풍뎅이 두 마리가 들어 있다는 것을 안다. 그대로 방치하면 죽을 것이 틀림없다는 생각에 풀어줄 작정으로 상자를 연다. 풍뎅이들이 축 늘어져 있다. 풍뎅이 한 마리가 열린 창문을 통해 날아간다. 하지만 다른 한 마리는 그녀가 창문을 닫고 있는 동안 문틈에 끼어 죽는다. 마치 그 순간, 누군가 그녀에게 창문을 닫으라고 요구한 것 같다.

이 꿈은 이렇게 분석된다. 부인의 남편은 여행 중이며 그녀의 옆에서 딸이 자고 있다. 열네 살 된 딸은 나방이 자신의 물 컵 안에 빠져 있다고 말한 바 있다. 그러나 부인은 나방을 꺼내는 것을 잊고, 아침에 깨어나 죽은 나방을 보고 안쓰러워한다. 부인은 전날 저녁, 사내아이들이 고양이를 끓는 물 속에 집어넣어 고통스러워하는 장면을 묘사한 책을 읽은 적이 있다. 이 두 가지가 이 꿈의 동기이다.

동물 학대라는 주제가 계속 그녀의 머릿속을 맴돌고 있었다는 것도 주시할 만한 대목이다. 그녀의 딸은 몇 년 전 피서지에서 동물들을 못살게 군 적이 있다. 당시 아이는 나비 채집을 했는데, 나비를 죽이기 위해 비소를 달라고 조르기도 했다. 나방이 핀에 꽂힌 채 방 안을 날아다녔던 기억도 있다. 번데기가 되라고 보관해 둔 애벌레가 굶어죽은 적도 있다. 더 어렸을 땐 풍뎅이와 나비의 날개를 뜯어내기도 했다. 하지만 지금 부인의 딸은 그렇지 않다. 온순한 아이가 되어 동물 학대는 꿈도 꾸지 않는다.

그녀는 이런 모순에 관심을 기울인다. 이 모순과 관련해 읽은 소설 한 편이 생각난다. 조지 엘리엇의 소설로 외모와 심성 사이의 갈등을 그린 작품이다. 외모는 빼어나지만 심성은 고약한 아가씨, 그리고 외모는 떨어지지만 마음이 착한 아가씨. 어리석은 여자를 유혹하는 귀족과 귀족처럼 행동하는 노동자. 겉만 보고서 속을 알 수는 없는 일이다. 누가 과연 그녀의 외모를 보고 감각적인 욕망에 시달린다는 것을 알겠는가?

딸이 나비 채집을 하던 해에 그 지방은 풍뎅이가 유난히 많았다. 아이들은 풍뎅이를 잡아 잔인하게 죽였다. 심지어는 풍뎅이의 날개를 떼어내고 몸통을 먹은 사람도 있었다. 부인은 5월에 태어나 5월에 결혼식을 올렸다. 5월은 풍뎅이와 관련 있는 달이다.

부인은 딸아이가 모파상의 금지된 책을 읽은 것 때문이라며 자책했다. 그런 책은 아이들에게 독약 같은 것이라고 믿고 있다. 젊어 한때 그녀 스스로 그런 책을 많이 읽어 안다. 또 딸아이가 달라고 조르던 극약은 알퐁스 도데의 소설에 나오는 회춘제 '비소 환약'을 상기시킨다.

부인은 여행 중인 남편의 안부를 몹시 걱정한다. 남편의 안위에 대한 걱정은 낮 동안에도 여러 가지 환상으로 표현된다. 얼마 전 정신 분석 도중 이 부인은 남편의 노쇠를 한탄하고 있다는 것을 드러내기도 했다. 꿈을 꾸기 며칠 전엔 이런 일도 있었다. 일하다 말고 돌연 그녀는 남편에게 '차라리 목을 매다세요!' 하고 소리쳐 스스로 기겁을 했다. 이 정도면 이 꿈이 의미하는 바가 무엇인지 알 수 있다.

부인의 소망은 남편의 성적 능력과 관련돼 있다. 그녀는 사람이 목을 매달 때 성기가 왕성하게 발기한다는 것을 알고 있었다. 그러니까 목을 매달라는 외침은 '최선을 다해 발기해 보라'는 의미이다. 도데의 소설에 나오는 비소 환약도 이와 관련 있다. 풍뎅이를 으깨어 효력이 강한 미약을 만든다는 것을 부인도 알고 있었던 것이다.

꿈이 성적 환상의 연장선상에 있다는 분석을 접한 부인은 놀라움을 금치 못했다. 창문을 열고 닫는 것 또한 남편과의 불화 가운데 하나였다. 그녀는 창문을 열어놓고 자는 것을 좋아했지만 남편은 반대였다. 꿈에서 풍뎅이가 문틈에 끼어 죽는 상황도 이와 무관하지 않다.

꿈에서의 압축은 말과 명칭을 선택할 때 가장 분명하게 드러난다. 일반적으로 꿈은 언어를 사물처럼 다룰 때가 많다. 그런 경우 사물에 대한 표상처럼 언어를 조립해 희극적이고 기묘한 낱말들이 탄생한다.

언젠가 동료 하나가 자신의 논문을 내게 보내왔다. 나는 이 논문을 읽고 근대의 생리학적 업적에 대해 과대평가하고 있음은 물론 문체 또한 과장돼 있다고 느꼈다. 그날 밤 이 논문과 관련된 것이 분명해 보이는 문장 하나를 꿈꾸었다.

이것은 정말 '노렉달'한 문체이다.

참으로 이해하기 난감한 표현이었다. '노렉달norekdal'하다는 것이 무슨 뜻일까? 극단적으로 칭찬할 때 쓰는 '엄청난kolossal'과 '굉장한pyramidal'을 비꼬아 쓴 것만은 분명해 보였지만 그 출처는 아무래도 오리무중이었다.

그러다 마침내 알아낸 이 기묘한 낱말은 입센의 연극 「인형의 집」과 「야생 오리」에 나오는 '노라Nora'와 '엑달Ekdal'의 결합어였다. 왜 이런 일이 발생했을까? 내가 꿈속에서 비난한 저자가 입센에 대해 글을 썼는데, 내가 그 글을 신문에서 읽었던 것이다.

이처럼 기묘하게 결합된 낱말들이 꿈에 나타나는 경우, 그 낱말들을 잘 분석해보면 유희 이상의 의미가 있음을 알 수 있다. 에밀 졸라의 예술가를 소재로 한 소설 「창작」에도 이와 비슷한 흔적이 있다.

에밀 졸라는 이 소설에서 자신과 가족의 행복을 하나의 일화 형식으로 묘사했는데, 작가 자신은 '산도즈Sandoz'라는 이름으로 등장한다. 이 이름은 어떻게 해서 생겨났을까? 그 과정을 추정해보면 이렇다. 아이들이 즐겨 그러듯이, '졸라Zola'를 거꾸로 쓰면 '알로즈Aloz'가 된다. 졸라는 이런 거꾸로 쓰기가 너무 노골적이라고 생각했을 것이다. 그래서 '알로즈'의 'Al'을 '알렉산더Alexsander'라는 이름의 세번째 음절인 'sand'로 대체했다. 그 결과 '산도즈'라는 이름이 탄생했던 것이다.

꿈에서의 낱말 결합은 편집증의 낱말 결합과 유사한데, 이는 히스테리나 강박관념에서도 찾아볼 수 있다. 낱말을 도구처럼 취급해 새로운 말들을 만들어내는 어린이들의 말장난은 신경증이나 꿈에서 공통적으로 드러나는 현상이다. 꿈에서 엉뚱하게 형성되곤 하는 낱말들을 분석해보면 꿈에서의 압축 작업이 어떻게 일어나는지 알 수 있다.

II. 꿈에서의 전위 작업

꿈의 압축 사례를 검토하는 동안 중요한 다른 관계가 우리의 주의를 끌었다. 우리는 꿈의 내용에서 중요한 역할을 하는 요소들이 꿈의 사고에서도 같은 역할을 하는 것은 아니라는 것을 관찰할 수 있었다. 이러한 이치는 역으로도 성립된다. 즉 꿈의 사고에서 중요한 내용을 이루는 것이 꼭 꿈에 표현되는 것은 아니라는 것이다. 꿈의 중심은 꿈의 사고와는 다르며, 그 내용 역시 꿈의 사고와는 다른 요소들을 중심으로 배열되어 있다.

앞서 분석한 사포의 꿈을 예로 들어 생각해 보자. 이 꿈에서 중심을 이루는 것은 '올라가고 내려가는 것', 혹은 '위에 있고 아래에 있는 것'이지만 꿈의 사고는 낮은 신분의 사람과 성관계를 맺는 위험을 다룬다. 따라서 꿈의 사고에 속한 여러 요소들 중 하나만이 부당하게 확대돼 꿈의 내용에 등장한 것처럼 보인다.

동물 학대와 성 문제를 주제로 한 풍뎅이 꿈 역시 마찬가지다. 꿈의 중심을 이루고 있는 것은 동물 학대와 관련된 것이지만 말하고 있는 것은 성적 문제들이다. 즉 꿈의 사고와 달리 꿈의 내용에서는 낯선 것으로 변형된다. 이러한 꿈은 '전위(轉位)되었다'는 인상을 준다.

꿈의 사고에서는 별반 대단해 보이지도 않는 요소들이 꿈에서 그 자리를 대신하고 있는 것을 보고 있노라면, 꿈에 나타나는 것은 '꿈의 사고에서 중요한 것'이 아니라 '여러 번 포함됐던 것'이라는 생각이 들 수도 있다. 하지만 이렇게 가정하면 꿈의 형성 과정을 깊이 있게 이해할 수 없다. 중복되는 결정과 고유한 가치라는 두 요인이 꿈의 선택에서 다르게 작용한다고는 믿기 어렵기 때문이다.

꿈을 분석하다보면, 꿈의 사고들 중에는 꿈의 핵심과는 거리가 먼 것들이 어떤 목적을 위해 삽입된 듯 보이는 것들이 많다. 그런 것들은 꿈의 내용과 꿈의 사고를 결합시켜 준다. 물론 그중에는 부자연스럽고 무리한 결합들도 있다. 그렇다고 이러한 요소들을 분석에서 제외시켜서는 안된다. 그렇게 되면 꿈의 내용에 있는 성분들의 중복 결정뿐만 아니라 꿈의 사고를 통한 확실한 결정까지 놓칠 우려가 있기 때문이다.

따라서 우리는 꿈의 선택을 결정하는 중복 결정이 항상 꿈을 만드는 일차적 요인은 아니며, 알려지지 않은 어떤 심리적 힘이 그 결과를 낳을 때도 있다는 결론에 다다르게 된다. 그렇다 하더라도 중복 결정이 꿈을 만드는 데 중요한 역할을 하고 있음에는 틀림없다.

꿈의 작업에 관여하는 어떤 심리적 힘은 심리적 가치가 높은 성분들을 약화시키는 반면, 중복 결정을 통해 심리적 가치가 적은 성분들은 강화시켜 꿈의 내용에 이를 수 있도록 가치를 부여한다. 이로 인해 꿈을 만드는 각 요소들의 심리적 힘의 재편과 전위가 일어나며 그 결과는 꿈의 내용과 꿈의 사고와의 차이로 귀결된다.

이러한 과정이야말로 꿈의 작업에서 본질적인 부분이며 그 과정을 담당하는 것이 '꿈의 전위 작업'이다. 그러니까 꿈을 만드는 데 있어 전위와 압축은 두 명의 공장장과 같은 역할을 한다고 볼 수 있다.

전위의 결과는 꿈의 내용과 꿈의 사고의 핵심을 달리 보이도록 한다. 또한 무의식에서 일어난 꿈의 소망을 왜곡해 묘사하도록 한다. 이렇듯 전위가 왜곡을 주도하는 것은 '그로 인해 이득을 보는 무엇'이 있기 때문이다. 그것은 꿈에서의 검열과 관계돼 있다. 즉 꿈에서의 전위는 검열의 영향을 받아, 심리의 내적 방어를 통해 이루어진다고 볼 수 있다.

전위, 압축, 그리고 중복 결정의 요인들이 꿈을 만드는 데 어떤 방식으로 작용하는지, 그중에 무엇이 상위 요인이고 하위 요인인지는 뒤에 다시 살펴보도록 하겠다. 여기에서는 우선 꿈에 이르는 제2의 조건이 검열의 저항에서 벗어나는 일이라는 점만 지적해 두고자 한다.

Ⅲ. 꿈에서의 묘사

꿈의 내용들은 어떻게, 어떤 과정을 통해 묘사되는가? 꿈은 논리적 사고의 결과물이 아니기 때문에 꿈에서의 장면들을 논리적 관계로 이해할 수는 없다. 꿈의 사고는 물 위에 떠 있는 얼음처럼 이리저리 떠다니다 왜곡되고 비틀려서 꿈의 내용으로 편입된다. 그래서 꿈엔 논리적 연결고리가 없다.

우리가 생각을 진전시킬 때 필요한 '만일 무엇이라면' '무엇이기 때문에' 같은 논리적 단계를 밟지 않고 꿈의 사고에 있는 실질적인 내용만을 받아들여 가공한다. 우리가 꿈을 해석한다는 것은 바로 이 파괴된 관계를 논리적으로 재현하는 일에 다름아니다.

꿈에서의 표현이 어설퍼보이는 것은 꿈을 낳게 하는 심리적 재료 탓이다. 회화나 조각 같은 조형예술이 이와 유사한 제약을 받는다. 시나 소설 같은 언어예술이 논리적 제약 없이 창작된다는 점을 고려하면 이해가 빠를 것이다.

꿈이 논리적 관계를 묘사하지 못한다는 주장에 이의를 다는 사람도 있을 것이다. 깨어 있을 때처럼 증명하고 반박하는 꿈들이 실제로 없는 것도 아니다. 그러나 이 경우에도 그것은 외관상 그렇게 보일 뿐이다. 그런 꿈들을 분석해보면 그것은 전부 지적인 활동을 묘사한 것이 아니라 꿈의 재료라는 것을 알게 된다. 논리적으로 사고한다는 것은 무엇과 무엇 간의 관계를 인식한다는 것이다.

그러나 꿈에서 논리적으로 사유하고 있는 듯한 활동은 꿈의 사고들 사이의 관계를 인식해서가 아니다. 그것은 단지 꿈의 사고가 전달한 내용일 뿐이다. 꿈에서 대화를 나눈 것처럼 보이는 모든 것들이 기억에 있는 꿈의 재료에서 그대로 차용했거나 약간 수정한 모방이라는 것을 확인하기란 어렵지 않다. 이럴 때 대화는 꿈의 사고 안에 있는 사건의 암시에 불과하다. 이것과 꿈의 의미는 전혀 다르다.

그렇다면 꿈은 묘사하기 어려운 꿈의 재료들을 어떤 방식으로 암시하는 것일까? 먼저 꿈은 이 재료들을 총괄해 하나의 사건이나 상황으로 통합하여 전체적으로 보여준다. 꿈은 '논리적 관계'를 '동시에 존재하는 것'으로 묘사한다. 마치 라파엘로의 벽화처럼, 한 무리의 철학자나 시인들을 아테네 학당에 모아놓은 화가의 방식과 유사하다고 할 수 있다.

꿈에서는 이러한 묘사 방식을 세세한 부분까지 활용한다. 그래서 꿈에 두 개의 요소가 나란히 나타나면 꿈의 사고에선 그것들 사이에

긴밀한 관계가 있다고 봐야 한다.

꿈 — 묘사에서의 인과 관계 꿈은 인과 관계를 묘사하는 데 있어 두 가지 방식을 사용한다. 하지만 이 두 가지 방식은 근본적으로 같은 것이다. 가령 무엇 때문에 어떤 일이 발생했다는 꿈의 사고가 있다면, '무엇 때문에'에 해당하는 원인을 우선 묘사하고 '어떤 일이 발생했다'는 결과를 중심 꿈에 덧붙인다.

언젠가 어느 여성 환자가 이런 식으로 인과 관계를 묘사하는 꿈을 꾸었다. 꿈은 짧은 서막과 비교적 장황한 꿈 부분으로 이루어져 있다. 서막은 다음과 같다.

환자는 부엌으로 가 두 하녀에게 별로 많지도 않은 음식을 아직까지 요리하지 않았다고 나무란다. 부엌에는 말리기 위해 엎어놓은 조잡한 식기들이 차곡차곡 쌓여 있다. 두 하녀는 물을 긷기 위해 강처럼 보이는 곳으로 가야 한다. 물이 집 옆 아니면 마당까지 흘러온다.

이어지는 중심 꿈은 이렇게 시작한다.

환자는 높은 곳에서 특이하게 생긴 난간을 넘어 아래로 내려간다. 그러면서 옷이 아무데도 걸리지 않아 기뻐한다. 손에는 붉은 꽃으로 뒤덮인 나뭇가지가 들려 있다.

　서막의 꿈은 환자의 친정집과 관계 있다. 환자가 부엌에서 한 말은 과거에 자신의 어머니에게서 종종 들었던 것이다. 쌓여 있는 식기들은 같은 건물 안에 있던 작은 그릇가게에서 비롯됐다. 집은 강가에 위치해 있어 홍수가 나면 불안에 떨어야 했다. 이어지는 꿈은 홍수가 났을 때 병에 걸려 세상을 뜬 아버지에 대한 암시가 포함돼 있다. 따라서 서막 꿈의 이면에는 썩 유쾌하지 못한 환경에서 성장해야 했던 환자의 불만이 숨겨져 있다. 중심 꿈은 이러한 사고를 받아들여 환자 스스로 명문가 출신이었으면 한다는 소망을 충족하고 있다. 난간을 넘어 아래로 내려가면서 옷이 어디에도 걸리지 않았다는 것이 이를 암시한다. 따라서 본래 꿈의 사고는 환자가 비천한 출신이라는 것과 그렇기 때문에 인생이 별볼일 없다고 여기고 있음을 보여준다.

　내가 알고 있는 한, 꿈이 두 부분으로 분리된 경우 두 부분의 사고가 항상 인과 관계로 얽혀 있는 것은 아니다. 같은 꿈의 재료를 서로 다른 관점에서 묘사하고 있는 듯한 꿈들도 있다. 하룻밤에 꾼 꿈들이 몽정으로 끝나는 경우엔 여지없이 이에 해당한다. 이때 신체적 욕구는 횟수를 거듭할수록 더욱 분명한 표현을 강요한다.

　두 개의 꿈이 서로 다른 꿈의 재료에서 생겨나 교차하는 경우도 있다. 이 경우 한 꿈에서 암시로 작용하는 것이 다른 꿈의 중심을 이루며 그 반대도 마찬가지다. 인과 관계에 대한 또 다른 묘사 방식은 재료의 범위가 제한돼 있을 때 나타난다. 이때는 한 형상이 다른 형상으로 변화한다. 우리가 진지하게 인과 관계를 주장할 수 있는 것은 사실 이럴 때뿐이다.

꿈에서의 재료 선택 꿈은 둘 중의 하나라는 양자택일을 전혀 표현할 수 없다. 꿈은 선택 가능한 재료들을 동등하게 고려한다. 그래서 대부분의 꿈은 인과 관계에 의지하지 않고 꿈의 과정에서 피할 수 없는 요소들에 수렴된다. 이르마의 꿈에 그런 전형적인 사례가 포함돼 있다. 이르마의 꿈에 잠재돼 있는 꿈의 사고는 이렇다.

— 이르마의 통증에 차도가 없는 것은 내 탓이 아니다. 그것은 그녀가 내 해결책을 거부했기 때문이거나, 아니면 내가 해결할 수 없는 상황에 처해 있었기 때문이다. 또는 그녀의 통증이 히스테리 같은 정신적 질병에서 연유하는 것이 아니라 신체기관의 이상에서 온 것이기 때문이다.

그러나 꿈은 서로 다른 이런 가능성들을 모두 보여줘 원인이 한 가지만은 아니라는 것을 암시한다. 나아가 꿈의 소망에서 비롯된 다른 해결책을 덧붙이기까지 한다. 꿈을 재현하면서 이것 아니면 저것이었다는 식으로 양자택일을 사용하는 경우 꿈의 사고는 '그리고'라는 단순한 방식으로 관계들을 이어간다.

내 아버지의 장례식이 있기 전날 밤, 나는 꿈에서 인쇄된 종이를 보았다. 포스터나 광고였을 그 종이엔 이런 문구가 씌어 있었다.

'두 눈을 감으십시오.'

또는

'한쪽 눈을 감으십시오.'

이런 경우 나는 다음과 같은 형식으로 묘사하곤 한다.

두

　　　　　　눈을 감으십시오.

한쪽

두 개의 문장은 각기 독특한 의미를 지니고 있어 꿈을 해석할 때
도 서로 다른 길로 이끈다. 나는 장례식 절차에 대한 고인의 평소
생각을 알고 있었기 때문에 장례식을 검소하게 치를 예정이었다.
하지만 다른 가족들은 나와 의견이 달랐다. 그런 청교도적 검소함
은 조문객들에게 부끄러울 거라고 생각했다. 꿈의 한편에서 '한쪽
눈을 감으라는 것'은 그런 선택을 관대하게 봐달라고 부탁하는 것
이다.

이 꿈의 경우에는 양자택일로 묘사하는 의미를 파악하기가 비교
적 쉽다. 꿈의 사고가 다양한 문구를 만들어내지 못한 탓에 중요한
두 가지 방향으로만 선명하게 부각됐다. 그러나 대개의 꿈은 그렇게
선명한 판단을 하도록 허락하지 않는다. 이 꿈처럼 대등하게 이루어
지는 꿈의 분할은 묘사하기 힘든 양자택일을 의미할 뿐이다.

170

꿈 — 묘사에서의 대립과 모순 눈길을 끄는 것은 '대립과 모순'을 대하는 꿈의 태도이다. 꿈에서 '대립과 모순'은 흔히 무시된다. 꿈에는 '아니오'라는 것이 존재하지 않는 것처럼 보인다. 꿈은 대립되는 것을 하나로 통합하거나 한 번에 묘사하기를 좋아한다. 그래서 반대를 표현할 수 있는 요소가 꿈의 사고에 긍정적으로 포함돼 있는지 부정적으로 포함돼 있는지를 처음에는 전혀 알 수가 없다.

'난간을 넘어 아래로 내려가는' 앞의 꿈을 상기해 보자. 그때 부인의 손에는 꽃핀 나뭇가지가 들려 있다. 이 장면에서 부인은 성모 마리아의 수태고지(受胎告知) 그림에 나오는 마리아를 연상시킨다. 실제로 그녀의 이름 또한 마리아였다. 그림에는 천사가 백합꽃 가지를 손에 들고 있는 광경과 흰옷 입은 소녀들이 초록색 나뭇가지로 장식한 거리에서 성체 행렬을 따라 걸어가는 장면이 있다. 그렇다면 꿈속에서 꽃이 핀 나뭇가지는 성적인 순결을 암시하는 것이 확실하다.

또한 꿈속에서 나뭇가지는 동백꽃처럼 보이는 붉은 꽃으로 뒤덮여 있으며, 부인이 걸어가는 길이 끝날 무렵 꽃은 대부분 떨어진다. 그 후 의심의 여지 없는 월경에 대한 암시가 이어진다. 순결한 소녀의 백합꽃 가지는 춘희[3]에 대한 암시이다. 춘희가 보통 때는 하얀 동백꽃을 달고 있지만 생리가 시작되면 붉은 꽃으로 바꿔 단다는 것은 익히 알려진 사실이다.

---

3 뒤마 피스(Dumas Fils)의 『춘희』에 나오는 주인공. 여기서는 창녀를 말한다.

그러니까 이때의 동백꽃 가지는 이중적이다. 성적 순결을 묘사하면서 그 반대도 묘사한다. 순결하게 인생을 살아왔던 기쁨을 표현하는 꿈은, 마치 꽃이 떨어진 것처럼, 어린시절 성적 순결을 어기는 죄를 지었다는 반대 사고의 흐름도 내비친다. 이렇게 대립되는 요소들이 같은 꿈에서 묘사되고 있다.

유사 관계 묘사 — 동일시와 혼합 형성 꿈을 형성하는 논리적 관계 가운데 유일하게 긍정적으로 수용되는 관계가 있다. 유사, 일치, 근사와 같은 관계, 즉 꿈에서 유례없이 다양한 수단으로 묘사되곤 하는 '마치 ~처럼'의 관계이다. 이러한 '마치 ~처럼'의 관계를 빌려 꿈이 형성되는 것은 검열을 피하기 위한 장치처럼 보인다. 꿈에서의 압축 과정 또한 이런 유사 관계의 묘사에 도움을 준다.

꿈은 '유사, 일치, 근사'의 관계들을 모아 이미 꿈의 재료에 존재하거나, 아니면 새롭게 형성된 통합을 통해 묘사한다. 앞의 것은 동일시에 해당하고 뒤의 것은 혼합 형성에 해당한다. 동일시는 공통점으로 결합된 인물들 중 하나만을 묘사하고 그 밖의 다른 사람들은 억압한다. 그러나 억압된 인물들도 은폐된 듯 보이는 인물들의 모든 관계와 상황에 개입한다. 혼합 형성이 인물들에게 적용되는 경우, 서로 다른 특징들이 결합해 새로운 통합체인 혼합 인물의 탄생을 가져온다.

두 인물의 결합을 가져오는 공통점은 꿈에서 묘사되기도 하고 생략되기도 한다. 일반적으로 동일시나 혼합 형성은 묘사의 생략에 기여한다. 그래서 유사한 다른 인물을 발견하면 원래의 인물과 관계된 복잡한 상황들을 직접 묘사하지 않아도 된다. 이런 까닭에 동일시와 혼합 형성은 검열을 회피하는 데에도 유용하게 쓰인다. 꿈에서 검열의 저항이 예상되는 경우 검열에 걸리지 않을 만한 특성을 가진 제2의 인물을 찾아내 혼합하거나 동일시하는 것이다. 이로 인해 압축이 일어나고 검열의 요구도 만족시킬 수 있게 된다.

따라서 동일시나 혼합 인물의 형성은 꿈에서 다양하게 활용된다. 두 인물의 공통점을 묘사할 때는 물론 전위된 공통성을 묘사할 때도 쓰인다. 이렇게 활용된 공통성은 소망을 충족하는 데도 쓰인다. 나는 이르마의 꿈에서 이르마를 다른 환자와 바꾸었으면 하고 바란다. 즉 다른 환자가 이르마이기를 소망한다. 요제프 삼촌 꿈에서도 이러한 교환이 꿈의 중심을 이룬다. 나는 장관이 되기라도 한 것처럼 내 동료들을 취급하면서 나와 그를 동일시한다.

모든 꿈은 자기 자신을 다룬다는 점에서 전적으로 이기적이다. 꿈에 나 아닌 다른 사람이 등장했을 경우에도 내 자아는 동일시를 통해 그 인물 뒤에 숨어 있다고 가정할 수 있다. 그러면 꿈은 이 인물과 숨겨진 내 자아 사이의 은폐된 공통점을 내게 전이시키라고 경고한다.

내 자아와 다른 인물들이 나란히 나타나는 꿈들 역시 마찬가지이다. 동일시에 의해 이들 역시 내 자아로 밝혀진다. 이러한 동일시를 이용해 나는 수시로 검열을 벗어난다. 즉 나는 내 자아를 꿈에서 다양하게 묘사할 수 있다. 이런 동일시에 의해 막대한 사고 재료들도 압축된다.

인물과 달리 고유명사로 표시된 지명의 경우 동일시의 문제는 한결 간명하게 드러난다. 나의 꿈들 가운데 하나에서 내가 있는 곳은 로마이다. 그러나 나는 길거리에서 많은 독일어 광고물들을 보고 놀란다. 이 광고물들은 내게 프라하를 연상시킨다. 당시 나는 프라하에서 친구를 만날 계획이었다. 따라서 로마와 프라하를 동일시하는 이면에는 프라하보다는 로마에서 친구를 만나고 싶다는 소망이 개입돼 있고, 그래서 만나는 장소도 프라하보다는 로마를 선호했던 것이다.

혼합 형성의 예를 보여주는 꿈들은 많다. 그중에 몇 가지 사례를 소개하면 이렇다. 여성 환자의 인생 행로를 비유적으로 묘사한 앞의 꿈에서 환자는 꽃이 핀 나뭇가지를 손에 들고 있다. 앞서도 분석했지만 꽃이 핀 가지는 순결과 성적인 죄악을 동시에 의미한다. 또한 꽃이 피어 있는 외양은 벚꽃이지만 자세히 보면 동백꽃이다. 게다가 전체적으로는 이국적인 식물이라는 느낌을 준다. 혼합 형성을 이루는 이러한 요소들의 공통점은 꿈의 사고에서 드러난다. 꽃이 핀 가지는 부인의 마음을 흡족하게 만들 선물에 대한 암시들로 합성돼 있다. 어린시절에는 버찌가, 성인이 되어서는 동백꽃이 그런 것들이다. 식물에 대한 이국적인 느낌은 꽃 그림으로 부인의 환심을 사려한 어떤 남성에 대한 암시를 보여준다.

해수욕장의 탈의실과 시골의 화장실, 도시 주택가의 다락방을 꿈에서 합성해낸 여성 환자도 있었다. 탈의실과 화장실은 노출의 장소라는 측면에서 공통점을 가지고 있다. 이 공통점과의 합성을 통해 나머지 요소인 다락방 역시 어린시절의 노출 장소였다고 추론할 수 있다. 어떤 남자는 내 진찰실과 자신의 부인을 처음 만났던 음식점을 혼합해 한 장소가 되는 꿈을 꾸기도 했다.

그런가 하면 어떤 소녀는, 오빠가 자신에게 상어알 젖을 선물할 것이라는 말을 듣고 난 후 '오빠의 다리가 검은 상어알로 뒤덮여 있는' 꿈을 꾸기도 했다. 어린시절 소녀의 다리를 붉게 뒤덮었던 발진에 대한 기억이 상어알과 결합해 오빠의 다리가 상어알로 뒤덮이는 꿈을 꾼 것이다.

재치 만점인 '거꾸로 꿈' 나는 앞에서 꿈에는 모순이나 반대의 관계, '아니오'를 표현할 수단이 없다고 주장했다. 여기에서 이 주장을 반박하려 한다. 우리가 익히 확인한 것처럼 '반대'라고 추정될 수 있는 대립되는 것들은 '교환'의 방식으로, 동일시를 통해 묘사된다. 우리는 그런 사례들을 이미 언급한 바 있다. 하지만 꿈의 사고에는 이와는 또 다른 범주에 속하는 '반대'들이 있다. '거꾸로'의 꿈에 해당되는 이것들은 재치 있다고까지 말할 수 있는 기묘한 방식으로 묘사된다.

앞 장에서 예로 들었던 사포의 꿈도 그중의 하나이다. 알퐁스 도데의 「사포」에선 처음에 올라가기가 쉽고 나중이 어려운 반면, 꿈에서는 처음에 어렵다가 나중에 쉬워진다. 형과 관련된 '위아래층의 꿈' 역시 거꾸로 묘사돼 있다. 괴테가 M씨를 공격하는 내 꿈에도 그러한 '거꾸로'가 포함돼 있다.

꿈에서 괴테가 M씨라는 젊은이를 공격한다. 꿈의 사고에 포함돼 있을 실제 현실에서는 내 친구인 저명인사가 무명의 젊은 작가에게 공격 받았다. 또 꿈에서 나는 괴테의 사망 연도에서부터 계산을 시작한다. 하지만 현실에서는 진행성 뇌성마비 환자의 출생 연도에서부터 계산을 시작했다.

꿈의 재료를 결정짓는 사고는 괴테가 미친 사람 취급받는 것에 대한 항변으로 드러난다. 꿈은 네가 책을 이해하지 못한다면 어리석은 사람은 저자가 아니라 '거꾸로 너다'라고 말한다. 게다가 전도되는 이런 꿈들에는 경멸스런 표현과의 관계가 포함돼 있는 것처럼 보인다. 형과 관련된 사포의 꿈에서도 이런 전도는 보인다.

반대로 귀결되는 전도는 꿈이 가장 즐겨 사용하는 묘사 가운데 하나이다. 우선 그것은 꿈의 사고에 포함돼 있는 특정한 요소가 소망을 충족할 수 있도록 돕는다. '이것이 반대라면 얼마나 좋을까?' 이러한 자문은 불쾌한 상황에 대해 반응하는 최상의 표현이다. 그러나 무엇보다 중요한 것은 전도가 꿈의 검열을 파악하는 데 매우 유용한 단서를 제공한다는 것이다. 검열은 꿈을 이해할 수 없도록 왜곡시키기 때문이다. 꿈의 의미를 파악하기 곤란할 때는 꿈의 내용 중 일부를 거꾸로 뒤집어보면 분명하게 알 수 있다.

내용상의 전도 이외에 시간상의 전도도 빈번하다. 꿈의 서두에서 결말이 묘사된다든가 아주 나중에 이르러 사건의 원인이 보충되는 예들은 흔하다.

가령, '너무 늦게 귀가한다고 자신을 꾸짖는' 아버지의 꿈을 꾼 신경증 환자의 꿈엔, 두려움의 대상인 아버지가 죽기를 바라는 어린시절의 소망이 숨어 있다. 그러나 추론과 꿈꾼 사람의 연상을 통해 좀 더 분석해보면 사정은 그리 간단치가 않게 된다.

환자가 표현하고자 했던 것은 '자신이 아버지에게 화나 있다'는 것과 아버지가 '너무 일찍' 귀가한다는 것임을 알 수 있다. 환자는 아버지가 아예 집에 오지 않았으면 하고 바란다. 이는 아버지가 죽기를 바란다는 뜻이다. 그러나 죽기를 바라는 동기가 '늦게 귀가하는 자신을 꾸짖는 데 있다'고 판단해선 안된다. 원인은 이렇게 밝혀진다. 환자는 어린시절 아버지가 집을 비운 사이 다른 사람을 성희롱했으며, '아버지가 돌아오면 보자'는 협박과 함께 벌을 받았던 것이다.

꿈에서의 선명성 꿈을 묘사함에 있어 왜 어떤 꿈은 선명하게 기억나고 어떤 부분은 흐릿할까? 선명도의 차이는 어디에서 연유하는 것일까?

먼저 떠오르는 가정은 잠자는 동안 맞닥뜨릴 수 있는 수면 중의 신경자극 때문이 아닐까 하는 의문이다. 그러나 내 경험에 의하면 이는 설득력이 약하다. 잠자는 동안의 신경자극으로 촉발된 꿈의 요소들이 기억에서 유래하는 꿈의 요소들보다 더 선명다는 말은 옳지 않다. 이 경우 실재성이라는 요인은 힘을 발휘하지 못한다. 그렇다면 꿈의 사고에 있는 요소들의 심리적 강도와 관계 있는 것은 아닐까? 당연히 할 수 있는 타당한 질문이다. 실제로 꿈의 사고에 있어서의 강도는 심리적 가치와 일치한다. 가장 가치 있어 보이는 심리적 요소들이 꿈의 사고에 있어 중심을 차지하고 있다는 것을 우리는 알고 있다. 그리고 이러한 요소들이 검열 때문에 꿈의 내용에서 왜곡되거나 배척된다는 것까지 알고 있다. 그러나 이러한 가정도 우리의 문제에 답을 주지는 않는다.

꿈의 사고에 숨어 있는 요소들의 강도가 실제 꿈의 내용에 나타나는 요소들의 강도에 영향을 끼치지는 않는다. 꿈의 선명도를 결정하는 강도는 서로 무관한 두 요인에 의해 결정된다. 우선 소망 충족을 표현하는 요소들이 강도 높게 묘사된다는 것을 우리는 알고 있다. 그 다음 가장 많은 '압축 작업'을 요구하며 형성된 꿈의 요소들이 뒤를 잇는다.

꿈에 대한 단순해 보이는 듯한 소견은 종종 꿈의 일부를 정교하게 은폐하기도 하지만, 그것은 역으로 꿈의 내용을 드러내기도 한다. 예를 들어 꿈을 꾼 사람이 꿈의 어떤 부분이 흐릿하다고 말해 분석해보면, 용변 후 뒤를 닦는 사람을 엿보았던 어린시절의 기억이 밝혀지기도 한다. 보다 더 상세한 분석을 요하는 사례도 있다.

어떤 젊은이가 어린시절의 환상을 상기시키는 비교적 선명한 꿈을 꾸었다. 꿈에 이 젊은이는 피서지의 호텔에서 자신의 객실을 찾아가다 방을 착각한다. 그래서 중년 부인과 두 딸이 잠자리에 들기 전 옷을 벗고 있는 방으로 들어간다. 이어지는 꿈에서 몇 개의 틈이 보이는데 그 안은 텅 비어 있다. 마지막에 웬 남자가 나타나 그를 방 밖으로 몰아내려 하고, 이 젊은이는 그와 싸운다.

꿈에서 깨어난 젊은이는 꿈이 무엇인가를 암시하고 있다는 느낌에 과거의 기억을 뒤져보았으나 전혀 알 수 없었다. 그러다 마침내 찾는 내용이 '텅 빈 틈'과 관련돼 있다는 데에 생각이 미쳤다. 비어 있는 '틈'은 잠자리에 드는 여인의 생식기를 의미하며 그 안이 '텅 비어' 있다는 것은 생식기의 특징을 묘사한다. 그 무렵 이 젊은이는 여성의 생식기를 보고 싶어했으며, 여성에게도 음경이 달려 있을지 모른다는 아이와 같은 생각을 갖고 있었던 것이다.

어려서의 기억을 비슷한 형식으로 표현한 다른 남자의 꿈도 있다.

> 나는 K양과 함께 시내의 한 레스토랑으로 간다. (여기서 꿈은 모호해지면서 일시 중단된다.) 나는 사창가에 있다. 주위에 두세 명의 여자가 보이는데 그중 한 사람은 속옷 차림이다.

이 꿈은 이렇게 분석된다. K양은 과거에 그가 모시던 상사의 딸인데 그에겐 누이를 대신하는 인물이다. 그는 이 여자와 얘기할 기회가 좀처럼 없었다. 그러다 한 번 그녀와 대화를 하게 되었는데 대화 도중 그는 성적인 느낌을 받았다. 그 느낌은 마치, '나는 남자이고 너는 여자이다'라고 말하는 것 같았다. 꿈속의 레스토랑에는 매형의 누이동생과 함께 단 한 번 들어간 적이 있었다. 또 언젠가는 세 명의 여자들, 누이동생과 형수, 매형의 누이동생을 레스토랑 입구까지 바래다 준 적도 있었다. 그에게는 세 여자 모두 관심 밖의 인물이었지만, 누이뻘 되는 사람들이었다. 그가 사창가에 가는 일은 매우 드물었다. 그때까지 간 것을 다 합해봐야 두세 번 정도였을 것이다.

해석은 꿈의 모호한 부분과 중단된 곳을 중심으로 진행됐다. 그는 어린시절 호기심에서 몇 번, 두세 살 어린 누이동생의 생식기를 들여다본 적이 있다고 고백했다. 며칠 후 그는, 이 과거의 행위가 꿈에서 암시된 행위와 같은 것임을 깨달았다.

중단되거나 이어지면서 같은 날 꾸었던 일련의 꿈들은 내용상 하나의 꿈으로 볼 수 있다. 이 꿈들이 지향하는 목적은 하나이다. 단지 동일한 자극을 상이한 재료로 표현했다는 차이만 있다. 이처럼 같은 꿈들 중 먼저 꾼 꿈이 비교적 왜곡이 심한 반면 나중의 꿈은 선명한 경우가 종종 있다.

오토 랑크가 그의 책[4]에서 얘기한 어느 소녀의 꿈도 이런 예에 속한다. 이 소녀는 같은 날 밤 두 개의 꿈을 꾸었는데 나중의 꿈은 오르가슴에 이르는 것으로 끝이 났다. 이런 꿈은 꿈꾼 당사자의 도움 없이도 충분히 해석할 수 있다. 두 꿈 사이의 풍부한 관계를 토대로 볼 때 첫번째 꿈은 두번째 꿈의 내용을 매우 소심하게 묘사하

---

4 『스스로 해석하는 꿈』을 말한다.

고 있으며, 오르가슴을 느끼는 두번째 꿈에 이르러 그것이 첫번째 꿈을 완벽하게 해명하도록 도와주고 있다는 것을 알 수 있다. 당연하게도 랑크는 이 사례를 근거로 오르가슴 꿈이 차지하는 의미를 상세하게 논한다. 하지만 내 경험에 의하면 꿈의 선명도를 꿈의 재료에 있는 의심이나 확신과 연결지어 재해석할 수 있는 경우란 거의 없다.

꿈에서의 감각 마비 꿈을 꾸다보면, 꿈속에서 불안에 빠져 아무것도 할 수 없을 때가 있다. 도망쳐야 하는데 발은 떨어지지 않고, 무엇을 하려 해도 방해하는 것이 있어 할 수 없다. 기차는 출발하는데 탈 수 없고, 상대를 제압해야 하지만 몸이 말을 듣지 않는다. 꿈속에서의 이러한 감각 마비는 왜 일어날까? 그것이 꿈에서의 묘사 활동에 어떤 형태로든 기여하고 있다는 것만은 확실하다.

꿈속에서의 감각 마비 현상을 보여주는 꿈을 나 역시 꾼 적이 있다. 내가 정직하지 못하다는 혐의를 쓰고 있는 것처럼 보이는 꿈을 개략해보면 다음과 같다.

꿈속의 장소는 사설 진료소와 여러 개의 식당이 혼합된 것처럼 보이는 곳이다. 내게 하인이 조사받아야 할 것이 있으니 따라오라고 말한다. 나는 꿈에서 무엇인가 없어진 것이 있는데, 그것을 내가 착복했다는 혐의를 받고 있다는 것을 알고 있다.

하지만 나는 죄 지은 게 없으며 그 집의 상담 의사라는 것을 의식하고 태연히 하인을 따라간다. 문에서 다른 하인이 우리를 맞아들인다. 이 하인은 나를 가리키며, '이분을 모셔오다니, 아주 품위 있는 분인데' 하고 말한다. 나는 혼자 기계들이 늘어서 있는 큰 홀로 들어간다. 홀은 마치 무서운 죄과를 치러야 하는 감옥 같은 인상을 준다. 어떤 기구 옆에 한 동료가 묶여 있다. 그 동료는 나를 의식해야 할 충분한 이유가 있음에도 전혀 내게 주의하지 않는다. 어느 순간 나는 나가도 좋다는 허락을 받지만, 모자를 찾을 수 없어 나오지 못한다.

내가 정직한 사람으로 인정받아 가도 된다는 것은 꿈의 소망 충족을 의미한다. 따라서 이것에 반대되는 어떤 재료들이 꿈의 사고에 있다고 가정할 수 있다. 가도 된다는 것은 내게 죄가 없다는 표시이므로, 꿈에서 나를 갈 수 없도록 방해하는 어떤 사건이 일어난다면 이것을 통해 억압된 반대 재료가 힘을 발휘했다고 추론할 수 있다.

그런데 나는 모자를 찾을 수 없어 나오지 못한다. 이 의미는 내가 성실하지 못하다는 것이다. 여기엔 여러 가지로 해석할 수 있는 낮의 체험이 개입돼 있다. 물건 보관에 특별한 재주가 있는 하녀가 모자를 보이지 않게 치워놓아 애먹은 일이 있었던 것이다. 또 죽음에 대한 어떤 생각, 나는 아직 내 할 일을 다하지 못했으므로 아직 가서는 안된다는 슬픈 거부가 내 의식에 있었다.

꿈에서 무슨 일을 할 수 없다는 것은 반대의 표현, 즉 '아니오'를 의미한다. 그것은 어떤 의지에 반발하는 대립 의지이다. 이 대립 의지는 운동성 장애 감각을 통해 강력하게 표현된다. 이 장애 감각은 의지의 갈등을 나타내며, 수면 중에 이런 현상이 나타나면 전과정은 어떤 '의도'와 이것에 대립하는 '아니오'의 묘사에 아주 적합해진다. 의지를 방해하는 이 감각은 불안과 매우 밀접한 관계를 이루고 있으며 꿈의 재료들과도 부단히 결합한다는 것을 알 수 있다.

IV. 꿈과 상징

우리는 꿈에서 성적인 장면의 묘사에 상징이 풍부하게 이용된다는 것을 알고 있다. 이러한 상징들 중 많은 것들이 어떤 약호처럼 규정돼 있어 이것만 알면 암호를 해독하듯이 꿈도 해몽할 수 있지 않을까 생각할지도 모르겠다. 하지만 상징술은 꿈의 영역에만 있는 고유한 것이 아니다. 그것은 민족과 그 민족의 언어에 보다 깊이 뿌리박고 있다. 그래서 민속학이나 신화, 전설, 속담이나 격언, 널리 회자되는 농담 등등에서 더 온전하게 발견된다.

꿈이 이러한 상징을 이용하는 것은 잠재돼 있는 사고를 은폐한 채 묘사하기 위해서이다. 이렇게 사용된 상징들 가운데는 규칙적이거나 규칙에 가깝게 동일한 의미를 표현하는 것들이 많다. 그렇지만 심리적인 재료가 지닌 특유의 유연성을 잊어서는 안되므로 신중하게 접근해야 한다. 꿈의 내용을 천착하다보면 상징을 상징으로서가 아니라 본래의 의미대로 해석해야 할 때가 많다. 또 드문 경우지만 사람에 따라서는 자신의 고유한 방식으로 성적 상징물을 결정하기도 한다.

상징의 이러한 측면 때문에 꿈의 해석이 수월해지기는커녕 더 어려워질 때도 있다. 그렇다고 해서 고대인들이 그랬던 것처럼, 꿈에 있어서의 상징 해석을 자의적 판단에 맡길 수도 없는 노릇이다. 따라서 우리는 꿈꾸는 당사자의 연상에 의존하는 한편, 미흡한 부분은 해석자의 상징 이해를 통해 보충하는 복잡한 기술에 의지할 수밖에 없다. 또한 꿈의 상징은 다의적이기 때문에 전후 맥락을 염두에 두고 파악해야 한다. 이 다의성은 서로 다른 사고와 소망을 하나의 내용에 묘사하려는 꿈의 특성 때문에 발생한다.

꿈속의 성적 상징들 꿈의 세계는 거대한 상징의 숲과도 같다. 대표적인 것으로 성적 상징들이 있다. 꿈에 나타나는 길쭉한 물건들, 가령 지팡이나 나무줄기 같은 것은 남성의 성기를 상징한다. 우산 역시 펼칠 수 있다는 측면에서(펼치는 것은 발기를 의미하므로) 남성의 성기를 상징한다. 칼이나 단도, 창과 같이 길고 날카로운 무기들도 마찬가지이다. 문지르고 비빌 수 있다는 특성 때문에 손톱 가는 줄을 남성의 성기와 비교하기도 한다.

남성들의 꿈에 나타나는 넥타이 또한 음경을 상징한다고 본다. 길게 늘어진 모양이 남성의 특징을 나타낼 뿐만 아니라 마음먹은 대로 모양을 낼 수 있다는 측면이 작용한 것 같다. 복잡한 기계나 기구 등도 남성의 생식기일 가능성이 매우 높다. 꿈속에 보이는 많은 풍경들, 특히 교각이나 울창한 산이 보이는 풍경 등도 주로 생식기와 대응한다는 것을 어렵지 않게 알 수 있다. 무엇보다도 가장 중요한 남성 성기의 상징은 뱀이다.

반면 깡통이나 종이, 나무 상자, 장롱, 난로 등은 여성의 신체를 상징한다고 본다. 동굴이나 배, 온갖 종류의 그릇들 역시 마찬가지이다. 꿈에 방이 등장하면 대부분 여성을 상징한다. 입구나 출구가 묘사된 꿈이라면 의심의 여지가 없다. 음식이 차려진 식탁이나 쟁반도 여성을 상징한다.

계단이나 사다리, 층계 등을 오르내리는 행위는 성교에 대한 상징적 묘사이다. 벽은 사람의 몸을 대체하며 특히 매끄러운 벽은 남성들을 상징한다. 또한 꿈에서는 다양한 신체 부위가 생식기를 대신하기도 한다. 남성의 음경은 손이나 발로, 여성의 음부는 입과 귀로 표현된다.

꿈에서 이러한 상징들이 동원된 몇 가지 사례를 들어보기로 하자.

상징에 대한 이해 없이는 해석이 거의 불가능한 사례들이다.

• 유혹에 대한 두려움 때문에 광장 공포증에 걸린 어느 부인의 꿈

한여름에 부인은 이상하게 생긴 밀짚모자를 쓰고 거리를 산책한다. 모자의 가운데는 위쪽으로 말려 올라가 있고 양 옆은 밑으로 처져 있다. (이 부분에서 꿈꾼 이는 더듬거린다.) 정확히 말하면 한쪽이 다른 쪽보다 더 처져 있다. 부인은 명랑하고 자신감에 차 있다. 부인은 한 무리의 젊은 장교들 옆을 지나치면서 그들 중 누구도 자신에게 해를 입힐 수는 없다고 생각한다.

꿈을 꾼 부인이 모자와 관련해 아무 생각도 떠올리지 못했기 때문에 나는, '모자의 가운데가 위로 솟아 있고 양 옆이 밑으로 처져 있는 것은 남성의 성기를 의미합니다'라고 말했다. 그리고 덧붙여 말을 이었다.

"부인께선 남편의 성기에 자부심을 갖고 있어요. 남편의 그곳이 그토록 근사하다면 부인께선 장교들 앞에서 두려워할 필요가 전혀 없습니다. 그들에게 바랄 것이 없다는 것이죠. 평상시 부인께선 유혹당할지 모른다는 환상이 많았어요. 그 때문에 보호자의 동행 없이는 길을 다니지도 않았죠."

나의 해석을 들은 부인의 반응은 주목할 만했다. 그녀는 모자에

대한 발언을 취소함과 동시에, 모자의 양 옆이 밑으로 처져 있다는 말을 한 적이 없다고 잡아뗐다. 나는 분명히 들었기 때문에 당황하지 않고 내 주장을 반복했다. 잠시 침묵이 이어졌고, 마침내 용기를 낸 부인이, '남편의 한쪽 음낭은 다른 쪽보다 처져 있다'고 고백한 다음, 그것이 무슨 의미이며 보통의 남자들도 다 그러냐고 물었다. 이렇게 해서 모자의 특이한 생김새가 해명되었다. 부인도 나의 해석에 전적으로 공감했다.

• 광장 공포증에 걸린 앞 환자의 다른 꿈

부인의 어머니는 혼자 다닐 수 있어야 한다며 자신의 어린 손녀를 밖으로 내보낸다. 부인은 어머니와 함께 기차를 타고 가다 딸아이가 선로 쪽으로 걸어오는 것을 본다. 딸이 기차에 치인 것이 분명하다. 뼈 으스러지는 소리가 들려온다. 기분이 좋지는 않지만 그렇다고 놀라는 것도 아니다. 부인은 뒤쪽에 뭔가 보이지 않을까 싶어 차창 밖을 내다본다. 그런 뒤 어린아이를 혼자 내보냈다고 어머니를 비난한다.

환자인 부인은 '어머니와의 기차 여행'을 정신병원에서 돌아오는 길에 대한 암시로 이해했다. 그녀는 이 병원의 원장과 사랑에 빠져 있었다. 어느 날 어머니가 퇴원하던 부인을 마중 나왔고, 의사는 역까지 나와 그녀에게 작별 인사로 꽃다발을 건네주었다. 어머니에게 그런 애정 표현의 장면을 들키는 것은 마뜩지 않은 일이었다. 따라서 어머니는 사랑의 방해꾼으로 나타난다. 사실 어머니는 환자의 처녀시절 매우 엄격했다. 뒤쪽에 뭔가 보이지 않을까 싶어 밖을 내다보는 장면은 딸아이의 시신과 관련해 이해돼야 마땅할 것이다.

그러나 환자는 전혀 다르게 연상하고 있다. 그녀는 언젠가 욕실에서 보았던 벌거벗은 아버지의 뒷모습을 떠올린다. 그러면서 남녀 사이에 존재하는 성별의 차이에 대해 말한다. 남자의 성기는 뒤에서도 볼 수 있는데 여성은 그렇지 않다고 강조한다. 이런 맥락에서 환자는 스스로 진단하기를, 작은 것은 성기이며 자신의 네 살짜리 어린 딸은 자신의 성기라고 해석한다.

환자는 어머니가 자신에게 성기가 없는 것처럼 살기를 요구했다고 비난한다. 꿈의 첫 장면에 나오는 '혼자 다닐 수 있어야 한다'며 그녀의 어린 딸을 밖으로 내보낸 것이 여기에 해당한다. 부인의 환상 속에서 혼자 길을 가는 것은 남자가 없는 것, 성적 관계를 맺지 못하는 것을 의미한다. 그런데 그녀는 그러고 싶지 않은 것이다. 부인의 진술에 따르면, 그녀는 어린시절 아버지의 사랑을 독차지했기 때문에 어머니의 질투를 사곤 했다.

이 꿈은 부인이 같은 날 밤 꾼 다른 꿈을 통해 좀더 깊이 해석할 수 있다. 다른 꿈에서 부인은 남동생과 자신을 동일시한다. 사실 부인은 어린시절 사내아이처럼 행동해 여자아이로 잘못 태어났다는 소리를 종종 들었다. '작은 것'이 성기를 의미한다는 진술은 남동생과의 동일시를 통해 분명하게 증명된다. 어머니는 그녀에게 '작은 것'을 잘라버리겠다고 위협한다. 이것은 성기를 가지고 장난친 것에 대한 징벌임과 동시에 환자가 어린시절 자위 행위를 했음을 보여주는 것이다. 그때까지 부인은 남동생만이 그런 일을 했다고 기억하고 있었다.

이 두번째의 꿈을 통해 당시 환자가 남자의 생식기에 대해 알고 있었다는 것을 확인할 수 있다. 또 이 꿈은 사내아이를 거세해 여자아이를 만든다는 유아기 성이론을 시사한다. 이런 유아기 성이론에 대해 알려주자 환자는 다음과 같은 일화를 알고 있다며 즉시 그것을 확인해 주었다. 사내아이가 여자아이에게 "잘라냈니?" 하고 묻는다. 그러자 여자아이는 "아니, 늘상 똑같애." 하고 대답한다. 그러므로 앞서의 꿈에서 어린 딸, 즉 '자신의 성기'를 멀리 보내는 것은 거세의 위협과도 관련 있다. 결국 부인은 어머니가 자신을 사내아이로 낳지 않았다는 사실을 원망한다.

다른 많은 꿈의 출처를 확실하게 알지 못했다면, 이 꿈에서 '기차에 치이는 것'이 성교를 상징한다고는 확신해서 말할 수 없었을 것이다.

• 아버지 콤플렉스가 있는 젊은 남자의 꿈

　남자는 아버지와 함께 공원인 듯한 곳을 산책하고 있다. 둥근 건물이 보이고 건물 앞의 작은 돌출부에는 기구가 걸려 있다. 이 기구는 축 늘어져 있는 것처럼 보인다. 남자의 아버지는 그게 다 무슨 소용이냐고 묻는다. 남자는 의아하게 생각하면서도 아버지에게 설명한다. 잠시 후 두 사람은 커다란 함석판이 펼쳐져 있는 뜰에 도착한다. 남자의 아버지는 주위를 살피며 함석판 한 조각을 뜯어내려 한다. 남자는 감시인에게 말만 잘하면 그냥 가질 수도 있다고 말한다. 뜰에는 지하로 통하는 계단이 있다. 계단의 양쪽 벽면은 안락의자처럼 푹신하다. 지하로 내려가자 평탄한 길이 길게 이어진 후 다시 지하로 통하는 길이 나타난다.

　이 꿈을 꾼 남자는 진료하기 꽤 까다로운 유형에 속하는 환자다. 이런 환자는 협조가 매우 제한적이어서 일정 수준을 넘어서면 접근 자체가 사실상 불가능하다. 남자는 이 꿈을 거의 혼자 힘으로 해석했다. 그는 이렇게 말했다.

　"둥근 건물은 제 생식기이고, 그 앞의 기구는 축 늘어져 있어 제가 늘 고민하고 있는 저의 음경입니다."

　이 말을 정확히 옮겨보면, 둥근 건물은 어린아이들이 보통 생식기라고 생각하는 엉덩이를 뜻하고 그 앞의 작은 돌출부는 음낭이라는 뜻이다. 꿈에서 아버지는 그게 다 무슨 소용이냐고, 즉 생식기의 목적과 하는 일에 대해 묻는다.

이 상황은 거꾸로 뒤집어 생각해 볼 필요가 있다. 그러면 그가 묻는 쪽이 된다. 실제 현실에서는 아버지가 그런 질문을 한 적이 없기 때문에, 꿈의 사고라는 측면에서 이는 소망 충족에 해당한다. 아니면 '내가 아버지에게 성적인 설명을 요구했다면 어떻게 되었을까' 하는 조건절일 수도 있다.

함석판이 펼쳐져 있는 뜰은 상징적이라고 보기보다는 아버지의 사업장으로 이해하는 것이 타당할 것이다. 꿈을 꾼 남자는 아버지의 사업장에서 일하고 있었는데 부당한 방법으로 돈을 버는 것에 대해 반발했다. 그러므로 꿈의 사고는 이런 뜻이다. '내가 아버지에게 물어보았다면, 아버지는 손님들을 속이듯이 나 또한 속였을 것이다.' 무엇인가를 '뜯어내는 것'은 사업상의 부당함을 묘사하는 것인데, 꿈꾼 젊은이는 스스로 그것이 자위 행위를 의미한다고 설명했다. 이것은 이미 우리가 알고 있는 것일 뿐만 아니라, 비밀스런 행위는 반대로 노출된다는 이론과도 잘 부합한다. 자위 행위를, 즉 함석판을 뜯어내는 행위를 아버지에게 떠넘기는 것 역시 예상과 맞아떨어진다. 남자는 푹신한 벽을 여성의 질이라고 해석했다. 나는 그간의 해석 경험으로 보아 계단을 내려가거나 올라가는 행위를 질 속에서의 성교 묘사로 보충할 수 있다.

남자는 지하 통로를 지나 길이 이어지다 다시 지하로 내려가게 되는 과정을 자신의 인생에 비추어 말했다. 그는 한동안 사귀는 여성과 성교를 했지만, 그 후 장애 때문에 교제를 포기했다가 이제 치료를 받아 다시 교제할 수 있기를 희망하고 있다. 그러나 꿈은 후반부로 가면서 흐릿해졌으며 아버지의 옳지 못한 사업 태도와 더불어, 지하 통로로 묘사된 여성의 질이 의미하는 주제가 환자의 다른 꿈에도 영향을 미치고 있음이 확연히 드러난다. 여기에서 어머니와의 관계를 추정하기란 어렵지 않다.

• 경찰관을 남편으로 둔 어느 서민 여성의 꿈

……누군가 집안으로 침입한다. 그녀는 공포에 질려 경찰관을 부른다. 그러나 경찰관은 두 명의 불량배와 사이좋게 계단을 올라가 교회로 들어간다. 교회 뒤에는 산이 있고 그 위쪽으로는 숲이 울창하다. 경찰관은 헬멧을 쓰고 목받이와 외투를 착용했다. 턱을 뒤덮고 있는 갈색의 수염도 보인다. 경찰관과 함께 들어간 두 명의 불량배들은 위쪽을 자루처럼 묶은 앞치마를 허리에 두르고 있다. 교회 앞에는 산으로 올라갈 수 있는 길이 나 있고, 양 길가에는 풀이며 덤불이 무성하다. 풀과 덤불은 차츰 울창해지면서 산 정상에 이르러 숲을 이루고 있다.

꿈에서 남성의 성기는 인물을, 여성의 성기는 풍경을 통해 상징화된다. 그러므로 계단을 올라가 교회로 들어가는 행위는 명백히 성교를 상징한다고 볼 수 있다.

• 소변을 상징하는 꿈

헝가리의 만화 잡지에 수록됐던 뒷면의 그림은 꿈에서의 소변 욕구를 극명하게 상징하고 있다. 우리는 보모가 아이의 울음소리 때문에 잠에서 깨어나는 마지막 그림을 보는 순간, 이 삽화가 '소변 꿈'의 과정을 절묘하게 묘사하고 있다는 것을 깨닫게 된다.

첫번째 그림은 잠에서 깨어나도록 자극을 하는 장면이다. 아이가 소변이 마렵다며 보모에게 도움을 요청한다. 그러나 꿈은 침실에서의 상황임에도 산책하는 것처럼 보이게 한다.

두번째 그림에서 보모는 아이에게 소변을 누인다. 그러니 이제 보모가 잠에서 깨어나야 할 이유는 없다. 그녀는 계속 자도 된다. 하지만 아이의 소변 욕구가 완전히 해소된 것은 아니다. 아이는 계속 보모를 자극하며, 보모가 깨어나 도와주기를 바란다. 아이는 점점 큰 소리로 울부짖는다. 그럴수록 꿈은 다 잘 해결되었으니 깨어날 필요가 없다는 확신을 강화시킨다. 그러면서 꿈은 잠을 깨우는 자극을 상징의 차원으로 바꿔놓는다. 아이의 소변 줄기가 점점 불어나면서 강을 이루는 것이다.

네번째 그림에서 작은 나룻배가 나타나기 시작한다. 연이어 곤돌라와 돛단배가 뒤를 잇고, 마침내는 커다란 기선이 등장하기에 이르

러 보모는 잠에서 깨어난다. 한 재치 있는 예술가가 줄기차게 잠을 깨우는 자극과 완강한 수면 욕구 사이의 갈등을 함축적으로 표현한 것이다.

• 층계의 꿈

나는 한 소녀를 잡기 위해 계단 아래로 달려 내려간다. 무엇인가 나쁜 짓을 한 이 소녀를 벌주기 위해서다. 계단 아래에 이르자 누군가가 이 소녀를 붙잡고, 그 기회를 틈타 내가 그 소녀를 잡는다. 그 소녀를 내가 때렸는지는 모르겠다. 갑자기 층계 한가운데서, 마치 무중력 상태의 공중에서 하듯이 성교를 하고 있기 때문이다. 하지만 엄밀한 의미에서 그것은 성교가 아니다. 단지 내 성기를 그 소녀의 외음부에 문질렀을 뿐이다. 그 과정에서 외음부와 고개를 옆으로 숙인 소녀의 머리가 선명하게 보인다.

내 머리 위 왼쪽에는 두 개의 작은 그림이, 역시 공중에 떠 있는 것처럼 걸려 있다. 초원에 집 한 채가 서 있는 풍경화다. 그중 작은 그림에는 내게 줄 생일 선물이기라도 하듯, 그림의 아랫부분에 내 이름이 적혀 있다. 또 그림들 앞에는 쪽지가 한 장 걸려 있는데, 더 싼 그림들도 구매할 수 있다고 적혀 있다. 그 후 층계참에 누워 있는 내 모습이 흐릿하게 보이더니, 축축한 느낌 때문에 깨어난다. 몽정을 한 것이다.

이 꿈은 나의 동료가 나에게 들려준 것이다. 그러니까 여기에서의 '나'는 나의 동료이다. 동료는 꿈꾸기 전날 저녁 서점에 들렀다. 서점에는 그림들이 전시돼 있었는데, 꿈속에서 본 그림들과 화풍이 비슷했다. 동료는 특히 마음에 든 그림이 있어 가까이 다가가 살펴보았다. 전혀 모르는 작가의 작품이었다.

그날 저녁 동료는 한 모임에 갔다가, 자신의 사생아를 층계 위에서 만들었다고 자랑하는 어느 보헤미아 출신 여성의 얘기를 들었다. 흥미를 느낀 동료는 이 사건에 대해 상세히 물어보았다. 보헤미아 여성은 말하길, 자신은 사귀던 남자와 좀처럼 성행위를 할 기회가 없던 차에 부모님의 집을 방문하게 되었는데, 남자가 흥분하는 바람에 계단에서 성교를 하고 말았다는 것이다. 그 말을 듣고 동료는 농담삼아 이렇게 말했다고 한다.

"그 아이는 정말 층계 위에서 만들어졌군."

이 꿈은 두말할 여지없이 낮의 경험에서 비롯됐지만, 동료의 어린시절 기억도 개입돼 있다. 동료는 어린시절의 대부분을 층계에서 놀며 지냈다. 난간에 걸터앉아 미끄럼을 타기도 했다. 그러면서 성적 흥분을 느꼈고 성에 눈떴다. 꿈에서도 동료는 무척 빠르게 층계를 뛰어 내려간다. 그의 표현에 의하면 계단을 밟아 내려가는 것이 아니라 날아가듯이 미끄러져 내려간다. 그런 면에서 꿈의 앞부분은 성적 흥분의 계기를 묘사하는 것처럼 보인다. 동료는 어린시절 동네

아이들과 말타기 놀이를 자주 했는데, 이때도 꿈속에서 느꼈던 것처럼 성적인 쾌감을 느끼곤 했다.

꿈에서 층계를 오르내리는 행위는 대부분 성교를 상징한다. 계단을 오르내리는 율동 자체가 성행위의 율동과 유사하기 때문이다. 상하로 오르내리고 문지르는 것 또한 뚜렷한 성행위의 리듬을 상징하며 꿈 전체를 통틀어 가장 뚜렷하게 부각되는 요소이다. 그림이 나타내는 상징적 요소에도 주목해야 한다. 더 싼 그림도 구매할 수 있다는 문구는 매춘을 상징한다. 작은 그림에 적혀 있는 이름과 그것이 생일 선물이라는 사고는 사생아의 잉태 동기에 대한 부모 콤플렉스와 관련돼 있다.

꿈의 마지막 장면, 계단에 누워 있다 축축한 느낌 때문에 깨어나는 장면은 자위 행위 이전의 시기를 암시한다. 그것은 소변을 배설하며 느꼈을 어린시절의 쾌감과 결부돼 있다.

• 배 먹는 꿈

현재 서른다섯 살인 남자가 네 살 때 꾼 꿈이다. 세 살 때 아버지를 여의었으므로 이 꿈은 그로부터 1년 뒤에 꾼 것이다.

아버지의 유언장을 관리하고 있는 공증인이 커다란 배 두 개를 가져왔다. 남자가 한 개를 먹었고, 나머지 한 개는 거실의 창문틀에 얹어두었다.

잠에서 깨어난 남자는 꿈이 현실이라고 믿어 창문틀에 있던 나머지 배를 달라고 어머니에게 졸랐다. 꿈 얘기를 들은 어머니는 그냥 웃어넘기고 말았다. 이 꿈을 분석하면 이렇다.

공증인은 쾌활한 노신사였는데, 그 무렵 실제로 배를 가져온 적이 있었다. 창문틀은 남자가 꿈에서 본 그대로였다. 꿈 이외에 특별히 기억나는 것은 없었다. 그러므로 이 꿈을 우리는 상징적으로 해석해볼 수 있다. 꿈에 나오는 두 개의 배는 어머니의 유방을 상징하며 창문틀은 가슴의 돌출부를 의미한다. 꿈에서 깨어난 후 남자가 느끼는 현실감은 자연스럽다. 실제로 어머니는 남자에게 젖을 먹여 키웠고, 그것도 보통의 경우보다 훨씬 늦게까지 먹여 키웠다. 가능하다면 남자는 계속해서 젖을 먹을 수 있기를 바란다. 그러므로 이 꿈을 다시 정리하면 이런 의미가 된다.

"어머니, 제가 옛날에 먹었던 젖을 다시 주세요."

여기서 옛날에 먹었던 젖은 이미 먹어치운 배를 의미하며, 다시 달라는 것은 창문틀에 놓인 나머지 배 한 개를 의미한다. 창문틀, 즉 어머니의 가슴에 놓인 배는 어김없이 유방을 상징하고 이는 다시 어머니의 젖을 빨고 싶은 강력한 소망이 된다.

네 살짜리 어린아이의 꿈에서조차 상징이 중요한 역할을 한다는 것은 매우 주목할 만한 일이다. 하지만 이는 특별한 현상이 아니다. 인간은 꿈을 꾸기 시작하는 순간, 처음부터 상징을 사용하기 때문이다.

현재 스물일곱 살 된 부인이 기억하고 있는 다음과 같은 내용의 얘기를 참고하면, 인간은 꿈이 아닌 일상생활에서도 얼마나 상징적인 묘사를 잘 활용하는지 알 수 있다.

제가 서너 살 때였을 거예요. 11개월 된 남동생과 그보다는 좀 많지만 저보다는 나이가 어린 사촌 여동생이 있었는데, 보모가 우리들을 화장실로 데려갔죠. 산책을 나가기 전에 소변을 보아야 했기 때문이랍니다. 나이가 제일 많았던 저는 변기에 앉았고 두 동생들은 요강에 앉았어요. 제가 사촌 여동생에게 물었죠.

"나는 지갑을 갖고 있는데, 혹시 너도 지갑을 갖고 있니? 발터는 작은 소시지를 갖고 있지."

사촌 여동생은 자기도 지갑을 가지고 있다고 대답했어요. 보모는 이 얘기를 듣고 나서 웃었죠. 그리고 나중에 제 어머니에게 이 얘기를 했던 모양이에요. 어머니가 저를 심하게 야단치셨으니까요.

이 일화에 등장하는 지갑과 소시지의 의미는 자명하다. 지갑은 여성의 성기를, 소시지는 남성의 성기를 상징한다.

성적 소망을 드러내는 꿈들 눈에 띄게 단순한 꿈들이 성애적 소망을 드러내는 경우가 종종 있다. 하지만 그것을 밝혀내기란 간단치 않다. 가령 다음과 같은 꿈은 누군가 해석해 주기 전에는 성적 소망이 숨어 있다고 추측하기조차 어려울 것이다. 남자가 꾼 꿈의 내용은 이렇다.

　두 개의 궁전이 웅장하게 서 있고 그 뒤쪽으로 작은 집이 한 채 서 있다. 문은 닫혀 있다. 남자의 아내가 길을 따라 집 앞까지 남편을 인도한 다음 문을 밀어 연다. 남자는 재빠르게 경사진 뜰의 안쪽으로 미끄러져 들어간다.

　꿈 해석에 어느 정도 경험 있는 사람이라면 이 꿈이 성적인 상징들로 가득 차 있다는 것을 눈치채기란 어렵지 않을 것이다. 닫혀 있는 문을 열고 들어가는 것은 명백히 성교를 상징한다. 아울러 이 꿈은 여성의 웅장한 엉덩이(두 개의 궁전) 사이로 성교를 시도하고 있다는 것도 암시한다. 경사진 뜰의 안쪽은 논란의 여지 없이 여성의 질을 의미한다.

　부인의 인도로 문을 열게 됐다는 장면에는 다른 꿈의 출처가 숨어 있는데, 이는 부인에 대한 배려 때문에 비롯된 것으로 보인다. 상세히 물어본 결과, 남자는 꿈꾸기 전날 집으로 일하러 온 처녀에게 엉큼한 욕망을 지니고 있었음이 드러났다. 두 궁전 사이의 집은 이 처녀의 출신지와 관련 있다.

성적 소망과 관련해 빼놓을 수 없는 것이 오이디푸스 꿈이다. 내 환자들에게 오이디푸스에 대한 전설을 설명하고 이러한 꿈이 흔하다고 얘기하면 대부분의 환자들은 강력하게 저항한다. 자신은 그런 꿈을 꾼 적이 없다는 것이다. 그러면서 내용은 불분명하지만 되풀이해 꾸는 사소한 꿈들을 떠올린다. 그러한 꿈들을 분석하면 대부분 오이디푸스 꿈이기 십상이다.

풍경이나 장소에 관한 꿈 가운데 언젠가 한번 와본 적이 있다는 느낌을 주는 꿈들이 있다. 이런 경우 장소는 항상 어머니의 생식기를 의미한다. 전에 한번 와본 기억이 있다고 자신 있게 주장할 수 있는 곳은 어머니의 그곳 말고는 없다. 나는 이미 두 번이나 가본 집을 방문했다는 어떤 신경증 환자의 꿈 얘기를 들은 적이 있다. 이 환자는 내게 여섯 살 때의 일을 들려주었다. 당시 환자는 우연히 어머니와 한 침대에서 자게 되었는데, 그 틈을 이용해 잠든 어머니의 생식기에 손가락을 집어넣었다는 것이다.

두려움을 유발하는 대부분의 꿈들, 즉 좁은 공간을 지나거나 물속에 빠지는 꿈들은 자궁 속 삶과 출생이라는 상징을 함축한다. 다음의 꿈은 어떤 여성 환자의 출생 꿈이다.

그녀는 여름 내내 머무른 호숫가에서 검은 물속의 창백한 달 속으로 뛰어든다.

아름답기까지 한 이 출생 꿈은 얼핏 보면 해석하기가 난해해 보인다. 하지만 겉으로 드러난 꿈의 내용을 뒤집어보면 그 의미를 금방 알 수 있다.

물속으로 뛰어들었다는 것은 물 밖으로 나왔다는 것이고, 이는 곧 탄생을 의미한다. 창백한 달은 어린아이들이 태어난 곳이라고 믿는 하얀 엉덩이를 암시한다. 환자는 왜 여름 내내 지냈던 피서지에서 태어나기를 바란 것일까? 이 부분에 대해 질문하자 환자는 주저없이, '제가 치료를 통해 다시 태어난 것과 같잖아요?' 하고 반문했다. 즉 자신은 피서지에서 계속 치료하고 싶으니 그곳으로 와달라는 의미이다. 아울러 이 꿈엔 스스로 어머니가 되고 싶다는 소망도 담겨 있다.

또 다른 사례로는 첫아이의 출산을 앞둔 젊은 부인의 꿈이 있다.

방의 한구석에서 시작된 지하 수로가 물이 있는 곳까지 이어져 있다. 부인이 침대를 들어올리자 갈색 모피에 싸인 생물이 보인다. 물개와 흡사하게 생겼다.

지하 수로는 아기가 자궁 밖으로 빠져나오는 길이며 물은 아기를 둘러싸고 있는 양수를 뜻한다. 물개처럼 보이는 생물은 아이를 의미하지만, 분석 결과 꿈을 꾼 부인이 옛날부터 돌봐주던 남동생으로 드러났다.

출생에 관한 꿈은 종종 구조의 장면을 동반한다. 특히 여성이 물에서 구조하는 꿈을 꾸면 출산의 의미를 담고 있다고 보아도 틀림없다. 하지만 남성의 경우에는 의미가 달라진다.

V. 꿈의 부조리함

우리는 꿈을 해석하는 과정에서 꿈의 내용에 부조리한 요소가 있다는 것을 상당 부분 확인했다. 따라서 그러한 부조리가 왜 생기며 무엇을 의미하는지 여기에서 고찰해 보고자 한다.

꿈이란 원래 부조리하기 마련이라고 생각하는 사람들이 있다. 그런 사람들의 시각에서 보면 꿈은 단지 단편적으로 재현된 정신 활동의 무의미한 산물에 지나지 않을 것이다. 그러나 꿈이 부조리해보이는 것은 겉으로만 봐서 그럴 뿐이다. 좀더 꿈의 의미를 천착해 들어가보면 그러한 부조리함은 금방 해명된다. 몇 가지 사례를 통해 이를 확인해보자.

• 6년 전 아버지를 여읜 남자의 꿈

아버지에게 매우 불행한 일이 일어났다. 아버지가 타고 가던 야간 열차가 탈선한 것이다. 좌석들이 뒤엉키면서 아버지의 머리가 으스러졌다. 침대에 누워 있는 아버지의 모습이 보인다. 왼쪽 눈썹의 위쪽에 수직으로 상처가 나 있다. 남자는 아버지의 이런 참변에 대해 이상하게 생각한다. 아버지는 이미 돌아가셨기 때문이다. 아버지의 눈이 너무 또렷하다.

꿈을 꾼 남자 환자는 아버지가 이미 돌아가셨다는 사실을 잊고 있었다. 그러다 꿈속에서 기억이 되살아났다. 꿈을 꾸며 자신의 꿈이 이상하다고 생각하게 된 것도 그 때문이다. 그러나 꿈을 분석해보면 그러한 해석은 무의미하다는 것을 알 수 있다.

남자는 어느 조각가에게 아버지의 흉상 제작을 의뢰했는데, 꿈꾸기 이틀 전 그 흉상을 훑어볼 기회가 있었다. 남자는 흉상이 좀 잘못됐다는 생각이 들었다. 조각가는 생전에 아버지를 본 적이 없어 사진에만 의지해 작업을 해왔다. 남자는 꿈을 꾸기 전날 늙은 하인을 조각가에게 보내 대리석 두상을 보고 판단해 보도록 조치했다. 자신이 생각하고 있는 것처럼 두상의 관자놀이 사이가 너무 좁은 것은 아닌지 알아보게 했던 것이다.

꿈의 구성에 영향을 미치게 된 기억 가운데는 이런 것도 있다. 아버지는 사업상의 걱정이나 골치아픈 일이 있을 때면 두 손으로 관자놀이 양쪽을 누르는 습관이 있었다. 꿈속에서 아버지가 부상당한 부위는 생전에 깊은 생각이나 슬픔에 잠기면 수직으로 길게 주름살이 패이던 자리이다.

꿈에서 주름살 대신 상처가 보인 데는 이런 동기도 있다. 남자는 어린 딸의 사진을 찍었는데 그만 사진 건판을 떨어뜨렸다. 다시 주워보니 건판엔 수직으로 패인 주름살처럼 딸아이의 이마 위 눈썹까지 금이 가 있었다. 남자는 미신에서 오는 불길한 예감을 떨쳐버릴 수 없었다. 어머니가 돌아가시기 하루 전에도 어머니의 사진 건판을 떨어뜨렸기 때문이다. 또 꿈을 꾼 남자는 네 살 때 우연히 권총이 오발되면서 아버지의 눈이 검게 변하는 현장을 목격하기도 했다. 아버지의 눈이 너무 또렷하다고 느낀 꿈속의 장면은 이 기억과 관련돼 있다.

따라서 이 꿈이 부조리해보이는 까닭은 흉상이나 사진을 사람과 구분하지 않은 부주의한 언어 표현에서 말미암은 것이다. 우리는 이런 표현에 익숙해 있다. '아버지와 똑같다고 생각하지 않니?' 물론 이 꿈의 경우 부조리해보이는 요소들을 피해 갈 수도 있었을 것이다. 그러므로 이 꿈에 한정해서만 말한다면, 부조리해보이는 요소들은 스스로 선택한 결과라고 할 수 있다.

우리는 종종 꿈속에서 죽은 사람을 만나곤 한다. 그럴 때마다 놀란 가슴을 쓸어내리며 기이한 설명을 덧붙이기 일쑤다. 이것만 봐도 우리가 얼마나 꿈에 대해 무지한지 알 수 있다. 그러나 이러한 꿈들을 해명하는 일은 아주 간단하다. 우리는 '만일 아버지가 살아계신다면 뭐라고 말씀하실까' 하는 가정을 하곤 하는데, 꿈은 이런 '만일의 경우'를 특정한 상황 속에서만 허용하고 묘사한다.

가령 할아버지에게 많은 유산을 상속받은 젊은이가 이를 탕진해 비난받게 되면, 꿈속에서 할아버지를 만나 이를 해명하는 꿈을 꾸게 된다. 우리가 꿈속에서 하는 항의, 즉 '당신은 이미 죽은 사람'이라는 이의 제기는 '당신은 죽었으므로 몰라도 된다'는 위로의 생각이거나 '그러니 간섭하지 말라'는 만족감에서 기인한다.

그렇다고 해서 세상을 떠난 사람에 대한 꿈을 해석하는 작업이 늘 만족스러운 것만은 아니다. 그 이유는 죽은 사람과 살아 있는 사람의 관계를 지배하는 유별난 감정의 이율배반적인 성격 탓이다. 그러한 꿈에서는 죽은 사람을 살아 있는 것처럼 다루다가, 정작 그의 죽음을 자각했음에도 불구하고 꿈속에서 그는 계속 살아 있기 십상이다. 그것은 우리를 혼란스럽게 만든다. 삶과 죽음의 이러한 교차는 꿈꾸는 사람의 무관심을 나타내는 것이라는 생각을 갖게 한다.

물론 이러한 무관심은 실재한다기보다는 소망하는 것이며, 꿈꾸는 사람의 대립적이고 격한 감정 상태를 부인하도록 도와준다. 꿈꾸는 사람의 이율배반적 성향은 이렇게 해서 드러난다.

죽은 사람과 교류하는 꿈 중에는 종종 다음과 같은 규칙을 따르는 것들이 있다. 죽은 사람을 꿈에서 떠올리지 않는 경우, 꿈꾸는 사람은 자신을 죽은 사람과 동일시한다. 다시 말해 자신의 죽음을 꿈꾼다. 하지만 '저 사람은 이미 죽었는데' 하고 꿈에서 생각하거나 놀라는 것은 자신의 죽음에 대한 일종의 거리두기일 가능성이 많다. 물론 이러한 해석이 전적으로 타당한 것만은 아니다. 이런 류의 꿈에 숨어 있는 비밀을 밝혀내기엔 아직도 갈 길이 멀다.

• 마차를 타고 가는 꿈

때로 꿈에는 그럴 만한 동기가 없는데도 꿈의 작업이 의도적으로 부조리한 상황을 만들어내는 경우가 있다. 다음 꿈이 그러한 사실을 보여준다. 이것은 내가 휴가 여행을 떠나기 전, 툰 백작을 만나고 난 다음에 꾼 꿈이다.

나는 말 한 필이 끄는 마차를 잡아타고 역으로 가자고 말한다. 마부가 자신을 너무 혹사시킨다고 내게 항의한다. 나는 '물론 선로까지는 당신과 함께 가지 않을 겁니다'라고 말한다. 그런데 평상시 전차로 다니던 구간을 마차를 타고 이미 지나친 듯한 느낌이 든다.

이 혼란스런 꿈을 분석하면 이렇다. 낮에 나는 도른바흐의 외진 거리에 가기 위해 마차를 탔다. 그러나 마부는 길을 잘 몰랐다. 그는 내가 길을 알려줄 때까지 줄기차게 달렸고, 급기야 나는 비꼬는 말을 몇마디 하지 않을 수 없었다. 이 마부에게서 비롯된 생각의 흐름은 그 뒤 만나게 된 귀족에게로 이어진다. 귀족들이 마부석에 앉기 좋아한다는 것을 우리는 알고 있다. 툰 백작만 해도 자신이 직접 마차를 몰고 있다.

그러나 꿈속의 발언, '선로까지는 당신과 함께 가지 않을 겁니다' 라고 한 나의 말은 내 동생과 관계 있다. 따라서 나는 내 동생을 마부와 동일시했다.

나는 언젠가 이탈리아로 함께 여행 가자고 한 동생의 제안을 거절한 적이 있었다. 동생은 그런 여행을 할 때마다 내가 너무 빨리 이동하며 한꺼번에 너무 많은 것을 보도록 강요함으로써 자신을 혹사시킨다고 비난하곤 했다. '혹사시킨다'는 발언은 꿈에 그대로 되풀이된다. '함께 가지 않을 겁니다'라는 거절은 그것에 대한 일종의 응징이라고 할 수 있다.

그날 저녁 동생은 역까지 나를 배웅했지만, 자신은 전차를 타고 가기 위해 먼저 내렸다. 나는 동생에게 전차가 아니라 기차를 타면 좀더 나와 함께 있을 수 있지 않느냐고 말했다. '평상시 전차로 다니던 구간을 마차를 탔다'는 것은 이때의 대화와 관련 있다. 현실에서는 이와 달리 동생에게 이렇게 말했다.

"네가 전차를 타고 가는 구간을 나와 함께 기차로 갈 수도 있어."

꿈이 혼란스러운 것은 내가 '전차'를 '마차'로 대체했기 때문이다. 물론 이것은 마부와 동생을 결합하는 데 요긴한 역할을 한다. 그런 다음 나는 꿈에서 앞뒤가 맞지 않는 이야기를 한다. '이미 지나친 듯한 느낌이 든다'는 것과 '당신과 함께 가지 않을 겁니다'라는 말은 모순된다. 그러나 내가 전차와 마차를 착각할 이유가 없기 때문에 이 수수께끼 같은 이야기는 꿈에서 의도적으로 형성된 것임에 틀림

없다.

그렇다면 이 의도는 무엇일까? 이것을 알아야 이 꿈의 부조리함을 해명할 수 있다. 그것은 꿈에서의 '타고 가는 것'과 관련돼 있다. 이 꿈의 다른 장면에서 나는 '관리인'으로 등장하는 부인의 집에서 풀 수 없는 수수께끼를 들었다. 그 자리에 있던 다른 사람들은 이미 해답을 알고 있었기 때문에 수수께끼를 풀려고 기를 쓰는 내 모습은 좀 우스꽝스러웠을 것이다.

그것은 '후손'과 '선조'를 뜻하는 수수께끼였는데 양쪽엔 '마부가 하는 것'이라는 공통된 의미가 들어 있었다.[5] 나는 툰 백작이 거만하게 '앞서 가는 것(선조를 의미한다)'이라고 힌트를 주는 것을 보고, 지체 높은 귀족들이 내세우는 공로라는 것이 기껏 태어나기 위해(후손을 의미한다) 노력한 것밖에 없다는 생각을 했던 것이다. 그러니까 이 수수께끼가 꿈의 작업에서 중간 사고의 역할을 하게 된 것이다. 그러므로 꿈의 사고를 온전히 풀면 이렇게 된다.

'자신의 선조를 자랑하는 것은 말도 안된다. 그보다는 자기 자신이 직접 선조이자 조상이 되어야 한다.'

이러한 사고가 나로 하여금 마부와 함께 '이미 지나쳐 간 듯한' 느낌, 즉 선조가 된 듯한 느낌이 들도록 했던 것이다.

---

5 이 수수께끼는 '귀족들이 마부석에 앉기를 좋아한다는 것' 때문에 성립하고 있다.

• 수를 다루는 부조리한 꿈

　내가 알고 있는 M이 자신의 논문 때문에 괴테로부터 공격을 받았다. 이 공격은 부당하다 싶을 정도로 심한 것이어서 그에게는 치명적이었다. M은 만찬 도중 그에 대해 비통한 심정으로 하소연했다. 그렇다고 해서 M이 괴테를 원망했다는 것은 아니다. 괴테에 대한 그의 존경심은 여전하다.

　나는 터무니없어 보이는 시간 관계를 해명하려고 노력한다. 괴테는 1832년에 세상을 떠났다. M에 대한 괴테의 공격은 당연히 1832년 이전의 일일 것이다. 그렇다면 M은 아주 젊었을 것임에 틀림없다. 아마 열여덟 살쯤 되지 않았을까 싶다. 그런데 나는 지금이 몇 년인지 확실히 모르고 있다. 그래서 계산은 전부 미궁에 빠진다. 괴테가 M을 공격한 것은 〈자연〉이라는 유명한 논문에서였다.

　이 황당무계한 꿈에서 부조리한 측면을 밝혀내기란 그리 어렵지 않다. M은 내가 어느 만찬에 참석했다 알게 된 사람으로, 얼마 전 내게 자신의 동생을 진찰해 달라고 부탁했다. 동생은 진행성 뇌성마비를 앓고 있는 정신 장애자였다. 나는 환자에게 출생 연도를 물었고, 기억력에 문제가 많다는 점을 납득시키기 위해 여러 가지 계산을 해보도록 했다. 그는 이 시험을 무난히 통과했다. 그런데 꿈에서 나는 이 환자처럼 행동하고 있다. '지금이 몇 년인지 확실히 모르고'

있는 것이다.

또 다른 꿈의 재료는 다른 출처에서 온 것이다. 나와 잘 아는 어느 의학 잡지의 편집인이 내 친구의 최근 저서를 무분별하게 혹평한 '치명적인' 비평을 잡지에 실었다. 이 비평의 저자는 한마디로 수준 이하여서 나는 개입할 필요성을 느꼈고, 그래서 편집인에게 해명을 요구했다. 편집인은 유감을 표명하긴 했지만 정정하겠다는 약속을 하지는 않았다. 나는 잡지와의 관계를 단절하겠다는 편지를 보내는 한편, 이 일로 인해 개인적인 관계가 손상되지는 않았으면 한다는 의사를 전달했다.

꿈의 세번째 출처는 정신 질환에 걸린 남동생을 둔 어느 여성 환자의 이야기에서 온 것이다. 나는 그 환자의 남동생이 '자연, 자연' 하고 외치며 발작을 일으켰다는 얘기를 꿈꾸기 얼마 전에 들었다. 의사들은 그 발작이 '괴테의 논문'을 너무 많이 읽은 탓이라며, 환자가 자연철학에 지나치게 몰두해 생긴 현상이라고 추정했다. 내 생각은 달라서, 성적인 의미를 고려해야 한다는 쪽이었다.

제대로 교육 받지 못한 사람들도 성적인 의미로 '자연'에 대해 말하곤 한다. 그 불행한 환자가 후에 자신의 생식기를 잘라냈다는 사실은 내 생각이 옳았다는 것을 증명하는 듯이 보인다. 환자가 처음 광기를 보인 것은 '열여덟 살' 때였다.

혹평을 받은 내 친구의 저서가 인생에 있어서의 '시간 관계'를 다루고 있다는 점을 감안하면 내가 꿈에서 친구를 대신하고 있다는 것을 쉽게 간파할 수 있다. 내가 '시간 관계를 해명하려고 노력한다'는 대목이 그것이다. 그러면서 나는 뇌성마비 환자처럼 행동하고 꿈은 완전히 부조리해진다. 이때 꿈의 사고는 이렇게 말한다고 볼 수 있다. "물론[6] 그는 바보이고 미쳤다. 그것을 잘 아는 당신들은 천재다. 그런데 그 반대는 아닐까?" 이러한 전도, 뒤바뀜은 꿈의 내용에 많이 표현돼 있다. 괴테가 젊은이를 공격한다는 발상은 터무니없는 반면 젊은 사람이 불멸의 괴테를 공격하기란 쉬운 일이다. 또한 꿈에서 나는 괴테의 '사망 연도'를 계산하는데, 뇌성마비 환자에게는 '출생 연도'를 계산하게 한다.

나는 앞서, 꿈은 전적으로 이기적인 속성을 띠고 있다고 말한 바 있다. 이 꿈에서 친구의 일을 내 일처럼 여기고 있다면, 그러므로 나는 그 이기적 근거를 밝혀야 한다. 열여덟 살 난 환자가 발작을 하며 '자연'이라고 외쳤던 부분에 대한 상이한 해석은 그런 점에서 시사하는 바가 있다. 나는 스스로 이렇게 말하고 싶었는지도 모른다. "당신도 당신 친구처럼 비판받을 수 있다. 어쩌면 이미 받고 있는지도 모른다." 그렇다면 꿈의 사고에서 '그'는 '우리'로 대체된다. "그래, 당신들 말이 옳다. '우리' 두 사람은 바보이다." 하지만 열여덟 살 난 환자가 자신의 생식기를 자른 사실에서 알 수 있듯, 꿈은 나의 이기적 사고에 힘을 보태준다.

꿈의 사고는 결코 부조리하지 않다. 특히 정신이 건강한 사람의 경우에는 더욱 그렇다. 꿈의 작업은 꿈의 사고 안에 있는 비판이나

---

6 독일어의 '물론'이라는 낱말은 '자연'에서 파생했다.

조롱, 조소 등을 묘사할 경우 부조리한 요소를 가진 꿈을 만들어 낸다.

• 부조리하게 만족감을 드러내는 꿈

나는 P와 함께 집과 정원이 보이는 곳을 지나 병원으로 간다. 그런데 이 지역은 꿈에서 이미 여러 번 보았다는 생각이 든다. 하지만 그 지역에 대해 잘 알지는 못한다.

P가 길 모퉁이를 지나 어느 레스토랑으로 가는 길을 가리킨다. 그곳에서 나는 도니 부인에 관해 묻고, 그 부인이 뒤편의 작은 방에서 세 아이와 함께 살고 있다는 말을 듣는다. 그곳으로 향하는 도중, 누구인지는 분명치 않지만 나의 두 딸을 데리고 있는 사람과 마주친다. 나는 잠시 그들과 함께 서 있다가 두 딸을 데리고 온다. 그리고 아이들을 그런 곳에 내버려둔 아내를 비난한다.

나는 큰 만족감을 느끼며 잠에서 깨어났다. '이미 여러 번 보았다'는 꿈의 내용이 무엇을 의미하는지 알 것 같았기 때문이다. 하지만 분석 결과는 기대 이하였다. 나는 아무것도 밝혀내지 못했다. 그런데 왜 만족감을 느꼈을까? 만족감은 꿈에 대한 판단에서 연유한 것이 아니었다. 그것은 잠재돼 있는 꿈의 내용과 결부돼 생긴 느낌이었을 뿐이다. 즉 내가 결혼해서 아이들을 얻은 것에 대한 만족이 그 것인데, 이는 P의 처지와 관련돼 있다. P는 한동안 나와 같은 길을 걸었고 사회적으로나 물질적으로 나를 능가했지만 결혼해서는 자녀가 없었다.

분석 결과 이 꿈엔 두 가지 동기가 숨어 있다. 첫번째 동기는 '도나'라는 이름과 관련돼 있다. 꿈꾸기 전날 나는 신문에서 아기를 낳다 사망한 '도나'[7] 부인의 부고를 읽었다. 그리고 아내에게서, 우리 아이들이 태어날 때 산파 역할을 했던 여인이 죽은 도나 부인을 간호했다는 말을 들었다. 당시 '도나'라는 이름이 더욱 내 주의를 끌었던 것은, 그 무렵 읽은 영국의 한 소설에서도 그런 이름을 보았기 때문이다.

두번째 동기는 날짜에서 비롯된다. 꿈을 꾼 날은 내 장남의 생일 하루 전이었다. 장남이 아이들에 대한 관심을 환기시키면서 아내를 비난하도록 하는 계기가 됐던 것이다.

이렇듯 꿈에서 이루어지는 판단은 꿈의 사고에서 비롯된 본보기의 반복에 지나지 않는다. 그것은 대부분 적절하지 못한 관계 속에 미숙하게 삽입되지만 때로는 매우 능숙하게 사용되는 경우도 있다. 그로 인해 처음에는 꿈에서의 독립된 사고 활동이라는 인상을 받을 수 있다. 이 점 때문에 우리는 서로 다른 꿈의 요소들을 모순 없이 결합시키는 심리적 활동에 관심을 갖게 된다. 그러나 그 전에 할 일

---

7 이 이름을 나는 꿈속에서 '도니(Doni)'로 변화시키고 있다.

이 있다. 꿈의 사고에 숨어 있는 정서와 꿈의 내용으로 표출된 정서를 비교 분석하는 일이다.

VI. 꿈속의 정서

우리는 흔히 잠에서 깨어나면 꿈의 내용을 흔쾌히 떨쳐버리곤 한다. 하지만 꿈속에서 강도를 만나 두려움에 떨었다면 두려움을 떨쳐버리기란 쉽지 않다. 그러니까 강도는 상상의 산물일지언정 두려움만은 현실의 몫으로 남는다. 꿈에서 기쁜 일을 겪어도 마찬가지다. 우리의 경험에 의하면, 꿈에서 체험한 감정은 깨어 있을 때 체험한 것에 결코 뒤지지 않으며, 꿈은 꿈의 내용보다 정서 내용에서 더 강력하게 실제적인 체험으로 받아줄 것을 요구한다. 그러나 깨어 있는 동안에 우리는 이러한 꿈의 요구를 받아들일 수 없다. 꿈속의 정서는 꿈의 내용과 관련돼 있을 때만 심리적으로 평가받기 때문이다.

슈트륌펠은 꿈의 내용에는 심리적 가치가 결여돼 있다고 말한다. 그러나 꿈에서 감정을 드러낼 만한 동기가 전혀 없음에도 그것이 표출되는 경우가 있다. 혐오스럽고 소름끼치는 상황에서도 두려움이나 혐오감을 느끼지 않는가 하면, 아무렇지도 않은 일에 놀라거나 기뻐하는 경우가 꿈에서는 흔하다.

꿈의 이러한 수수께끼는 겉으로 드러난 꿈과 숨어 있는 사고 내용의 관계에서 연유한다. 그래서 꿈을 분석해보면 감정은 꿈의 사고에 그대로 남아 있지만 꿈의 내용에서 전위되거나 대체되었다는 것을 알 수 있다. 여기서 나는 감정을 불러일으킬 만한 꿈의 내용을 갖고 있음에도 그것이 드러나 있지 않은 사례를 소개하고자 한다.

여자는 사막에서 세 마리의 사자를 만나지만 두려워하지 않는다. 사자 가운데 한 마리는 웃고 있다. 이제 여자는 사자들에게서 도망친 것이 분명하다. 그녀가 나무 위로 기어오르려고 애쓰기 때문이다. 그런데 나무 위에는 프랑스어 선생인 여자의 사촌이 벌써 올라가 있다.

이 꿈을 꾸게 된 계기는 영어 과제를 하면서 쓰게 된 '갈기는 사자의 장식이다'라는 문장 때문이다. 여자의 아버지는 마치 사자 갈기처럼 수염이 얼굴을 감싸고 있었다. 영어 회화 선생의 이름은 라이온스(사자들)였다. 또 안면 있는 어떤 남자는 그녀에게 뢰베Loewe[8]의 담시를 보내주었다. 바로 이 세 사람들(아버지, 영어 회화 선생, 안면 있는 어떤 남자)이 꿈속의 사자였다. 그러니 무엇 때문에 두렵겠는가?

---

8 독일의 작곡가. 가곡으로서의 발라드를 확립했다. 여기서 인명인 뢰베(Loewe)는 사자(Löwe)라는 의미와 소통한다.

또 여자는 폭동을 선동한 흑인이 맹견들에게 쫓기다가 나무 위로 기어올라가는 내용의 소설을 읽은 적이 있었다. 연이어 다음과 같은 기억의 단편들이 떠올랐다. 어떤 잡지에 사자를 잡는 법이 실려 있었는데, 사막을 퍼서 체로 거르면 사자만 남는다는 이야기였다.

그런가 하면 어떤 공무원에 관한 기억도 떠올랐다. 여자는 꿈을 꾸기 전날 남편이 모시고 있는 상관의 방문을 받은 적이 있었다. 상관은 그녀에게 매우 정중했으며 그녀의 손에 키스했다. 그 상관은 거물이며 그 나라의 수도에서 '사교계의 사자' 역할을 하고 있었다. 하지만 여자는 상관이 전혀 '두렵지 않았다'. 한마디로 여자가 알고 있는 사자들은 모두 이런 식이어서 하나도 두렵지가 않았던 것이다.

꿈속에서 감정을 드러내지 않았던 두번째 사례로, 앞 장에서 다루었던 언니의 아들이 관 속에 죽어 누워 있는 꿈을 들 수 있다. 우리는 분석을 통해 왜 젊은 아가씨가 슬픔이나 고통을 느끼지 않았는지 알고 있다. 꿈은 단지 사랑하는 남자를 다시 보고 싶어하는 그녀의 소망을 은폐하고 있었을 뿐이다. 정서는 소망과 부합한다. 따라서 슬퍼할 이유가 전혀 없었던 것이다.

어떤 꿈들에서 정서는 적합한 꿈의 내용을 대체한 다른 꿈의 내용과 결합해 있다. 이때 정서는 꿈의 내용과 유리돼 표현되며 다른 어딘가에서 꿈의 요소들의 새로운 배열 속에 끼어든다. 그것은 꿈이 왜곡돼 나타나는 과정과 유사하다.

꿈의 사고에 의미 있는 결론이 있으면 꿈 역시 그러한 결론을 수용하지만, 그 결론은 꿈에서 전혀 다른 재료에 전위될 수 있다. 이러한 전위는 흔히 대립의 원칙을 따른다. 다음의 꿈을 통해 그러한 가능성을 해명해보자.

바닷가에 성이 하나 있다. 이 성은 직접 바다에 면해 있는 것이 아니라 바다로 이어지는 좁은 운하 옆에 있다. P가 이 성의 사령관이다. 나는 세 개의 창문이 있는 커다란 거실에 그와 함께 있다. 거실 전면에는 성채처럼 방호벽이 튀어나와 있다.

나는 자원한 해군 장교로서 수비대에 배치돼 있다. 때는 전쟁 중이어서 적함의 출현을 경계해야만 한다. P는 성을 떠날 생각이다. 그는 만일의 경우에 대비해 내가 해야 할 일을 지시한다. 병석에 누운 그의 부인이 아이들과 함께 위기에 처한 이 성에 머물고 있다. P는 포격이 시작되면 큰 강당으로 사람들을 대피시키라고 말하곤 숨을 거칠게 몰아쉬며 자리를 뜨려 한다. 나는 그를 막아 세우고 비상시 어떤 방법으로 보고해야 하는지 묻는다. 그는 무슨 말인가를 하는 듯하더니 그 자리에 쓰러져 숨을 거둔다. 내 질문이 그를 지나치게 긴장시킨 것 같다.

하지만 나는 그의 죽음에 별다른 감정의 동요를 느끼지 못한다. 그런 상황에서 미망인을 성에 남아 있도록 할 것인지, 아니면 최고 사령부에 그의 죽음을 알리고 성의 지휘권을 넘겨받아야 할 것인지 생각한다.

　나는 창가로 가서 지나가는 선박들을 주의깊게 살펴본다. 대부분 어두운 수면 위를 빠르게 가르는 상선들이다. 굴뚝이 여러 개인 배들도 있고 갑판이 불룩 튀어나온 배들도 있다. 어느새 나타났는지 동생이 내 옆에 서 있다. 우리들은 창문을 통해 해수면을 바라보고 있다. 그러다 한 척의 배를 보고 놀라 '저기 군함이 온다'고 소리친다. 그러나 사실은 내가 이미 알고 있는 배들이 귀환하고 있을 뿐이다.

　중간 부위가 잘려나가 우스꽝스러운 작은 배 한 척이 다가온다. 갑판 위에는 독특한 모양의 잔 아니면 깡통처럼 생긴 물건들이 보인다. 우리는 동시에 소리친다.

　"저건 아침 식사 배다!"

나의 이 꿈은 해상의 여러 모습들과 어우러져 매우 음울한 인상을 주고 있다. 꿈속의 장소들은 여러 차례 여행한 경험들에서 조합됐다. 꿈을 꾸기 몇 주 전 동생과 함께 보냈던 부활절 여행의 기억도 생생하게 가미돼 있다. 미국과 스페인 사이의 해전과, 이와 연관해 미국에 살고 있던 친지들의 앞날에 대한 우려도 이 꿈의 분위기에 영향을 끼친 듯싶다.

　이 꿈은 두 부분에서 눈에 띄는 감정의 작용이 일어나고 있다. 하지만 한 곳에서는 예상되는 감정의 작용이 나타나지 않는다. 즉 사령관의 죽음을 보고도 별다른 감정의 동요를 느끼지 않는다고 강조하고 있다. 반면 군함이 다가온다고 믿는 부분에서는 깜짝 놀란다.

잠자는 상태에서 놀람의 감정을 느끼는 것이다. 이 잘 구성된 꿈에서 감정은 모순이 눈에 띄지 않도록 교묘하게 배열돼 있다. 사령관의 죽음에는 놀랄 이유가 전혀 없지만 성의 지휘관으로서 군함을 보고 놀라는 것은 당연하다.

그러나 분석을 해보면 P는 내 자아의 대체물에 지나지 않는다는 것이 밝혀진다. P는 나의 대체 인물이다. 그러니까 나는 갑자기 숨을 거두는 사령관이다. 꿈의 사고는 내가 죽은 후 가족의 미래가 어떻게 될 것인지에 대해 다루고 있다. 다른 고통스러운 생각은 꿈의 사고에서 제외돼 있다.

군함과 관련된 놀람은 군함과 분리시켜 꿈의 사고와 관련지어 생각해야 한다. 분석해 보면 군함이 출현하게 된 꿈의 사고는 정반대로 즐거운 추억들로 채워져 있다. 일 년 전 우리는 베니스의 호텔 방 창가에 서서 더없이 아름다운 바다를 바라보고 있었다. 마침 영국의 선박들을 맞이하기 위해 사람들이 기다리는 중이었다. 그때 아내가 쾌활하게 소리쳤다.

"저기 영국 군함이 와요!"

그런데 나는 꿈에서 같은 말을 듣고 놀란다. 즉 꿈의 사고가 꿈의 내용으로 바뀌는 과정에서 기쁨이 놀람으로 변환된 것이다. 이 사례는 꿈이 작업을 하는 과정에서 꿈의 사고 안에 있는 감정을 자유롭게 떼어내 임의로 다른 꿈의 내용에 끼워넣는다는 것을 보여준다.

꿈의 내용과 사고로부터 감정이 분리돼 끼어든다는 것은 특징적이지만, 그 과정이 반드시 유일하거나 본질적인 것은 아니다. 즉 꿈에 감정이 나타나는 경우 감정은 꿈의 사고에도 존재하지만, 꿈의 사고에 감정이 존재한다고 해서 반드시 꿈에 감정이 나타나는 것은 아니다.

일반적으로 꿈은 가공의 토대가 된 심리적 재료보다 흥분의 정도 면에서 약하다. 꿈의 사고를 재구성해 보면 사고의 내부에 있는 강렬한 충동들이 날카롭게 대립되는 충동들과 싸우며 자신을 드러내기 위해 노력한다는 것을 알 수 있다. 그런 다음 꿈을 돌아보면 꿈은 무미건조할 뿐 강렬한 감정의 색채를 드러내지 않는다. 꿈의 작업은 생각뿐만 아니라 곧잘 감정의 색채까지 무관심한 것으로 만들어버린다. 정서의 억제가 이루어지는 것이다.

하지만 꿈의 사고가 진행되는 동안 생기는 정서적 충동은 약하다. 그러므로 꿈의 내용에 도달하는 충동 역시 더 강할 수가 없다. 이렇게 보면 정서의 억제는 결코 꿈의 작업이 빚어낸 성과가 아니라 수면 상태의 결과일 수 있다.

여기서 우리는 꿈이 심리적인 여러 힘들간의 타협의 결과라는 점을 상기해야 한다. 소망 충족의 사고 역시 검열하는 장치와 싸우고 있다는 점을 감안하면, 무의식적인 생각에서조차 모든 사고는 반대되는 사고와 긴장 관계에 있다고 볼 수 있다. 정서 역시 이런 사고의 흐름에서 자유롭지 않다. 그러므로 상호 대립과 검열이 행사하는 제어의 결과로 정서의 억제 문제를 이해하면 대체로 크게 틀리지 않을 것이다. 그러니까 꿈의 왜곡이 검열의 첫번째 결과라면 정서의 억제는 그 두번째 결과라고 할 수 있다.

◆

나는 꿈의 내용에 무관심한 감정 상태가 나타나는 것을 꿈의 사고에서의 대립을 통해 해명해 보고자 한다. 다소 혐오스런 다음 꿈의 사례를 살펴보자.

언덕 위에 야외용 화장실이 있다. 매우 긴 의자 끝에 커다란 배변 구멍이 입을 벌리고 있다. 뒤편 구석에 방금 눈 것부터 오래된 것까지 크고 작은 대변이 쌓여 있다. 의자 뒤쪽은 수풀이다. 나는 의자 위에서 소변을 본다. 긴 소변 줄기가 모든 것을 말끔히 씻어내린다. 배변 구멍의 주변에 있던 대변들이 풀려 구멍 속으로 떨어진다. 하지만 아직도 남아 있는 것들이 조금 보인다.

이런 꿈을 꾸면서도 나는 혐오감을 느끼지 않았다. 그것은 왜 그럴까? 꿈을 꾸면서 편안하고 만족스러운 생각을 하고 있었기 때문이다. 여기서 헤라클레스가 청소했다는 '아우기아스의 외양간'[9]이

---

9 30년간 청소하지 않은 아우기아스 왕의 외양간을 헤라클레스가 강물을 끌어들여 단 하

생각난다. 내가 바로 이 헤라클레스다. 언덕과 수풀은 현재 내 아이들이 머물고 있는 곳이다. 의자는 나를 따르는 어느 여성 환자가 선물한 가구를 본뜬 것이다. 그 의자는 환자들이 나를 얼마나 존경하는지 생각나게 한다. 여기서 인간의 배설물이 가득 쌓인 화장실조차 마음을 기쁘게 한다는 해석이 가능하다. 현실에서는 혐오감을 느낄지언정 꿈속에서 그것은 이탈리아에 대한 추억을 암시한다. 익히 알고 있는 바처럼 이 아름다운 나라의 작은 도시에 있는 화장실들은 바로 꿈에서 본 것처럼 생겼다.

모든 것을 말끔히 척결하는 소변 줄기는 위대함을 암시한다. 걸리버는 소인국에서 그런 식으로 불을 끈다. 또한 라블레[10]가 그려낸 초인 가르강튀아는 파리 시민들에게 복수하기 위해 노트르담 사원에서 말의 등에 앉은 채 파리를 향해 소변 줄기를 내뿜는다. 나는 라블레에 대한 삽화를 잠들기 전날 뒤적였다. 노트르담 사원은 내가 파리에서 즐겨 찾던 곳으로, 한가로운 오후면 괴물과 악마들 사이를 지나 탑에 오르곤 했다. 온갖 대변이 소변 줄기에 의해 사라지는 것은 '바람이 불어 그들을 휩쓸어버렸다'는 구절을 연상시킨다.

꿈의 주요 동기를 살펴보자. 나는 무더운 여름날 저녁 히스테리와 성도착증의 관계에 대해 강의를 했다. 하지만 그날따라 내가 말하는

루만에 깨끗이 했다는 그리스 신화.

10 프랑스의 작가이자 의사. 걸작인 『가르강튀아와 팡타그뤼엘 이야기』를 썼다. 몽테뉴와 함께 16세기 프랑스 르네상스 문학의 대표적 작가이다. 영국의 셰익스피어와 에스파냐의 세르반테스에 비견된다.

것들이 마음에 들지 않았고 가치 없다는 생각이 들었다. 어려운 연구에 대한 만족감은커녕 피곤하기만 했다. 인간의 오점을 들추어내는 일을 그만두고 내 아이들이 있는 이탈리아로 가고 싶었다. 이런 기분으로 나는 강의실을 떠나 카페로 갔다.

나는 혼자 있고 싶었다. 그러나 한 수강생이 따라와 옆에 앉게 해달라고 청했다. 내가 커피를 마시며 억지로 빵을 씹고 있는 동안 그는 아부의 말을 늘어놓기 시작했다. 내게 많은 것을 배웠으며 내가 위대하다는 것이었다. 신경증 이론에 쌓인 오류와 편견을 내가 '아우기아스의 외양간'처럼 청소했다는 이야기였다. 하지만 내 기분은 그런 칭찬과는 어울리지 않는 것이어서 나는 일찍 집으로 돌아왔다. 그리고 잠들기 전 라블레의 책을 뒤적였고 마이어[11]의 단편 소설 「어느 소년의 슬픔」을 읽었다.

나의 꿈은 이런 재료들에서 연유했던 것이다. 마이어의 소설은 어린시절의 기억을 자극했고, 혐오감과 불쾌감으로 얼룩진 낮의 기분은 꿈의 내용에 거의 모든 재료를 제공했다. 꿈의 내용은 같은 재료로 열등감과 과대망상을 동시에 표현할 수 있도록 했다. 이러한 타협 과정을 통해 모호한 꿈의 내용이 생겨났으며, 대립되는 것들의 억압에 의해 무관심한 듯한 감정 상태가 형성됐던 것이다.

소망 충족 이론에 따르면, 억압됐지만 과대망상적인 사고의 흐름이 정반대의 혐오스런 사고와 결합돼 이런 꿈을 낳았다고 할 수 있

---

[11] 스위스를 대표하는 19세기 후반의 작가.

다. 고통스러운 것은 꿈에서 묘사되지 않기 때문이다. 낮의 체험에서 길어올려진 고통스러운 사고는 소망 충족의 옷을 입어야만 꿈속에 들어갈 수 있다.

검열이 꿈의 사고를 뒤집어 마음에 들지 않는 것을 전위시킨다는 것을 우리는 알고 있다. 꿈속에서의 정서 또한 예외가 아니다. 사물처럼, 꿈의 사고에 있는 정서 또한 반대로 표현될 수 있으며 검열이 그 몫을 담당한다. 이러한 '정서 억제'나 '정서 전도'는 일상에서도 흔히 경험할 수 있는 일이다. 적대감이 있지만 그것을 위장하고 싶을 때, 생각을 부드럽게 표현하기보다는 감정을 드러내지 않는 것이 무엇보다 중요하다. 건네는 말이 부드러워도 증오나 경멸을 담은 눈빛이나 몸짓을 보인다면 상대방을 모멸하는 것과 다를 바 없다. 검열은 감정을 위장하라고 명령한다. 내가 위장을 잘 하는 사람이라면 무엇보다 감정을 잘 통제할 것이다. 화가 나면 웃고, 거칠게 대하고 싶어도 다정하게 굴 것이다.

우리는 이미 이러한 전도의 사례를 알고 있다. '삼촌 수염'에 관한 꿈이 그것이다. 이 꿈에서 나는 친구 R에게 많은 애정을 느끼는 반면, 꿈의 사고는 그를 생각이 모자라는 사람이라고 비난하도록 한다.

우리는 이 사례에서 꿈에도 검열이 존재한다는 최초의 암시를 받았다. 그렇다고 검열로 드러나는 대립되는 정서를 꿈이 새롭게 만들어낸다고 가정할 필요는 없다. 꿈은 이 대립되는 정서를 꿈의 사고 재료에서 찾아내 힘을 발휘할 때까지 강화시킬 뿐이다. 이러한 정서 전도의 적절한 사례로 페렌치가 보고한 꿈이 있다.

어느 중년 남자가 밤에 잠을 자며 큰소리로 웃고 떠드는 바람에 걱정이 된 그의 부인이 흔들어 깨웠다. 남자는 다음과 같은 꿈을 꾸었다.

아내와 함께 침대에 누워 있는데 잘 알고 있는 누군가가 들어왔다. 남자는 불을 켜려고 했지만 잘 되지 않았다. 수차례 시도했지만 결국 불을 켤 수 없었다. 그러자 아내가 침대에서 일어나 남자를 도우려고 했다. 그러나 아내 역시 마찬가지였다. 잠옷 차림이었던 게 부끄러웠는지, 아내 또한 포기하고 다시 자리에 누웠다. 남자는 이 모든 것이 너무 우스꽝스러워 웃음을 참을 수 없었다. 아내가 항의했다.

"당신 왜 웃어요? 도대체 왜 웃느냐 말예요!"

그러나 남자는 깨어날 때까지 웃음을 그칠 수가 없었다.

다음날 남자는 몹시 우울해보였고 두통에 시달렸다. 남자는 너무 웃어 그렇다고 말했다.

분석해보면 이 꿈은 그다지 유쾌해보이지 않는다. 꿈에 나타난 '잘 알고 있는 누군가'는 전날 남자를 일깨운 죽음의 형상이다. 남자는 동맥경화증을 앓고 있어 죽음에 대해 생각할 만한 충분한 이유가 있었다.

남자가 꿈에서 웃고 떠든 것은 죽을 수밖에 없다는 생각에서 온

울음과 오열을 대신한 것이다. 그는 끝내 생명의 등불을 켤 수 없었고, 이는 얼마 전 뜻대로 되지 않은 부인과의 실패한 성관계와 관련이 있다. 부인이 여러모로 도왔음에도 성교는 실패하고 말았다. 그래서 꿈의 작업은 발기 부전과 죽음에 대한 생각을 우스꽝스러운 장면으로, 오열을 웃음으로 대체시킨 것이다.

일곱번째 장
꿈 과정의 심리학

우리는 무의식을 심리적 삶의 보편적인 토대로 받아들여야 한다. 무의식의 문제는 의식적인 것을 포괄한다. 의식적인 모든 것은 무의식의 단계를 거치는 반면, 무의식은 자신의 단계에 머물면서 심리적 기능의 완전한 가치를 요구할 수 있다. 무의식은 스스로 존재하는 심리적인 것이다.

　　내가 다른 사람에게서 들은 꿈 가운데 특별히 주목을 끄는 것이 있다. 한 여성 환자의 꿈인데, 그녀가 이 꿈을 꾸게 된 동기가 독특하다. 이 여성 환자는 꿈에 관한 어떤 강의에서 꿈 얘기를 듣고 깊은 인상을 받아 비슷한 꿈을 모방해 꾸었다는 것이다. 본보기가 된 꿈의 배경은 다음과 같다.

　　병든 아이의 침상을 지키며 며칠을 뜬눈으로 지새운 아버지가 있었다. 그러나 아이는 죽었고, 피곤함에 심신이 지친 아버지는 옆방으로 건너가 휴식을 취하게 되었다. 그러면서 아이의 시신이 안치된 곳이 잘 보이도록 방문을 열어놓았다.

　　시신은 커다란 촛불들에 둘러싸여 있었으며 아버지가 휴식을 취하는 동안 한 노인이 시신을 지키라는 지시에 따라 그곳에 앉아 기도문을 중얼거리고 있었다. 아버지는 잠에 빠져들었고 꿈을 꾸게 되었다. 꿈에서 아이가 나타나 그의 팔을 잡고 비난하듯이 속삭이는 꿈을 꾼다. "아빠, 내가 불에 타고 있는 것이 안 보여요?"

그는 화들짝 잠에서 깨어나 시신이 안치된 방에서 불빛이 어른거리는 것을 보고 달려간다. 노인은 잠들어 있고 넘어진 촛불 때문에 옮겨붙은 불이 아이의 수의와 한쪽 팔을 태우고 있다.

이 감동적인 꿈을 해석하기란 어렵지 않다. 밝은 불빛이 열린 문을 통해 잠든 사람의 눈에 비쳤고, 그를 본능적으로 일으켜 세워 깨어 있을 경우라면 분명히 했을 행동을 취하도록 했다. 즉 촛불이 넘어져 불이 났음을 깨닫게 한 것이다. 아마 아버지는 잠이 들면서도 노인과 옆방에 대한 걱정을 놓지 않았을 것이다.

그러나 이러한 해석은, 꿈을 심리적 사건의 관계 속에서 의미 있는 어떤 것으로 인식했던 전례에 비추어 의아심을 갖게 한다. 어떻게 해서 꿈의 내용이 위급한 상황을 경고하는 방식으로 진행됐던 것일까? 우리는 이제까지 꿈에 어떤 의미가 숨겨져 있으며 어떤 방식으로 그것을 찾을 수 있는지, 꿈의 작업은 그것을 은폐하기 위해 어떤 수단을 이용하는지 살펴보았다. 그러니까 우리는 말 그대로 꿈의 해석이라는 작업에 매달려 왔다고 할 수 있다. 그런데 이제 따로 해석할 필요도 없이 노골적으로 뜻을 드러내는 꿈을 만나고 있다. 많은 것을 해결했다고 믿었음에도 꿈에 대한 우리의 심리학은 여전히 불완전한 것이 아닌가?

Ⅰ. 꿈과 망각

여기서 우리는 꿈의 해석에 관한 우리의 노력을 뒤흔들만한 반론에 귀 기울여볼 필요가 있다. 사실 우리는 여러 방면에서 우리가 해석하려고 하는 꿈을 전혀 알지 못하고 있다는 비난을 받아왔다. 즉 우리가 실제 모습 그대로의 꿈을 알고 있다는 보장을 어떻게 할 수 있느냐는 것이다. 그것을 정리하면 이렇게 된다.

첫째, 우리가 분석 대상으로 삼고 있는 꿈들은 부실한 기억력 때문에 훼손되어 있게 마련이라는 것이다. 그런 관점에서 꿈의 내용 가운데 가장 중요한 부분이 소실될 수도 있다. 실제로 많은 꿈을 꾸었음에도 일부만 기억나거나, 기억나는 것마저도 불확실하게 여겨진다.

둘째, 우리의 기억은 꿈을 불완전하게 만들 뿐만 아니라 불성실하게 위조해 표현한다는 것이다. 우리의 기억에 남아 있는 것처럼 실제의 꿈도 일관성이 없고 혼란스러운 것인지 의문이 드는 가운데, 꿈을 재현하는 과정에서 재료를 선택하고 가공해 망각의 틈새를 메우고 장식하는 것은 아닌지 의문이 제기된다는 것이다.

우리는 지금까지 꿈을 해석하면서 이러한 경고들을 흘려버렸다. 아니 정반대로 꿈의 내용에 불확실한 것이 있다면 그것이 아무리 사소한 것일지라도 성분을 규명하고 구성을 명확히 하고 해석해야 한다고 주장했다. 사소한 특징들도 꿈을 해석하는 데는 필수불가결한 것이며 이를 게을리할 경우 문제 해결이 어렵다는 것을 우리는 많은 사례를 통해 검증해 오기도 했다. 꿈을 묘사하는 언어 표현의 뉘앙스에 대해서도 우리는 같은 방식으로 접근했다. 꿈을 묘사하려는 노력이 실패한 것처럼 보이는 경우 그러한 표현의 결함 역시 고려했다. 즉 다른 연구가들의 견해에 따르면 자의적인 즉흥곡에 불과한 것을 우리는 성서처럼 다루었던 것이다. 이러한 모순은 해명되어야 한다.

꿈이 어떻게 만들어지는지, 그 생성 과정에 대해 새롭게 인식한 관점에서 보면 모순들은 말끔히 해결된다. 꿈을 재현하려는 과정에서 왜곡이 일어나는 것은 사실이지만, 이러한 왜곡은 꿈의 사고가 검열 때문에 겪게 되는 가공의 일부에 지나지 않는다. 그럼에도 연구가들은 이 부분을 자의적인 것으로, 즉 우리를 미혹시키기에 충분한 것으로 잘못 생각하고 있다. 그들은 심리적인 결정을 과소평가한다.

심리적인 결정에서 자의적인 것은 하나도 없다. 예를 들어 내가 순전히 자의적으로 어떤 숫자를 머리에 떠올리려 한다면, 그것은 불가능하다. 머리에 떠오르는 숫자는 순간적인 의도와는 거리가 멀며, 나의 사고에 의해 불가피하고 분명하게 결정된 것이다.

마찬가지로 잠에서 깨어나 꿈을 편집하면서 일어나는 변화들도 자의적인 것은 아니다. 편집상의 변화들은 자신이 대체한 내용이나 연상과 결합돼 있으며, 그래서 은폐된 내용에 이르는 길을 우리에게 가르쳐준다.

　나는 환자들의 꿈을 분석하면서 이러한 태도에 입각해 시험해 봤는데 한번도 실패한 적이 없다. 환자들이 들려주는 꿈을 이해하기 어려우면 나는 다시 한번 얘기해 달라고 말한다. 그러면 같은 말로 표현되는 경우란 거의 없다. 여기서 달리 표현되는 부분들이야말로 분석에서 매우 중요하다. 꿈은 위장의 과정을 거치는 동안 내용이 바뀌기 마련인데, 달리 표현된 부분들은 꿈이 위장하지 못하고 실패한 곳이기 때문이다. 이 부분들이 해석 행위에 큰 도움을 주며 꿈의 해석을 시작할 수 있도록 해준다.

　꿈을 얘기하는 사람은 다시 말해 줄 것을 요구받으면, 내가 꿈을 분석하기 위해 특별히 노력하고 있다는 것을 깨닫고 경계심을 풀지 않는다. 그는 저항하면서 직접적인 표현을 생뚱맞은 표현으로 대체하고, 꿈에서 약하게 위장된 부분을 보호한다. 이때 나는 상대가 빠뜨린 표현에 주의를 집중한다. 꿈의 해석을 저지하려는 노력을 보면 꿈의 외관이 얼마나 철저하게 구축됐는지 알 수 있다.

　우리의 해석에 대해 회의적인 연구가들의 의심은 꿈의 검열, 즉 꿈의 사고가 의식으로 틈입해 들어가는 것에 대한 저항의 부산물일 뿐이다. 이러한 의심은 불분명한 꿈의 요소들만을 공략하기 때문에 그만큼 오인의 여지가 많다. 그러나 이미 우리는 꿈의 사고와 내용 사이에서 모든 심리적 가치가 전도된다는 것을 알고 있다. 이 전도된 왜곡은 필연적으로 가치 박탈이라는 현상을 가져온다.

　꿈의 내용 중 불분명한 요소에 의심이 가는 경우, 그것은 추방당한 꿈의 사고의 파생물일 가능성이 농후하다. 이는 마치 과거 권세를 누리던 권력자들이 추방되고 새로운 인물들이 그 자리를 차지하는 양상과 같다. 추방된 권력자들 가운데 힘없고 가난한 사람들 정도만이 도시에 거주하도록 허용되지만, 그마저도 시민권을 온전하게 누리지는 못하고 불신의 눈초리로 감시를 받게 된다.

이 불신의 눈초리가 의심이다. 분석을 방해하는 이러한 의심이야말로, 그것이 심리적 저항의 부산물이며 도구라는 것을 드러낸다.

꿈의 망각 역시 심리적인 검열의 힘을 인정하지 않는 한 설명할 길이 없다. 우리는 밤에 많은 꿈을 꾸지만 그중 일부만이 남아 있다는 느낌을 갖는다. 꿈을 기억해 내려고 아무리 애를 써도 잘 떠오르지 않는다. 심리적인 검열의 힘이 작용하기 때문이다.

그러나 이러한 꿈의 망각을 과대평가할 필요는 없다. 꿈에서 망각된 부분은 분석을 통해 재생할 수 있기 때문이다. 단편적인 조각만 있다면 꿈의 내용을 온전하게 복원하지는 못할지라도 꿈의 사고는 전부 찾아낼 수 있다. 그러기 위해서는 분석에 더 많은 주의를 기울여야 하며 심리적 저항 역시 극복해야 한다.

꿈을 망각하기 이전의 단계를 분석해보면 망각이 저항을 도와주고 있다는 것을 알 수 있다. 해석을 하다보면 망각했다고 여긴 부분이 불시에 떠오르는 경우가 있는데, 이 부분이야말로 해석에서 가장 중요하다. 다시 기억난 부분은 꿈의 해석에 가장 빠른 길을 제시하며, 바로 그 때문에 저항을 크게 받는다.

꿈의 망각이 저항 활동의 일환이라는 것은 다음의 예를 보아도 알

수 있다. 어떤 환자가 있었는데 그는 자신이 꾼 꿈이 하나도 기억나
지 않는다고 말한다. 그렇다면 그는 꿈을 꾸지 않은 것이나 다름 없
다. 그럼에도 나는 분석을 계속한다. 분석은 점진적으로 완만하게
진행된다. 저항에 부딪치면 알기 쉽게 설명하면서 설득과 독촉을 병
행한다. 그러면서 환자가 불쾌한 생각과 화해하도록 이끈다. 이 작
업이 성공하면 환자는 자신이 무슨 꿈을 꾸었는지 알았노라고 소리
친다. 분석 과정에서 드러났듯, 이 저항이 그의 꿈을 망각하도록 했
던 것이다. 나는 그 저항을 극복하게 해서 꿈을 다시 기억나게 한 셈
이다.

꿈의 해석을 방해하는 심리적 저항이 있음을 확인했지만, 그렇다
고 해서 모든 꿈의 심리적 저항을 극복하고 꿈을 해석할 수 있다고
말할 수는 없다. 단지 꿈이 의미 있는 형성물임을 확신한다면, 이러
한 의미를 예감하는 것까지는 언제나 가능하다. 그런 차원에서 꿈을
해석하는 작업은 지속적인 열정을 필요로 한다.

꿈 가운데는 일련의 꿈들을 종합해서 해석해야 의미 있는 결론을
얻는 꿈들도 종종 있다. 두번째 꿈을 통해서 첫번째 꿈을 해석할 수
도 있고, 몇 주일이나 몇 달에 걸쳐 꾸는 꿈들을 공통적 기반으로 삼
아 해석해야 하는 꿈들도 있다. 연이어지는 꿈들의 경우 한 꿈에서
지엽적으로 암시되는 것이 다른 꿈에서는 중심을 이루는 것들도 있
다. 그래서 일련의 꿈들은 상호 보완적이다.

◆

다시 꿈과 망각의 문제로 돌아가보자. 우리는 잠에서 깨어나는 즉시 전부 잊거나 시간이 지나면서 조금씩 잊게 하려는 의도가 꿈에 있다는 것을 밝혀냈다. 이것이 저항 때문이라는 것도 알고 있다. 그리고 이러한 심리적 저항은 깨어 있는 동안의 삶에도 존재한다. 그렇다면 무엇이 이러한 저항에 맞서 꿈을 꾸게 하는가 하는 의문이 제기된다.

극단적으로 가정해서, 깨어 있는 동안의 저항이 매우 강력해 잠을 잘 때도 생시처럼 그 영향력을 잃지 않고 미친다면, 꿈은 아예 형성되지도 않을 것이라고 봐야 한다. 하지만 우리는 저항이 자는 동안 힘의 일부를 잃는다는 것을 알고 있다. 저항이 꿈의 왜곡을 통해 꿈의 작업에 참여하는 것으로 판명되었기 때문이다. 그러나 밤에는 저항의 힘이 감소되며 이러한 감소 때문에 꿈이 만들어질 가능성이 강하게 대두된다. 그리고 저항은 꿈에서 깨어나는 순간 다시 잃었던 힘을 되찾아 자신의 세력이 약화됐을 때 허용한 것들을 즉시 제거한다고 이해할 수 있다.

그러니까 정신이 어느 정도 수면을 취하고 있느냐에 따라 꿈은 형성되며, 그때 받는 저항의 정도 역시 결정된다는 것을 알 수 있다. 아울러 이러한 설명을 덧붙일 수 있다. 수면 상태는 심리적인 검열을 약화시키면서 꿈의 형성을 가능하게 한다.

Ⅱ. 퇴행

이제까지의 연구 성과를 요약해 보자. 꿈은 중요한 심리적 행위이며 그 원동력은 충족을 원하는 소망에 있다. 소망과는 거리가 멀어 보이는 기이한 것들이나 부조리한 내용들은 꿈의 형성 과정에서 겪는 심리적 검열의 영향 때문이다. 검열로 인한 압박 이외에도 심리적 재료를 압축해야 한다는 압박과 감각적 형상으로 묘사해야 한다는 압박, 그리고 늘 그런 것은 아니지만 꿈이 합리적이고 이해 가능한 외양을 띠어야 한다는 고려가 꿈을 만드는 데 영향을 끼친다. 이 네 가지 조건들의 상호 관계와, 이 조건들과 관계 맺고 있는 소망 충족의 문제야말로 우리의 연구 과제이다. 꿈을 정신 활동의 맥락에서 분석하고 재배열해야 하는 것이다.

이 장의 서두에서 우리는 불에 타고 있는 아이의 꿈을 예로 든 적이 있는데, 이 꿈을 해석하기란 그리 어렵지 않았다는 것을 알고 있다. 우리는 잠에서 깨어나는 대신 왜 꿈을 꾸었는지 문제를 제기하면서, 수면 중의 생각이 꿈으로 나타난 동기를 생전의 아이 모습을 조금이라도 더 보고 싶은 소망 충족으로 이해했다.

이 꿈에서 주목할 것은 아이가 불에 타고 있을지 모른다는 생각의 결과를 현재의 상황으로 묘사한다는 점이다. 이것은 꿈의 보편적이고 두드러진 심리학적 특징 가운데 하나이다. 일반적으로 무엇인가를 소망하는 사고는 꿈에서 객관화돼 묘사되거나 현실에서처럼 체험된다. 꿈의 작업에서 드러나는 이러한 특성을 어떻게 설명할 것인가?

자세히 보면 이 꿈에는 두 가지 특성이 있음을 알 수 있다. 하나는 꿈이 충족하고자 하는 소망을 현재형으로 표현한다는 것이다. 깨어 있는 동안의 생각과 꿈에서의 소망이 구분되지 않는 이런 꿈의 다른 예로 이르마의 꿈을 들 수 있다. 이 꿈의 사고는 이르마가 아픈 책임을 오토에게 돌리고 싶다는 소망을 취한다. 그래서 오토가 이르마의 병에 대해 책임을 졌으면 하는 가정법의 형태를 띤다. 하지만 꿈의 내용은 이런 가정법 대신 한 단계 더 나아가, 오토 때문에 이르마가 아프다는 현재형을 취한다.

백일몽이 이와 유사하다. 백일몽도 의식적인 공상을 꿈의 형태를 빌려 현재형으로 꾼다. 현재형은 소망이 충족된 것처럼 묘사할 수 있는 시제이기 때문이다.

다른 하나의 특성은 꿈의 사고를 시각적 형상이나 말로 전환한다는 것이다. 이는 백일몽과는 다른 꿈만의 고유한 특성이다. 우리는 꿈속의 감각적 형상을 실제라고 믿으면서 그것을 체험한다고 착각한다. 물론 모든 꿈이 다 꿈의 사고를 감각적 형상으로 바꾸는 것은 아니다. 소망 충족과 관련된 꿈, 그러한 동기를 노골적으로 드러내는 꿈에서 특징적으로 드러난다고 할 수 있다.

◆

　꿈은 퇴행하는 특성을 지니고 있다. 퇴행은 꿈이 만들어지는 과정에서 발견할 수 있는 심리적 특성 가운데 하나이다. 하지만 이것이 꿈만의 고유한 특성은 아니다. 깨어 있을 때도 퇴행은 이루어지는데, 이때 퇴행은 기억의 범위를 벗어나지 않으며 지각한 것을 환상적으로 되살려내지 못한다. 그런데 왜 꿈에서는 달라지는 것일까? 우리는 꿈의 표상이 언젠가 경험했을 감각적 형상으로 되돌아가는 것을 퇴행이라 부른다. 꿈이 만들어지는 과정을 정신 기관 안에서의 퇴행이라고 보면 문제는 좀더 자명해진다.

　꿈의 사고에 있는 논리적 관계가 꿈을 만드는 과정에서 와해되거나 간신히 표현된다는 사실이 즉시 해명된다. 이러한 논리적 관계들은 첫번째 기억 조직이 아니라 더 앞쪽의 기억 조직에 포함돼 있으며, 퇴행하는 과정에서 지각된 형상만을 빼곤 모든 표현을 상실한다. 그러니까 꿈의 사고가 지닌 모양새는 퇴행의 과정을 거치면서 원재료로 해체된다.

　방식은 다르지만, 퇴행 현상은 히스테리나 망상증처럼 병리학적으로 깨어 있는 상태에서도 나타난다. 또한 정신적으로 건강한 사람들에게서 보이는 환영도 퇴행에 해당한다. 즉 병리적인 환각이나 정상적인 환영은 사고가 형상으로 바뀐 것이다. 그리고 억압돼 있거나 무의식적인 기억과 관련된 사고들만이 그러한 변화를 겪는다. 예를 들어 히스테리 증상을 앓고 있는 열두 살 난 소년은 자려고 해도 '붉은 눈의 초록색 얼굴'이 두려워 자지 못했다. 이 환상의 원인은 현재는 억압돼 있지만 한때 뚜렷하게 의식하고 있던 어느 소년에 대한 기억 때문이다.

4년 전 환자가 자주 만났던 그 소년은 자위 행위를 비롯해 불량한 행동을 많이 보여주었다. 당시 환자의 어머니는 그 소년이 초록색 얼굴과 붉은 눈을 지니고 있다고 말했다. 유령을 연상시키는 무서운 형상은 여기에서 비롯된 것이다. 게다가 그런 아이는 바보가 돼 학교에서 아무것도 배우지 못하고 일찍 죽는다고 어머니는 예언했다. 이 예언은 환자가 학교에서 유급됨으로써 그 일부가 실현된 것처럼 보였다. 환자는 나머지 예언도 실현될지 모른다는 두려움에 휩싸여 전전긍긍했다. 하지만 치료는 단기간에 성과를 거두어, 환자는 두려움을 잊고 잠을 잘 잤을 뿐만 아니라 우수한 성적으로 학업까지 마쳤다.

마흔 살의 어느 히스테리 환자가 건강했을 때 본 환영에 대한 설명도 참고해볼 만하다. 어느 날 아침 눈을 뜬 이 여성 환자는 정신병원에 있어야 할 오빠가 방에 있는 것을 발견한다. 물론 환영이다. 그녀의 어린 아들은 옆 침대에서 자고 있다. 그녀는 아이가 삼촌을 보는 순간 경기를 일으킬까봐 아이의 얼굴을 이불로 덮는다. 그러자 환영이 사라진다. 이 환영의 배경엔 그녀의 외삼촌이 개입돼 있다.

그녀는 일찍 세상을 뜬 어머니가 간질과 히스테리 발작으로 고생했다는 얘기를 유모에게서 들었다. 그녀가 태어난 지 겨우 1년 6개월쯤 됐을 때였다. 어머니가 그렇게 된 것은 외삼촌 때문이었다. 외삼촌이 이불을 머리에 뒤집어쓰고 유령처럼 나타나 그녀의 어머니를 놀라게 한 다음부터 발작이 시작됐다는 것이다. 따라서 그녀의 환영엔 외삼촌으로 대응되는 인물의 출현과 이불이라는 형상, 놀람에 대한 기억 등등이 요인으로 개입돼 있다.

이러한 요인들이 새로운 관계망을 구축, 재배치되면서 다른 인물로 전이된 것이다. 즉 과거의 외삼촌과 비슷한 연령대에 있는 어린 아들이 동일한 전철을 밟지 않을까 하는 우려가 그러한 환영을 낳았다고 할 수 있다.

이제까지 보았듯이 퇴행은 억압돼 있거나 무의식에 남아 있는 기억, 특히 어린시절에 비롯된 기억의 영향을 받고 있다. 이러한 기억은 검열 때문에 표현하기 어려운 사고들을 묘사하는 방식으로 퇴행 속에 끌어들인다. 기억 자체는 이러한 묘사 형식에 심리적으로 존재한다. 여기에서 나는 히스테리에 관한 연구 결과를 이렇게 정리하고 싶다. '기억이든 공상이든, 어린시절의 사건들은 일단 의식화되면 환상으로 나타나며, 이 환상은 그것을 이야기하는 과정에서 해소된다.'

꿈의 사고에 있는 어린시절의 체험이나 공상이 꿈의 내용에 빈번히 나타난다는 것을 우리는 알고 있다. 따라서 우리는 꿈을 '전이를 통해 최근의 것으로 바뀐, 어린시절의 사건을 대체하는 어떤 것'이라고 말할 수 있다. 어린시절의 사건은 원래대로 부활하지 않는다.

다만 꿈으로만 재현될 뿐이다.

◆

　퇴행엔 세 가지 종류가 있다. 지정학적 퇴행과 시간적 퇴행, 형식적 퇴행이 그것이다. 지정학적 퇴행은 의식, 전의식, 무의식을 거치면서 일어나는 퇴행이다. 시간적 퇴행이란 현재에서 과거로 나아가는 퇴행, 즉 과거의 심리적 형성물을 되살리는 퇴행이다. 형식적 퇴행이란 과거의 익숙한 방식을 선택해 일어나는 퇴행이다. 그러나 이러한 세 종류의 퇴행은 근본적으로 같은 것이며 대부분 동시에 일어난다고 할 수 있다. 시간적으로 오래된 것은 형식적으로 원시적 형태를 띠며, 심리적 위치에서는 무의식에 더 가깝기 때문이다.

　퇴행에 대한 주제를 마무리하기 전에 신경증을 연구할수록 새삼 떠오르는 인상 하나를 언급하고자 한다. 꿈을 꾼다는 것은 시간적으로 봤을 때, 꿈꾼 사람의 아득한 과거로 회귀하는 퇴행이라고 볼 수 있다. 또 그것은 어린시절을 지배했던 충동과 그때 사용했던 표현 방식을 재생하는 일이기도 하다. 계통 발생을 암시하는 이러한 어린시절의 이면을 들여다봄으로써 우리는 인류 발전에 대한 인식을 얻어낼 수 있다.

　실제로 개인의 발전은 인류 발전의 디딤돌이며, 축약된 인류 발전의 반복이다. 꿈에는 '직접 도달할 수 없는 태곳적 인간 본성이 작용하고 있다'는 니체의 말은 핵심을 찌른다. 그런 의미에서 꿈을 분석한다는 것은 인간의 정신적 근원을 인식하는 일이기도 하다.

꿈과 신경증에 대한 분석은 기대 이상으로 고대의 정신적인 것을 많이 드러내고 있는 것처럼 보인다. 그런 차원에서 정신 분석 또한 인류가 태동했을 무렵의 상황을 어둠 속에서 밝혀내고 재구성하기 위한 학문들과 어깨를 나란히 하고 있다고 할 수 있다.

Ⅲ. 소망 충족에 관하여

아리스토텔레스에 따르면, 꿈은 수면 중에도 계속 이어지는 '생각'이다. 우리의 생각이 낮에는 판단하고 추론하며 반박하는 등의 심리적 행위를 하면서도 왜 밤에는 소망을 충족하는 일밖에 하지 못하는 것일까? 혹시 근심 같은 종류의 심리적 행위를 드러내는 꿈이 있음에도 불구하고, 그것을 우리가 간과하고 있는 것은 아닐까? 앞 장에서 인용한 '아버지의 꿈'이 그런 경우일 수 있다. 이 꿈에서 아버지는 수면 중 눈에 비친 불빛을 근거로 시신에 불이 붙었을 것이라고 추론한다. 그리고 이러한 추론을 현재형으로 바꾸어 꿈을 꾼다. 그런데 혹시 깨어 있을 때부터 계속된 사고를 소망 충족의 결과로 우리가 오인하고 있었던 것은 아닐까? 그러므로 우리는 이 문제를 상세하게 검토할 필요가 있다.

우리는 이미 소망 충족과 관련해 꿈을 두 부류로 구분했다. 명백하게 소망 충족으로 드러난 꿈들과 온갖 수단을 동원해 소망 충족을 은폐한 꿈들이 그것이다. 우리는 후자의 은폐된 꿈들에서 검열의 기능이 작동하고 있음을 인식했다. 왜곡되지 않은 소망 충족의 꿈은 주로 어린아이들에게서 나타나지만 성인들 역시 짧고 솔직한 소망 충족의 꿈을 꾸는 것처럼 보인다. 하지만 나는 이 판단을 유보한다.

이제 우리는 꿈에서 충족되는 소망이 어디에서 연유하는 것인지 생각해봐야 한다. 거기에는 세 가지 가능성이 있다.

첫째, 낮의 소망이 외부 사정 때문에 충족되지 못했을 경우, 그 소망의 해결은 자연스레 꿈의 세계로 넘겨진다. 둘째, 낮의 소망이 배척되었을 경우를 들 수 있다. 이때 소망은 억압된 상태로 남아 있게 된다. 셋째, 낮의 생활과 관계 없는 소망이 있을 수 있다. 이 소망은 밤이 돼야 비로소 억압에서 풀려나 활기를 띤다.

이것을 지정학적으로 풀어 말하면, 첫번째 종류의 소망은 전의식 조직에 배열된다. 두번째 종류의 소망은 전의식 조직에서 밀려나 무의식 조직에 머무는 것으로 추정되며, 세번째 종류의 소망은 무의식 조직에 갇혀 있는 것처럼 보인다.

낮에 억압된 소망이 꿈에서 활로를 찾는 예는 아주 많다. 간단한 사례로 이런 경우가 있다. 비꼬길 좋아하는 어떤 아가씨가 있었는데 자신보다 어린 친구가 약혼을 하게 되었다. 이 아가씨는 사람들에게 하루 종일 약혼한 남자를 알고 있느냐, 그 남자를 어떻게 생각하느냐는 등의 질문을 받았다. 그때마다 이 아가씨는 칭찬하는 말을 늘어놓았지만 그것이 본심은 아니었다. 실제로는 '그런 남자는 한 다스나 있다'고 말하고 싶었다. 밤에 아가씨는 같은 질문을 받는 꿈을 꾸었는데 이렇게 대답했다.

"추가로 주문할 경우에는 숫자만 대면 된다."

그처럼 평범한 사람은 '한 다스'나 되므로 대꾸할 가치도 없다는 뜻이고, 그래도 자꾸 질문하면 숫자만 추가해서 답변하면 된다는 식으로 왜곡됐던 것이다. 이 꿈을 통해 우리는 왜곡되는 모든 꿈에서 소망은 무의식을 거쳐 나오며 결코 낮 동안엔 지각되지 않는다는 것을 알 수 있다.

여기서 나는 소망을 충족하는 꿈의 조건을 좀더 엄밀하게 분류할 필요를 느낀다. 아동들의 꿈에서 낮 동안 충족되지 못한 소망이 꿈의 자극 인자라는 사실은 명확해 보인다. 이것은 유년기 특유의 연령대에서 비롯되는 소망 충동의 결과라고 할 수 있다.

하지만 성인들의 경우에도 동일하게 말할 수 있을지는 불분명하다. 나이를 먹으면서 우리는 자연스럽게 충동적인 삶을 제어해 가며 사유 활동을 통해 그것을 보강해 간다. 그것은 곧 어린아이들과 달리 소망 충족에 대한 기대를 무익한 욕망으로 인정하면서 포기한다는 걸 의미한다. 이는 물론 사람마다 다를 수 있다. 유아적 유형의 심리적인 사건을 보다 오래 간직하는 사람들이 있기 때문이다. 그러나 일반적으로는, 성인들의 경우 낮 동안 충족되지 못한 소망이 꿈에서까지 어떤 역할을 하리라고는 믿기 어렵다. 깨어 있는 동안 비롯된 소망 충동이 꿈을 자극하는 하나의 요인이 된다는 것은 인정하지만, 그 이상은 아니다.

전의식에 있는 소망이 무의식의 지원 없이 꿈의 내용에 들어올 수는 없다. 그러므로 성인의 경우 소망은 무의식에서 비롯된다.

환언하면, 소망은 무의식의 힘을 빌려야만 꿈에 나타날 수 있다. 그러므로 깨어 있을 때의 입장에서 보면 소망 충동 역시 다른 현실적인 충동들과 동일하게 부차적이다. 즉 해결하지 못한 근심이나 고통 같은 감각 재료들 역시 소망 충동과 마찬가지로 전의식 안에서 비슷한 심리적 과정을 거친다. 그것들은 때때로 꿈의 내용을 지배하기까지 하며, 깨어 있을 때의 작업을 꿈에서도 지속하도록 강요하기까지 한다.

이미 인용했던 사례 중 내 친구 오토가 바제도 씨 병의 증상 때문에 나를 찾아오는 꿈을 예로 들어보자. 나는 낮에 오토의 안색을 보고 걱정했다. 이 걱정이 내 마음을 무겁게 했으며 꿈에까지 이어졌다. 이 걱정은 터무니없는 내용을 갖춘 채 소망 충족과는 거리가 먼 것처럼 표현되었다.

나는 낮에 느낀 근심이 왜 이토록 터무니없게 표현됐는지 조사하기 시작했다. 분석 결과 오토를 L 남작과, 그리고 나 자신은 R 교수와 동일시하고 있다는 것을 알아냈다. 왜 나는 낮의 근심을 이런 식으로 대체한 것일까? 결론은 한 가지였다. 무의식에서 나는 언제든 나 자신을 R 교수와 동일시할 준비가 되어 있었던 것이다. 어린시절 품게 마련인 출세욕이 이 동일시를 통해 충족됐다고 볼 수 있다.

꿈에 왜곡돼 나타난 낮의 근심 역시 그 자체가 소망이라기보다는 무의식적이고 억압된 어린시절의 소망과 관련돼 있는 것이 분명하다. 이 소망이 근심을 그럴듯하게 포장해 낮의 의식에 생겨나도록 한 것이다. 근심이 클수록 꿈에서의 결합은 무리하게 이루어진다. 소망의 내용과 근심의 내용에 반드시 관계가 있을 필요는 없으며 이 사례에서도 그런 관계는 존재하지 않는다.

걱정이나 고통스러운 생각, 불쾌한 인식처럼 소망 충족과는 무관한 재료들이 꿈의 사고에 제공되는 경우 꿈이 어떻게 반응하는지 살펴보자. 첫째, 꿈은 고통스러운 재료들을 반대의 것으로 대체해 불쾌한 감정을 억제한다. 그 결과 만족스러운 꿈의 내용을 이루게 되는데 이는 명백한 소망 충족이다. 둘째, 고통스러운 재료들이 변형되기는 했으나 충분히 알아볼 수 있을 정도로 꿈의 내용에 나타나는 경우가 있다. 이는 꿈의 소망 이론에 이의를 제기하는 명분을 주는 것으로 좀더 많은 연구가 필요하다.

이처럼 고통스러운 내용을 가진 꿈들은 고통스러운 감정을 수반하는가 하면, 불안을 만들어 꿈에서 깨어나도록 하기도 한다. 그러나 이러한 불쾌한 꿈들 역시 소망 충족에 기여하고 있음을 증명하기란 어렵지 않다.

◆

나는 내 꿈을 통해 꿈이 낮의 고통스러운 경험을 어떻게 다루는지 설명하고자 한다. 꿈의 서두는 분명치 않다.

나는 아내에게 특별한 소식이 있다고 말한다. 아내는 깜짝 놀라며 아무 말도 듣지 않으려 한다. 하지만 나는 정말 기뻐할 만한 소식이라고 강조한다. 그러고는 아들이 속해 있는 장교단에서 많은 돈(아마도 5000크로네)을 보내왔다고 얘기한다. 이후 아내와 함께 식료품 저장실 비슷한 방으로 무엇인가를 찾으러 간다.

그런데 갑자기 아들이 나타난다. 아들은 군복 대신 몸에 착 달라붙는 운동복에 작은 모자를 쓰고 있다. 꼭 물개 같은 모습이다. 아들은 어떤 상자 옆에 놓인 바구니 위로 올라간다. 상자 위에 무엇인가를 올려놓으려는 듯하다. 내가 불러도 아무 대답이 없다. 아들은 얼굴인지 이마인지에 붕대를 감고 있는 것처럼 보인다. 아들은 우물거리며 입안에 무엇인가를 밀어넣는다. 머리카락이 회색빛을 띠고 있다. 나는 저 아이가 왜 이렇게 지쳐보이지, 의치는 언제 끼웠을까 하고 생각한다.

나는 아들을 부르기 직전, 잠에서 깨어났다. 불안하지는 않았지만 가슴은 몹시 두근거렸다. 이 꿈이 의미하는 바는 무엇일까? 낮 동안의 고통스러운 기다림이 꿈의 계기였다.

당시 아들은 전방에서 싸우고 있었는데 일주일 이상이나 소식이 없어 나의 애를 태웠다. 꿈의 내용을 분석해보면 아들이 부상했거나 전사했다는 확신이 들어 있음을 알 수 있다. 꿈의 초반에는 고통스러운 생각을 반대되는 것으로 대체하려는 노력이 엿보인다. 나는 '아들이 속해 있는 장교단에서 많은 돈을 보내왔다'는 식으로 뭔가 기쁜 소식을 전하려고 애쓴다. 돈의 액수는 내가 병원에 있었을 때 겪은 즐거운 일과 관련돼 있는데, 이 역시 주제에서 벗어나려는 의도가 담겨 있다. 그러나 이러한 노력은 성공하지 못한다. 아내는 두려운 일을 예감하고 내 말을 들으려 하지 않는다. 위장도 제대로 되지 않아 억제돼야 할 것들이 곳곳에 드러나 있다. 아들이 전사했다면 유품이 올 것이고, 포상금이든 위로금이든 돈이 왔다면 형제자매나 다른 사람들과 배분해야 할 것이다. 또 포상금은 장렬하게 전사한 장교들에게 주어지는 게 일반적이다. 이래저래 꿈은 스스로 부정하려 한 것들을 직접 표현하고 있다.

꿈은 동시에 소망을 충족하려는 경향을 왜곡해서 보여준다. 아들은 군복 차림이 아니라 운동복 차림으로 나타난다. 이는 우려하고 있는 사건을 대신해 과거 운동하다 다친 사고로 대체한 것이다. 아들은 예전에 스키를 타다 골절상을 입은 적이 있었기 때문이다. 한편 물개처럼 보이는 아들의 형상은 재롱둥이 손자를 연상시키고 회색빛 머리카락은 전쟁터에서 고생 끝에 돌아온 사위를 생각나게 한다.

식료품 저장실과 무엇인가를 꺼내려고 하는 상자(꿈에서는 무엇인가를 올려놓으려고 한다)는 세 살 무렵 내게 일어났던 사고를 분명하게 암시한다. 나는 식료품 저장실에서 상자 위에 있던 과자를 꺼내기 위해 의자 위로 올라간 적이 있다. 그때 의자가 넘어지면서 내 아래턱이 의자의 모서리에 정통으로 부딪치는 바람에 하마터면 치아가 모조리 빠질 뻔했다. 자업자득이라는 경고가 함축돼 있는 것처럼 보이는 이 행위의 이면엔 아들의 사고에 대해 만족감을 느끼는 충동이 숨어 있다. 이 충동은 나이 든 사람이 젊은 사람에 대해 갖는 특유의 질투심에서 비롯된 것이다.

실제로 이 같은 불행이 일어날 경우, 비통한 심정이 너무 강해 그 정도를 완화시키기 위한 심리적 장치로 억압된 소망 충족이 나타났다고 볼 수 있다.

꿈의 자극이 깨어 있는 동안 겪는 생활의 잔재에서 비롯된다는 것은 확실하다. 또 꿈에 필요한 원동력을 어떤 소망이 제공한다는 것도 분명하다. 그리고 그러한 소망을 조달하는 것은 염려의 몫이다. 이것을 비유해서 표현하면 이렇다. 낮의 사고가 꿈에 대해 기업가의 역할을 한다고 볼 때 이 기업가에게는 비용을 댈 자본가가 필요하다. 꿈에 필요한 심리적 비용을 전담하는 이 자본가는 '무의식에서 비롯된 소망'이다.

　때론 자본가가 기업가의 역할을 겸하기도 하는데, 사실 꿈에서는 이런 경우가 더 흔하다. 낮의 활동을 통해 무의식적 소망이 자극을 받으면 이 소망이 꿈을 만들어낸다. 여기에서 예로 든 경제적 관계의 다른 가능성들 역시 꿈의 생성 과정과 비슷하다. 기업가 스스로 자본의 일부를 조달할 수 있다. 또는 여러 명의 기업가가 한 자본가에게 의지하거나 여러 명의 자본가가 한 기업가에게 필요한 것을 분담할 수도 있다. 이런 식으로 한 가지 이상의 소망에 의해 유지되는 꿈들도 있으며 이와 유사한 변형들은 더 많다.

　낮의 잔재가 꿈의 형성 과정에 참여하게 되면 무의식에서 억압된 소망이 가동시킬 수 있는 원동력을 빌려올 뿐만 아니라, 전이를 위해 꼭 필요한 것들을 무의식에 제공하기도 한다. 어느 여성 환자의 히스테리성 구토는 사춘기 시절의 무의식적인 공상, 즉 끊임없이 임신해 많은 아이를 낳고 싶다는 소망의 충족으로 밝혀졌다. 이 소망은 가능한 한 많은 남성들의 아이를 낳고 싶다는 소망으로 확대되었다. 그러나 이 소망이 현실화되기 전에 극복해야 할 문제가 있었다. 많은 아이를 낳다보면 자신의 몸매가 망가질 수 있었고 결국 많은 남성들과의 교제도 어렵다는 것을 깨달았다. 이 깨달음이 환자로 하여금 구토를 하도록 만들었다.

　이것은 무의식에서 연유한 것으로 자신을 징벌하는 차원에서 진행됐다. 그러니까 구토 증세는 자신의 소망을 충족하는 동시에 자신을 징벌하는 두 방향으로 현실화됐다고 할 수 있다.

이것은 파르티아Parthia[1]의 여왕이 로마의 집정관 크라수스[2]의 소망을 충족시켜주는 것과 같은 방식이다. 파르티아의 여왕은 크라수스가 황금에 눈이 멀어 원정을 계획했다고 생각한다. 그래서 죽은 크라수스의 목구멍에 금을 녹여 붓게 한다.

"네가 소망했던 것이 여기 있다."

금은 원하는 소망을 충족시켜줌과 동시에 탐욕을 징벌하는 것이다.

이렇듯 꿈은 무의식의 소망 충족을 표현한다. 전의식은 소망 충족을 왜곡한 후 허용하는 것처럼 보인다. 잠을 자고 싶어하는 전의식의 확고한 소망은 일반적으로 꿈의 형성을 돕는다. 죽은 아이의 시신이 안치된 방에서 새어나오는 불빛을 보고 갈등했던 아버지의 꿈을 다시 생각해보자. 우리는 아버지가 불빛을 느끼고도 잠에서 깨어나지 않고 꿈을 꾸게 한 심리적 힘으로 아이의 생명을 한순간이나마 연장하고픈 아버지의 소망을 거론했다.

꿈에서 아이는 살아 있지만 현실에서 아이는 불에 타고 있다. 꿈을 계속 꾸며 아이의 생명을 연장하는 것이 중요한가, 빨리 깨어나 불을 끄는 것이 중요한가? 더 이상은 이 꿈을 분석할 수 없기 때문에 억압된 것에서 유래하는 다른 소원들을 밝혀내기란 어렵다. 그러

---

1 고대 이란의 왕국(BC 247~AD 226). 왕조의 창시자 아르사케스의 이름을 따 아르사크 왕조라고도 한다.
2 고대 로마의 정치가. 로마 공화정 말기에 폼페이우스, 카이사르와 함께 제1차 삼두 정치를 행하였으며, 파르티아 원정 도중 패하여 죽었다.

나 아버지의 수면 욕구를 꿈의 두번째 원동력으로 추가하는 데는 문제가 없어 보인다. 꿈에 의해 아이의 생명이 연장되는 것처럼 아버지의 수면도 연장된다. 수면 욕구의 동기는 이렇다.

"꿈을 건드리지 말아라. 그렇지 않으면 나는 잠에서 깨어나야 한다."

이처럼 모든 꿈에서 수면을 취하려는 소망은 무의식적 소망을 충족한다. 나는 앞서 모든 꿈은 이기적이라는 말을 한 바 있다. 꿈은 수면이 방해 받지 않도록 외적 감각 자극을 가공해 꿈에 엮어 넣는다. 혹은 반대로 수면을 방해하는 외부 자극을 없애버리기도 한다. 비슷한 차원에서 수면욕에 대한 소망은 수면을 위태롭게 할 수 있는 다른 꿈들의 형성에도 관여한다. 간혹 꿈의 내용이 극단으로 치달을 경우 전의식은 의식에게 이렇게 말한다.

"그냥 계속 자도록 해. 이건 단지 꿈일 뿐이니까."

이것은 우리의 정신 활동이 꿈에 대해 어떤 태도를 취하고 있는지를 알게 해준다. 이런 사실로부터 다음과 같은 결론을 이끌어낼 수 있다. '우리는 우리가 자고 있다는 것을 아는 것과 마찬가지로 자면서 꿈을 꾸고 있다는 것 역시 확연하게 알고 있다.' 따라서 의식이 꿈꾸는 것을 알지 못하며, 검열이 기습받았다고 느끼는 특정한 경우에만 잠자는 것을 안다는 주장은 무시해야 한다. 이와 반대로 잠을 자면서 자신이 꿈을 꾸고 있다는 사실을 분명히 아는 사람들은 많다.

이런 사람들은 꿈의 세계를 조종하는 능력을 지니고 있는 것처럼 보이기도 한다. 그래서 꿈의 진행 방향이 마음에 들지 않으면 꿈을 중단시키고 새로이 시작하기도 한다. 이는 마치 대중작가가 관객들의 요구에 맞춰 이야기 줄거리를 조정하는 것과도 흡사하다. 또 이런 사람은 꿈에서 성적 흥분 상태에 이르면 '계속 꿈을 꿔 몽정하기보다는 장차를 위해 여기서 그만두는 게 낫다'고 배려하기까지 한다. 이런 경우 수면 욕구의 소원은 꿈을 다스리는 전의식적 소원에 꿈의 권리를 내준 것처럼 보인다. 꿈에 관심을 갖고 음미하는 일을 반복하다 보면, 잠에서 깨어난 다음 기억하는 꿈의 수가 늘어난다는 것은 잘 알려진 사실이다.

Ⅳ. 꿈과 마음의 반영

우리의 전의식은 수면을 방해하고자 하는 힘을 갖고 있다. 반면 무의식적 소망은 꿈꾸기를 지향한다. 그렇다면 수면 중에 전의식은 왜 무의식적인 꿈에 자리를 허용하는가 하는 문제가 대두된다. 그 이유는 우리가 아직 통찰하지 못한 에너지 문제와 관계 있을 가능성이 크다. 이 부분을 통찰하게 되면, 무의식을 억제하기보다 허용하거나 냉담하게 지켜보는 것이 에너지 절감을 위해 더 유용하다는 것을 알게 될 것이다.

경험을 통해 아는 바처럼 꿈은 밤 사이 여러 차례 수면을 중단시키면서도 수면과 대립하지 않고 양립한다. 우리는 한순간 깨어났다가도 금방 다시 잠이 든다. 마치 잠을 자면서 파리를 내쫓는 것처럼 잠을 잔다. 앞에서 우리는 무의식적 소망들이 항상 활성화돼 있지만 낮 동안엔 별로 강력하지 않다고 말한 바 있다. 하지만 잠에 빠져 무의식적 소망이 꿈을 형성하고 전의식을 깨울 만한 힘이 드러나면, 왜 이 힘은 곧 소진하는 것일까? 꿈이 끊임없이 새롭게 지속될 수는 없는 것일까?

무의식적 소망들이 항상 활성화돼 있다는 주장은 옳다. 그것들은 일정량의 자극만 주어지면 늘 소통된다. 이것은 무의식적 과정들이 지닌 특수성 때문에 가능하다. 무의식의 세계에선 어떤 것도 끝이 없을 뿐더러 사라지거나 잊혀지지도 않는다. 우리는 히스테리 연구에서 그런 인상을 강하게 받는다. 발작을 통해 드러나는 무의식적 사고는 자극만 축적되면 언제고 다시 소통된다.

그것은 기억이 자극을 받을 때마다 되살아나며 발작을 통해 흥분과 함께 나타나는 것과 같다. 정신 요법의 과제는 바로 이 무의식적 과정을 해결하고 망각하게 하는 것인데, 전의식이 이 작업을 수행한다. 즉 무의식이 전의식의 지배를 받도록 하는 것이 정신 요법의 유일한 활로라고 할 수 있다.

모든 무의식적 흥분은 두 가지로 귀결된다. 하나는 아무런 방해 없이 흥분이 발작을 통해 배출되는 것이고 다른 하나는 전의식의 지배를 받아 흥분이 속박되는 것이다. 다른 하나의 과정은 곧 꿈의 과정이기도 하다. 전의식은 꿈의 무의식적 흥분을 제압해 해없는 방해물로 만들어버린다. 즉 수면을 방해하는 파리떼를 쫓아버린 것과 같다고 할 수 있다.

이제 우리는 무의식적 소망이 꿈을 형성하도록 내버려둔 다음 전의식적 작업을 통해 분란을 해결하는 것이, 잠자고 있는 내내 무의식을 억제하는 것보다 훨씬 더 유용하고 경제적이라는 것을 알 수 있다. 그러므로 꿈은 우리의 심리적 삶에서 한 가지 기능을 확보했다고 말할 수 있다. 우리는 그 기능이 무엇인지 알고 있다. 꿈은 자유롭게 방임된 무의식의 흥분을 다시 전의식의 지배하에 끌어들이는 임무를 맡고 있다. 아울러 꿈은 무의식의 흥분을 배출시키는 밸브 역할을 하는 동시에 전의식의 수면을 보장한다.

이를 다시 정리하면 이렇게 된다. 먼저 꿈의 과정은 무의식의 소망 충족이라는 단계를 밟는다. 그러나 무의식의 소망 충족 시도가 평정을 위협할 정도로 전의식을 뒤흔들게 되면 꿈은 즉시 중단되고, 각성된 전의식이 꿈을 지배한다.

불안을 만드는 심리적 과정이 소망 충족일 수 있다는 사실은 더 이상 모순이 아니다. 이러한 사실은 소망이 무의식 조직에 속하는 반면 이 소망을 배척하고 억압하는 것이 전의식 조직이라는 점을 통해 해명할 수 있다. 소망 충족이 기쁨을 가져다준다면 누구에게 기쁨을 주는가 하는 문제가 제기되는데, 물론 소망을 가진 사람에게 준다. 하지만 꿈을 꾸는 사람이 자신의 소망에 대해 어떤 태도를 취하고 있는지를 보면 매우 특이함을 알 수 있다. 꿈을 꾸는 사람은 자신의 소망을 배척하고 검열한다. 즉 무의식 조직이 표출하는 소망을 전의식 조직이 배척하고 검열하는 것이다.

따라서 소망 충족은 기쁨이 아니라 정반대의 것을 가져다 줄 수도 있다. 우리는 경험을 통해 이 반대의 것이 불안의 형태로 나타난다는 것을 알 수 있다. 이 점에 대해서는 더 이상 설명하기보다 유명한 동화 하나를 들려주는 것이 나을 것이다. 이 동화에서 이와 똑같은 관계를 발견할 수 있기 때문이다.

착한 요정이 어느 가난한 부부에게 세 가지 소망을 들어주겠다고 약속했다. 부부는 기쁨에 겨워 세 가지 소망을 신중하게 고르기 시작했다. 먼저 아내가 옆집에서 풍겨오는 구운 소시지 냄새에 현혹돼, 저런 소시지가 두 개만 있었으면 좋겠다고 말했다. 그러자 즉시 소시지 두 개가 그들 앞에 나타났다. 첫번째 소망이 충족되었다. 이를 본 남편은 화가 났고, 격분한 나머지 소시지가 아내의 코에 붙어버렸으면 좋겠다고 말했다. 이 소망 역시 즉시 이루어져 아내의 코에 붙어버린 소시지는 아무리 해도 떨어지지 않았다. 두번째 소망이 충족되었다. 그런데 그것은 남편의 소망이었고, 아내에게는 불편하기 짝이 없는 소망 충족이었다. 이 동화가 어떻게 이어지는지는 잘 알 것이다. 부부는 근본적으로 일심동체이므로, 세번째 소망은 아내의 코에서 소시지가 떨어지기를 바라는 것이 될 수밖에 없다.

이 동화는 다른 측면에서도 여러 가지로 이용될 수 있다. 다만 여기에서는 두 사람의 입장이 일치하지 않으면, 어느 한 사람의 소망 충족이 다른 사람에게 불쾌감을 초래할 수 있다는 것을 설명하기 위해 차용했을 뿐이다. 이렇듯 무의식에 대한 전의식의 지배는 심리적으로 건강한 사람들에게서도 철저한 것이 아니며, 무의식이 억제되는 정도에 따라 그 심리의 상태가 결정된다.

우리는 신경증 증상을 통해 전의식과 무의식 조직이 갈등 관계를 이루고 있다는 것을 알 수 있다. 신경증 증상들은 갈등을 일시적으로 종결짓는 타협의 결과이다. 한편으로 그것들은 무의식에게 흥분의 배출을 허용하는 배출구 역할을 하는가 하면 다른 한편으로는 어느 정도 무의식을 지배할 수 있는 가능성을 전의식에 부여한다.

가령 광장 공포증의 의미를 고찰해보면 이 점을 분명하게 알 수 있다. 혼자 거리를 다닐 수 없는 환자가 있다면 그것 자체를 증상으로 볼 수 있을 것이다. 따라서 불가능하다고 믿는 환자의 행동을 강요함으로써 이 증상의 제거를 시도해 볼 수 있다. 그러면 환자는 어쩔 수 없이 불안 발작을 일으키는데, 이는 발생할지 모를 불안 차원의 결과를 예방하기 위한 증상으로서 나타난 것이다. 공포증이 마치 국경의 요새처럼 불안의 전면에 배치돼 있다는 것을 알 수 있다.

◆

불안에 대한 꿈의 이론은 신경증 심리학의 분야에 속한다. 이 분야의 이론을 상세히 다룰 필요는 없다. 대신 신경증의 불안이 성적인 근원에서 유래하므로 꿈의 사고 안에 성적인 재료가 있음을 증명할 수는 있다.

나 자신은 사실 제대로 된 불안 꿈을 꾸어보지 못했다. 일곱 살인가 여덟 살 때 꾼 꿈 하나가 기억나는데, 나는 이 꿈을 근 30년이나 지나서야 해석했다. 지금도 생생한 그 꿈은, '잠자는 듯이 고요한 표정의 어머니를 새 부리를 한 두 사람(혹은 세 사람)이 방으로 떠메고 와 침대에 눕힌다'는 내용이었다.

나는 울부짖으며 잠에서 깨어나 부모님을 깨웠다. 새의 부리 모양을 한 유난히 키 큰 사람들은 필립손Philippson[3] 성서의 삽화에서 비롯된 것이다. 나는 삽화의 그림이 이집트의 무덤에 새겨져 있는 매의 머리를 한 신들이었다고 생각한다.

꿈을 분석하면서 또래들과 집 앞 풀밭에서 놀곤 했던 관리인의 아

---

3 이스라엘의 성서로 구약성서를 히브리어와 독일어로 편찬한 책. 이 성서에 이집트 신들에 관한 목판화가 실려 있는데, 그중의 몇몇은 새의 머리를 하고 있다.

들에 대한 기억도 떠올랐다. 버릇없던 그애의 이름 역시 필립Philipp 이었는데, 성교를 뜻하는 저속한 낱말을 나는 처음으로 그 소년의 입을 통해 들었다. 그리고 꿈에서 본 새의 부리는 성적 상징을 암시한다. 성교라는 독일어의 속어는 '새'라는 단어에서 유래한 것이다. 나는 이 낱말의 성적인 의미를 세상 경험 많은 선생의 표정에서 알아차렸다.

꿈속에 나타난 어머니의 얼굴 표정은 돌아가시기 전 혼수 상태에서 코를 골던 할아버지의 표정에서 연유한 것이다. 따라서 이 꿈은 어머니가 죽는다는 것을 암시하고 있다. 내가 불안 속에서 눈을 뜬 것 역시 그 때문인데 이러한 불안은 부모님이 잠에서 깨어날 때까지 수그러들지 않았다. 나는 어머니의 표정을 보고, 어머니가 살아 있다는 것을 확인한 다음에야 마음이 진정되었다는 것을 지금도 기억한다.

그러나 이러한 꿈의 해석은 이미 조성돼 있던 불안의 영향 때문에 가능했던 것이다. 어머니가 돌아가시는 꿈을 꾸었기 때문에 불안한 것이 아니라 내가 이미 불안의 지배를 받고 있었기 때문에 전의식 조직이 가공하는 과정에서 꿈을 그렇게 해석한 것이다. 그러나 모호하지만, 이 꿈은 성적 욕망에서 불안의 근원을 찾을 수도 있다. 이러한 성적 욕망은 시각적인 꿈에 잘 나타나 있다.

일 년 전부터 병을 심하게 앓고 있는 스물일곱 살 된 한 청년의 꿈에서 이러한 예가 발견된다. 이 청년은 과거 열한 살에서 열세 살 사이에 심한 불안 상태에서 '어떤 사람이 도끼를 들고 쫓아오는' 꿈을 반복해 꾼 적이 있었다. 꿈속에서 청년은 도망가려 하지만 온몸이 마비된 것처럼 그 자리에서 꼼짝도 하지 못한다. 이 꿈은 더할 나위 없는 성적인 불안 꿈의 좋은 사례이다.

분석에 들어가자, 청년은 제일 먼저 밤거리에서 수상한 사람에게 습격 받은 숙부의 이야기를 떠올렸다. 그런데 이는 시간상으로 꿈보다 나중에 일어난 사건이다. 그러자 청년은 이 기억에 비추어, 자신이 꿈을 꾸었을 당시 그 사건과 비슷한 얘기를 들었던 것 같다고 말했다. 도끼와 관련해서는 그 무렵 장작을 패다가 도끼에 손을 다쳤던 일을 떠올렸다. 그런 다음 자신이 괴롭혔던 동생과의 관계를 불현듯 기억해냈다. 한번은 장화로 동생의 머리를 때려 동생이 피를 흘린 적이 있었는데, 그때 어머니는 자신이 언젠가 동생을 죽일까봐 겁난다고 말하기도 했다는 것이다.

그런 식으로 폭력이라는 주제에 집착하고 있는 것처럼 보이는 가운데, 청년은 문득 아홉 살 때의 일을 뇌리에 떠올렸다. 어느 날 밤 늦게 집에 돌아온 부모님이 잠자리에 드는 동안 청년은 잠이 든 척하고 있었다. 그런데 헐떡거리는 숨소리와 함께 이상한 신음이 들려왔다. 청년은 무서운 생각이 들었지만 정확한 내막을 알 수가 없었다. 추측건대 부모님이 싸우고 있다고 짐작했으며 이러한 양상은 자신과 동생의 관계와 비슷하다고 생각했다. 가끔 어머니의 침대에서 발견되는 피가 그 증거였다.

어린아이들이 어른들의 성교를 보게 되는 경우 두려움과 더불어 불안을 느끼는 것이 일반적이다. 이러한 불안을 느끼는 이유는 성적 충동 때문이다. 비록 어린아이들이 그 성적 충동을 이해하지는 못하치만 부모와 관련돼 있다고 생각할 때는 이를 거부한다. 그 결과 성적 충동은 불안으로 바뀐다. 유아기에는 성별이 다른 부모에 대한 성적 충동이 억압되지 않고, 우리가 익히 알고 있는 바처럼 자유롭게 표출된다. 하지만 좀더 나이가 들어 성적 충동이 억압되기 시작하면 이 충동이 불안으로 바뀌는 것이다.

어린아이들이 밤에 환각을 보며 불안에 떠는 꿈에 대해서도 같은 얘기를 할 수 있다. 이 경우에도 불안이 꿈을 지배하는 것은 성적 충동이다.

몸이 허약한 열세 살 난 소년이 있었다. 그 소년은 불안에 시달리며 몽상적으로 변해 갔다. 잠을 설치는가 하면 거의 매주 한 번씩 환각을 동반한 발작으로 잠에서 깨어났다. 꿈의 내용은 한결같았다. 소년은 악마가 자신에게 '너는 이제 우리에게 잡혔다'고 소리쳤으며, 역겨운 유황 냄새와 함께 자신의 피부가 불에 탔다고 얘기했다. 소년은 놀라 꿈에서 깨어나서도 처음엔 소리조차 지르지 못했다. 마침내 말문이 트이면 '아니야, 나는 아니야, 난 아무 짓도 안했어요!'라든가 '제발 이러지 마세요. 다시는 안 그럴게요'라고 말했다. 그런가하면 '알베르는 그런 짓을 하지 않았어요'라고 말하기도 했다. 나중에 소년은 옷만 벗으면 몸에 불이 붙는다며 옷 벗기를 거부했다. 결국 이러한 꿈 때문에 몸이 쇠약해진 소년은 시골로 요양을 떠나 1년 반이나 머물며 치료해야 했다. 그 이후 열다섯 살이 됐을 때 소년은 이렇게 고백했다.

"그때는 정직하게 말할 수가 없었어요. 그곳이 계속 따끔거리고 극도로 흥분해 있었거든요. 그것이 너무 신경 쓰여 기숙사 창문에서 뛰어내릴까 하는 생각도 여러 번 했죠."

이 상황을 추측하기란 쉽다. 어린시절 소년은 자위 행위를 한 다음 하지 않았다고 부인했다. 주위 사람들은 그런 짓을 하면 무서운 벌을 받는다고 소년을 위협했다. 소년이 꿈에서 한 '난 아무 짓도 안했어요!'라는 외침이나 '알베르는 그런 짓을 하지 않았어요' 하는 부인이 그것을 뒷받침한다. 그러나 사춘기로 접어든 소년의 몸은 그의 마음을 번민에 싸이게 했다. 생식기가 가려워지면서 자위 행위에 대한 유혹이 되살아났다. 이 유혹과 이 유혹을 이겨내야 한다는 갈등이 성적 리비도를 억압하는 쪽으로 소년을 몰고 갔다. 이로 인해 불안이 나타났으며 이 불안은 꿈에서 소년의 피부를 태우는 징벌로 나타났다. 불안한 마음의 상태가 처벌 위협을 수용했던 것이다.

Ⅴ. 무의식과 의식

우리는 이제까지 독자적으로 심리학을 이끌어왔다. 여기서 오늘날의 심리학계를 지배하고 있는 학설을 살펴보고 그것들이 우리 주장과 어떤 관계에 있는지 검토해 보자. 무의식의 개념을 고찰한 립스의 견해에 따르면, 심리학에서 무의식의 문제는 심리학 내부의 문제가 아니라 심리학 그 자체의 문제이다. 그러므로 심리적인 진행을 올바르게 통찰하기 위해서는 의식에 대한 과대평가에서 벗어나야 한다.

우리는 무의식을 심리적 삶의 보편적인 토대로 받아들여야 한다. 무의식의 문제는 의식적인 것을 포괄한다. 의식적인 모든 것은 무의식의 단계를 거치는 반면, 무의식은 자신의 단계에 머물면서 심리적 기능의 완전한 가치를 요구할 수 있다. 무의식은 스스로 존재하는 심리적인 것이다. 우리가 외부 세계의 실재에 관해 알 수 없듯이 무의식의 내적 본성 역시 알 수가 없으며, 우리의 감각 기관이 적발한 외부 세계가 불완전하듯이 의식의 자료를 통해 파악된 무의식도 불완전하다.

무의식적인 것들을 합당하게 자리매김함으로써 의식과 꿈 사이의 오랜 대립을 해소하고 나면 과거 연구가들이 다루었던 일련의 꿈에 관한 문제들 역시 폐기될 수밖에 없다. 또한 꿈의 여러 활동에 대해 보였던 경이의 시선들 역시 철회돼야 한다. 꿈이 꿈만의 독자적 유물이라기보다는 낮에도 활동하는 무의식적 사고에 빚지고 있다는 쪽으로 인식의 지평을 넓혀야 하는 것이다.

셰르너의 주장대로 꿈이 매우 다양한 상징을 동원해 신체를 묘사하는 것처럼 보이면, 우리는 그것이 성적 충동에 굴복한 무의식적 공상의 산물임을 안다. 그런 공상들은 꿈에서뿐만 아니라 다른 신경중의 증상에서도 나타난다. 꿈이 낮 동안의 의미를 길어올려 무엇인가를 시사하는 경우 우리는 포장된 꿈의 위장을 벗겨내기만 하면 된다.

지적인 활동은 무의식을 포함한 동일한 정신력의 산물임에 틀림없다. 우리는 지적이거나 예술적인 창조 활동에 있어 의식적인 특성을 너무 크게 평가하는 경향이 있다. 괴테나 헬름홀츠Helmholz[4]같이 매우 창조적인 사람들의 경우, 그 창조의 본질적이고 새로운 것은 갑자기 떠올라 거의 완성된 상태로 지각된 것임을 알 수 있다. 어떤 일에 정신력을 집중해야 할 때 의식적 활동이 필요하다는 것을 의심할 이유는 전혀 없다. 하지만 의식적 활동이 관여하는 곳에서 다른 모든 심리적 활동들을 은폐하거나 배제하는 것은 그 특권을 남용하는 것이다.

꿈의 역사적 의의를 별도의 주제로 삼는 것은 무의미한 일이다. 예를 들어 어떤 지도자가 꿈을 꾼 다음, 무엇인가 대담한 일을 기획해 그것이 성공했을 경우 꿈을 미지의 힘처럼 간주해 다른 정신력과 대립시키려 한다면 새로운 문제가 발생할 것이다. 반면 꿈을 수

---

4 1821~1894 독일의 생리학자이자 물리학자. 생리학자로서 신경 자극의 전파에 관한 연구를 하였으며, 생리광학과 생리음향학에 독자적인 분야를 개척하였다.

면 중의 무의식적 충동의 표현으로 이해하게 되면 그런 문제는 발생하지 않는다. 그러나 고대 여러 민족들이 꿈에 바친 존경은 우리가 '우리의 무의식 속에서' 재발견하게 되는 마성적인 것에 대한 경의의 표시라고 할 수 있다.

나는 '우리의 무의식 속에서'라고 말했다. 여기서 말하는 무의식은 철학자들이나 립스가 말하는 무의식과는 다르다. 철학자들은 무의식을 의식의 대립 개념으로만 이해한다. 의식적 과정 말고도 무의식적인 심리적 과정이 존재한다는 것은 격한 논쟁을 극복하면서 강력하게 옹호된 의견이다. 립스는 일체의 심리적인 것은 무의식으로 존재하며, 그중의 일부가 나중에 의식으로도 존재한다는 한층 사려 깊은 명제를 내세운다. 그러나 우리가 립스의 이러한 명제를 입증하기 위해 꿈이나 신경증에 대한 제반 현상들을 인용했던 것은 아니다. 그것은 정상적인 낮 생활만 관찰해도 입증할 수 있다.

우리가 정신 병리적인 증상과 꿈의 분석을 통해 알게 된 새로운 사실은 무의식, 즉 심리적인 것은 서로 다른 두 조직들의 기능으로 나타나며 정상적인 정신 생활에서도 그와 같이 나타난다는 것이다. 이 말은 심리학자들이 아직 구분하지 않은 두 종류의 무의식이 있다는 뜻이다. 두 종류 모두 심리학적인 의미에서는 무의식이다. 그러나 우리가 사용하는 의미에서 무의식이라고 부르는 하나는 의식화될 수 없다. 반면 다른 하나는 그 흥분이 일정한 규칙을 지키고 검열을 극복하면 의식에 도달할 수 있기 때문에 전의식이라고 불린다.

흥분이 의식에 이르기 위해서는 검열이라는 변화를 통해 우리에게 드러나는 일련의 절차를 거쳐야 한다. 이 사실은 우리가 공간 관계를 이용해 비유할 수 있도록 해준다. 우리는 전의식 조직이 무의식 조직과 의식 사이에 병풍처럼 서 있다고 말하면서, 두 조직의 상호 관계와 의식에 대한 관계를 묘사했다. 전의식 조직은 의식에 이르는 통로를 차단하고 있을 뿐만 아니라 무의식의 자의적인 운동성을 관장하기도 한다. 정신 신경증에 관한 최근의 문헌에 즐겨 등장하는 상위 의식과 하위 의식이라는 구분은 취할 것이 못된다. 이런 구분이야말로 심리적인 것과 의식을 동일시하기 때문이다.

그렇다면 한때 전능한 것으로 여겼던 의식엔 어떠한 역할이 남아 있는가? 의식은 심리적 특질을 지각하기 위한 감각 기관으로서의 역할만을 수행한다. 의식의 여러 가지 문제들은 히스테리의 사고 과정을 분석해보면 파악된다.

그때 우리는 전의식에서 리비도에 이르는 통로 역시 무의식과 전의식 사이에서와 마찬가지로 검열과 결합돼 있다는 인상을 받는다. 이 검열 역시 양적으로 일정한 한계에 도달했을 때에야 비로소 활동을 시작한다. 이때 강도가 낮은 사고들은 검열을 모면한다. 의식에서 차단하는 것과 여러모로 제한받지만 의식으로 진입할 가능성 있는 경우들은 신경증 현상의 범위 안에서 결합돼 있다. 그리고 이것들은 검열과 의식 사이에 있는 밀접하면서도 양면적인 관계를 나타

268

낸다. 나는 이런 종류의 사례 두 가지를 소개하면서 이 논의를 끝내고자 한다.

지난 해 나는 영리하고 솔직해 보이는 한 소녀를 동료 의사들과 함께 진찰하게 되었다. 그런데 이 소녀의 옷차림새가 좀 기이했다. 양말 한쪽이 흘러내리고 블라우스의 단추는 두 개나 풀려 있었다. 소녀는 한쪽 다리가 아프다면서, 보자고 하지도 않았는데 장딴지까지 치마를 걷어올렸다. 그러면서 하소연을 했는데 그 내용은 다음과 같다.

무엇인가 몸속에 들어와 이리저리 움직이는 것 같고, 그것이 자신을 뒤흔들어 놓는 것 같다. 그럴 때면 온몸이 뻣뻣하게 굳어지는 느낌이다. 이 말을 들은 동료 의사가 나를 쳐다보았다. 호소하는 내용이 너무 분명하다고 생각한 것이다. 아울러 인상적이었던 것은 이런 말을 들으면서도 환자의 어머니가 무심했다는 것이다. 그 역시 우리 두 사람의 눈엔 범상치 않은 광경이었다. 필경 소녀의 어머니는 이런 일을 여러 번 겪었을 것이다. 하지만 환자는 자신이 한 말의 의미를 전혀 짐작조차 못했다. 자신이 무슨 말을 하고 있는지, 그 의미를 알았다면 그런 말은 입 밖에 낼 수도 없었을 것이다. 이것은 전의식에 머물러 있던 환상이 검열의 눈을 속이고, 순진한 척 통증 호소라는 가면을 쓴 채 의식에 진입한 사례이다.

또 다른 사례는 다음과 같다. 나는 안면 경련과 히스테리성 구토, 두통 등에 시달리는 열네 살 된 소년을 정신 분석으로 치료했다. 나는 소년에게 눈을 감으라고 말하고, 무엇인가 떠오르는 것이 있을 테니 그것을 말해 보라고 했다. 잠시 후 어떤 인상이 떠올랐는지 소년이 이야기를 시작했다. 그 이야기를 정리하면 이렇다.

소년은 삼촌과 장기를 두고 있고 눈앞에 장기판이 떠오른다. 소년은 장기판의 어떤 상황이 유리하고 불리한지, 두어야 될 수와 두어서는 안되는 수에 대해 이야기한다. 그런 다음 장기판 위에 단도가 놓여 있다고 말한다. 그것은 원래 아버지의 물건이지만 소년의 환상이 장기판 위로 옮겨놓은 것이다. 단도의 뒤를 이어 작은 낫과 큰 낫이 보인다. 그러더니 멀리 있는 고향집 앞에서 큰 낫으로 풀을 베는 늙은 농부의 모습이 나타난다.

며칠 후 나는 소년이 진술한 내용들을 이해하게 되었다. 소년의 가정환경은 매우 불우했는데 그것이 발병의 원인이었다. 평소 사이가 좋지 않았던 어머니와 아버지가 있다. 아버지는 밑도끝도없이 엄하기만 해서 화를 잘 내는가 하면 자식에 대한 교육은커녕 협박밖에 할 줄 아는 게 없다. 어머니는 다정하지만 연약하다. 부모님이 이혼한다. 이혼 후 아버지는 젊은 여인을 새어머니로 맞아들인다. 그 후 며칠 뒤 소년은 발병한다.

이 증상의 배경엔 아버지를 향한 억제된 분노가 숨어 있다. 신화에 대한 어렴풋한 기억이 앞서 이야기한 형상에 재료를 제공했다. 작은 낫은 제우스가 아버지를 거세하는 데 사용한 도구이고, 큰 낫과 농부의 모습은 친자식들을 잡아먹었기 때문에 천륜을 어겨 복수의 표적이 된 크로노스를 상징한다. 아버지의 재혼은 소년에게 복수할 기회를 준 것과 같다. 한때 생식기를 가지고 장난하다 아버지에게 들었던 욕설과 위협을 이제는 그가 아버지에게 되돌려줄 기회를 잡은 것이다. 장기판의 대결과 금지된 수들, 살인의 도구인 단도가 그것을 암시한다. 이것은 오랫동안 억압되고 무의식에 남아 있던 기억의 조각들이 어떤 우회로를 따라 그의 의식 속으로 잠입한 사례이다.

이제 나는 꿈 연구의 이론적 가치를 심리학적 인식을 높이고 신경증을 이해할 초석을 마련한다는 측면에서 찾아야 한다고 생각한다. 현재의 연구 수준에 힘입어 다행히 신경증 치료에 일정한 성과를 거두고 있다 할지라도 그것은 출발에 불과하다. 정신기관의 구조와 기능에 관한 연구가 앞으로 어떤 의미를 갖게 될지 그 잠재력을 어떻게 짐작할 수 있겠는가? 나는 간혹 개개인의 숨은 성격상 특징을 밝혀내는 데 이와 같은 연구의 실용적 가치가 있느냐는 질문을 받는다. 꿈이 드러내는 무의식적 충동들에 과연 정신 생활이 필요로 하는 가치가 있는 것일까? 꿈을 그렇게 만들어냈듯, 어느 날 다른 것을 만들어낼지도 모를 억제된 소망들의 윤리적 의미를 가볍게 받아들여야 하는 것은 아닐까?

내가 이런 문제에 답할 자격이 있다고는 생각하지 않는다. 다만 나는 자신을 죽이는 꿈을 꾸었다고 해서 신하를 처형한 로마 황제의 처신은 잘못되었다고 생각하는 편이다. 꿈의 의미는 꿈의 내용과는 다르다. 꿈의 내용이 그랬다면 그 내용이 의미하는 바가 무엇인지 심사숙고해 보아야 했을 것이다. 설사 꿈의 내용에 반역죄에 해당하는 의미가 있었다 하더라도, '덕망 있는 사람은 악인이 현실에서 행하는 것을 꿈꾼다'는 플라톤의 말을 상기해야 할 것이다.

따라서 나는 꿈을 자유롭게 내버려두는 것이 가장 좋다고 생각한다. 무의식적 소망에 현실적으로 인정할 만한 가치가 있는지 묻는다면, 나는 대답할 수 없다. 우리는 심리적 현실을 물질적 현실과 혼동해서는 안된다. 사람이 자신이 꾼 꿈의 부도덕함에 책임지지 않으려 항거하는 것은 부질없는 짓이다. 꿈이나 공상의 세계에서 펼쳐지는 비윤리적 측면들은 우리의 정신 기관이 행하는 의식이나 무의식의 작동 방식을 통찰하게 되면 대부분 해소된다.

인간의 성격을 판단하기 위해서는 그 인간의 행위와 의식적으로 표명된 의견만 있으면 충분하다. 의식 속에 진입해 들어온 충동들은 대개의 경우 정신 생활의 현실적인 힘에 의해 걸러지고 제거되기 때문에, 궁극적으로 중요한 것은 행위에 있다고 할 수 있다. 무의식 차원의 충동들 또한 어디선가 저지당할 것을 확신하고 있기 때문에 별다른 심리적 저지를 받지는 않는다. 어쨌든 거만하게 서 있는 우리 미덕의 토대를 파헤쳐 깊이 알게 된다는 것은 바람직한 일이다. 종잡을 수 없을 만큼 복잡한 인간의 성격을 우리의 낡은 도덕률이 원하는 대로, 이것 아니면 저것이라는 식으로 해결하기란 불가능하다.

과연 꿈의 가치는 미래를 예견하는 데 있는 것일까? 물론 그렇지 않을 것이다. 대신 꿈은 과거를 알려준다고 보는 편이 더 정확할 것이다. 꿈은, 어떤 의미에서든 과거를 가리키고 있다. 그렇다고 해서 꿈이 미래를 예시한다는 낡은 믿음에 진실로서의 가치가 전혀 없다고 말할 수는 없다. 꿈은 어떤 소망을 충족된 것으로 보여주면서 우리를 미래로 이끈다. 그러나 꿈을 꾸는 사람이 받아들이는 이 미래는, 결코 깨지지 않는 소망에 의해 과거와 닮은 모습을 띨 수밖에 없을 것이다.

부록
해설과 연보

오늘날 『꿈의 해석』이 차지하는 비중은 그 무엇보다 크다. 그중에서도 으뜸은 이성 중심적인 사고에서 벗어날 수 있게 해주었다는 데에 있다. 서양 철학의 모든 건축물이 이성이라는 질료를 근간으로 세워졌다는 점을 감안할 때 이는 매우 획기적인 일이었다.

심리의 바다에 내려진 닻, 『꿈의 해석』

인간은 누구나 꿈을 꾼다. 인간에게 꿈은 익숙하다. 익숙해서 우리는 모두 꿈에 대해 잘 알고 있다고 생각한다. 그래서 누구나 꿈을 해석하고, 그 해석을 통해 자신의 명운을 점치기도 한다. 해석하기 난해하거나 기이한 꿈을 꾸었다면, 그 방면에 식견이 높을 것 같은 사람을 찾아 꿈 해석을 요구하기도 한다. 이런 일은 정말이지 우리 주변에선 너무나 흔한 일이다. 꿈에 대해 전문적인 연구를 하지 않은 일반인들조차 꿈에 대해 낯선 감정 없이 각자가 지닌 통념을 기반으로 꿈을 해석하는 일은 그래서 자연스럽기까지 하다.

하지만 과연 꿈에는 어떤 의미가 있는 것일까? 수면 중에 나타난 꿈의 세계가 무엇인가를 설명하거나 지시하긴 하는 것일까? 그것은 각성의 영역에 있는 세계일까?

미지의 것은 신비한 법이다. 무지 위에 구축된 이 신비함은 곧잘 사람들을 현혹한다. 옛날 사람들은 꿈을 낯선 세계에서 온 계시처럼 여겼다. 그래서 권력자는 꿈을 체제 유지의 도구로 활용하기도 했고 민간에서는 희망의 전조로 읽기도 했다. 꿈이 어떻게 해서 생겨났고 무엇을 의미하는지 몰랐으므로 그 해석은 전적으로 권위의 몫으로 남을 수 있었던 것이다.

프로이트가 등장하기 이전까지 꿈에 대한 해석은 이처럼 요령부득이어서, 한마디로 중구난방이었다. 연구 역시 이렇다할 진전이 없었다. 플라톤이나 아리스토텔레스, 쇼펜하우어와 니체에 이르기까지 많은 사람들이 꿈의 세계에 대해 언급했으나 주목할 만한 초석을 쌓는 데는 실패하고 말았다. 꿈을 꾸는 사람들마다, 그리고 그 처지나 환경에 따라 꿈의 내용이 천차만별이어서 일관성 있는 어떤 원칙을 수립하기란 어려웠다. 후일 프로이트에 의해 밝혀졌듯이, 그것은 의식 차원에서 가공되는 건축물이 아니었기 때문이다. 꿈에 대한 학문적 성과의 미비는 꿈 연구가들을 항상 출발선상에 서 있도록 했다. 즉 누군가 연구를 시작할 때마다 같은 문제를 처음부터 다시 다루지 않으면 안되었던 것이다.

이러한 꿈의 세계에 대해 심리적 가치를 인정하고 분석의 메스를 들이댄 것이 바로 프로이트였다. 프로이트 덕분에 꿈의 세계는 오랜 미망에서 깨어나 두르고 있던 망토를 벗어던질 수 있었다. 기실 그 망토는 인간이 덧씌운 것이었지만, 프로이트에 의해 그 음습한 실체가 드러나면서 눈녹듯 사라져버렸던 것이다.

이것은 하나의 과학적 사건이었다. 20세기 들어 아인슈타인이 과학적 인식에 새로운 패러다임을 구축했다면 프로이트는 인간의 정신 구조를 인식하는 데 새로운 패러다임을 제기했다고 할 수 있다. 인간의 정신은 의식의 집적물이라기보다는 무의식의 텃밭이라는 것, 인간의 욕구와 본능을 통제하는 무의식의 세계가 빙산의 아랫부분처럼 우리 내면에 버티고 있다는 것을 그는 밝혀냈고 이는 무수한 심리 이론가들, 철학자들이나 과학자, 예술가들에게 하나의 방향타가 되기에 충분했다.

『꿈의 해석』은 그러한 이론에 근간이 되는 프로이트의 대표적 저서라고 할 수 있다.

프로이트의 삶과 사상

지그문트 프로이트Sigmund Freud는 1856년 5월 6일, 지금의 체코슬로바키아 지역에 속하는 모라비아의 프라이베르크에서 태어났다. 유대인 가정의 맏아들로 태어났지만 그 지위는 좀 이상했다. 위로 배다른 형제가 둘이나 있었기 때문이다. 그들은 프로이트보다 한참 나이가 많아 결혼해서 아이들까지 있었다. 그 아이들

여덟 살의 프로이트와 아버지

프로이트의 대가족

의 입장에서 보면 프로이트는 삼촌인 셈이어서 결코 평범한 가족 관계라고 볼 수는 없었다.

모피 상인이었던 아버지의 사업이 어려워지자 그의 가족들은 빈으로 이사하기에 이르렀는데, 이때 그의 배다른 두 형과 그의 식솔들은 함께 가지 않았다. 그들은 영국의 맨체스터에 정착했고 이로 인해 프로이트 자신도 영국으로 이주할까 하는 생각을 가졌으나 이는 그가 죽기 직전까지는 실행에 옮겨지지 않았다.

어린시절의 삶은 궁핍했지만 프로이트가 자신의 꿈을 펼치기에 환경이 열악하지는 않았다. 무엇보다도 그의 아버지가 그를 전적으로 후원했다. 일찍부터 그의 총기를 간파한 그의 아버지는 자식의 교육에 누구보다도 심혈을 기울였다. 이 셋째아들을 위해선 교육비를 아끼지 않았고 프로이트도 이에 부응했다. 그는 열심히 공부했고 부지런하게 책을 읽었다. 아홉 살이라는 어린 나이에 김나지움에 입학해 처음 2년을 제외하고는 한 번도 수석을 놓치지 않았다.

프로이트와 약혼녀 마르타 베르나이스

1873년, 프로이트는 김나지움을 졸업하고 빈 대학 의학부에 입학했다. 그는 젊은이다운 패기와 열정으로 다양한 분야의 학문에 관심을 기울였다. 비록 의과 대학생으로 자신의 미래를 조율하긴 했지만 자연과학 전반에 대한 호기심은 수그러들지 않아서 다양한 과목의 강의를 들었다. 특히 생물학과 생리학 분야에 관심과 노력을 집중했다. 이런 인연으로 그는 브뤼케라는 스승을 만나 그의 실험실에서 6년 동안 일했다.

프로이트에게 있어 브뤼케는 엄격한 스승이자 자상한 아버지였다. 자연과학 전반에 대해 보인 프로이트의 태도는 이때의 스승으로부터 영향받은 것이었다. 특히 중추 신경계의 연구에서 결정적인 영향을 받았다.

하지만 실험실에서의 생활은 그리 오래 지속되지 않았다. 무엇보다도 경제적인 압박이 심했다. 실험실 연구자로서의 수입은 그의 대가족을 부양하기에는 턱없이 부족했다. 1881년 그는 스승의 연구실을 떠나 빈 대학병원으로 자리를 옮겼다. 그리고 1882년 여동생의 친구였던 마르타 베르나이스를 만나 약혼을 했다.

이 무렵 프로이트는 이미 의학계에서 나름대로의 위치와 명성을 쌓아가고 있었다. 코카인에 대한 연구를 시작해 마취제로 사용할 수 있는 방법을 찾아내기도 했다. 후일 이 마취제로 곤경을 겪기도 했지만, 당시 코카인에 대한 연구는 전무한 상태여서 그 효용성에 대한 개발과 연구는 충분히 음미할 만한 사건이었다. 그는 동료 수련의에게 이 코카인을 마취제로 사용해 볼 것을 권유해 성공적으로 수술을 마치도록 보조하기도 했다. 하지만 이 코카인의 중독성에 대해 프로이트는 충분히 경고하지 못했던 것 같다. 그의 친구에게 모

프로이트 집무실의 소파

르핀 대신 코카인을 처방했다가 치유하기 힘든 코카인 중독자가 되는 바람에 지탄의 대상이 되었던 것이다.

1885년 프로이트는 신경 병리학의 강사 자격을 획득, 같은 해 10월부터 이듬해 2월까지 프랑스 파리의 살페트리에르 병원에서 샤르코의 지도 아래 히스테리에 대한 연구를 했다. 샤르코는 당시 의학계를 주도하던 거물로 신경 질환 치료 방면의 대표적 인물이었다. 그는 히스테리와 최면술에 관한 연구를 주도했는데 여기에 프로이트가 합류했다. 훗날 정신분석의 활로가 된 최면술의 실체를 이때 만났던 것이다.

1886년 빈으로 돌아온 프로이트는 오랫동안 미뤄왔던 결혼을 하는가 하면 개인 병원을 개업하고 신경 질환 환자들을 치료하기 시작했다. 이 시기에 그는 어린아이들의 뇌성마비에 관한 연구에 집중해 이 방면의 권위자가 되었다. 또 신경증의 치료에 최면술을 접목, 괄목할 만한 진전을 보이기도 했다. 정신분석학에 대한 이론을 개발하고 발전을 도모한 것도 이즈음부터였다. 최면술 대신 자유 연상기법을 도입해 환자를 치료한 것도 이 시기였다.

프로이트에 의해 최초로 시도된 이 자유 연상기법은 그가 심리학의 영역으로 진일보하는 데 커다란 전환점이 되었다. 자유 연상기법이란 환자에게 떠오르는 생각들을 자유롭게 말하도록 한 다음 심리적 변화를 추적, 숨겨진 환자의 저항 심리를 밝혀냄으로써 이를 극복하고 치유하도록 하는 방법이었다. 생각나는 대로 말하도록 한 후 어떤 부분에서 말이 막히고 갈등하는지를 관찰하면 환자의 상태를 알 수 있다는 것이다. 그래서 협조하기를 거부하는 저항의 진상을 밝히는 일, 그것이 정신 분석이었다. 이를 통해 인간의 정신이 의식과 무의식의 조화와 충돌로 충만해 있다고 가정할 근거를 마련할 수 있었다.

『꿈의 해석』은 이렇게 해서 탄생했다. 하지만 이 야심에 찬 저서가 처음부터 주목을 받은 것은 아니었다. 20세기의 벽두에 출판된 이 저서는 일반인들은 물론 전문가들에게도 외면을 받아 초판 600부를 소화하는 데만도 9년이라는 세월이 걸렸을 정도였다. 여기엔 프로이트에 대한 부당한 편견이 한몫했다. 그의 성 이론에 대한 거

프로이트와 그의 동료들
(왼쪽 위부터 랑크, 아브라함, 아이팅곤, 존스, 프로이트, 페렌치, 작스)

부감도 문제였지만 그가 유대인이었다는 점도 크게 작용했다. 『꿈의 해석』에서도 언급되고 있지만, 유대인에 대한 이러한 편견은 그가 대학 교수의 자리를 얻는 데도 끊임없는 방해 요인이 되었다.

하지만 이러한 시련도 프로이트의 지칠 줄 모르는 학문적 열정을 꺾지는 못했다. 이 시기에 그는 이미 간행된 『히스테리 연구』를 필두로 『일상생활의 정신 병리학』, 『성욕에 관한 세 편의 에세이』, 『토템과 터부』를 출판하거나 발표하는가 하면, 어린이의 병력을 연구해 유아기의 성 이론을 구축하기도 했다. 특히 베를린에서 의사로 일하고 있던 그의 친구 플리스와는 서신을 교환하며 긴 우정을 나누는데, 이때 〈과학적 심리학을 위한 구상〉이라는 원고를 집필해 그에게 보여주고 생각을 교환하기도 했다. 이 원고는 프로이트의 생전에는 출판되지 못하다가 그의 사후인 1950년에야 빛을 보았다.

프로이트의 학문적 성과가 국제적으로 인정받기 시작한 것은 1906년 무렵부터였다. 융을 비롯한 스위스의 정신 의학자들이 프로이트의 이론에 동조함으로써 분명한 변화가 일어나기 시작했다. 이러한 변화는 서서히 퍼져 미국에까지 명성을 날리기에 이르렀다. 1908년에는 오스트리아의 잘츠부르크에서 제1회 국제 정신분석학회가 열렸고 이듬해엔 미국에서 프로이트와 융이 강연회를 갖기도 했다. 이 무렵부터 프로이트의 저작물은 각국의 언어로 활발하게 번역돼 나갔다.

하지만 매사가 순탄한 것만은 아니었다. 시간이 흐르면서 프로이트의 이론에 반발하는 사람들이 생겨났다. 그의 지지자들 중 한 명이었던 아들러가 1911년 제일 먼저 그와 결별했고 연이어 프로이트의 이론이 지나치게 성을 강조하고 있다는 이유로 융이 결별을 선언했다. 그리고 제1차 세계대전이 발발했다.

전쟁은 모든 것을 멈추게 했고 바꾸게 했다. 연구는 뒤틀렸고 확산되던 프로이트의 이론은 중단됐으며 가족들은 품을 떠났다. 아들 세 명이 전쟁에 참여한 탓에 그는 가슴을 졸여야 했다. 1920년에는 둘째딸이 스물여섯의 꽃다운 나이에 폐렴으로 사망했고 3년 뒤엔 나이 어린 손자마저 세상을 떠 그를 아프게 했다. 이때가 프로이트에게는 가장 힘든 시기였다. 이 무렵 그가 '죽음의 본능'이라는 개념에 몰두했던 것도 이런 현실과 아주 무관하지는 않았을 것이다.

1923년 암에 걸린 프로이트는 죽을 때까지 16년이라는 긴 세월을 투병의 삶으로 채워야 했다. 하지만 이 상황에서도 그는 연구를 게을리하지 않았다. 죽음의 본능을 다룬 연구서 『문명 속의 불만』이 1930년 출판됐고 프랑크푸르트 시로부터는 괴테 상을 받기도 했다. 1936년엔 영국 학술원의 객

런던의 프로이트 박물관

원 회원으로 선출되었으며, 1938년 히틀러가 오스트리아를 침공하자 마침내 영국으로 이주했다. 그리고 1년 뒤 그곳에서 숨을 거두었다.

『꿈의 해석』에 대하여

프로이트의 기념비적 저작물이라고 할 수 있는 이 『꿈의 해석』은 1897년 하반기에 완성되었다. 그리고 근 2년 뒤인 1900년 초에 세상에 나왔다. 이 책이 어떻게 구상됐고 집필됐는지 그 정확한 내막은 알 수 없으나 친구 플리스에게 보낸 서신을 참고하면 그 일단을 엿볼 수 있다.

알려진 바에 의하면 프로이트는 1882년부터 꿈이라는 주제에 매달렸다고 한다. 그러다 출판물의 형태로 언급된 것은 브로이어와 공저로 발간한 『히스테리 연구』를 통해서였다. 이 책에서 그는 최초로 꿈에 관한 생각의 단초를 드러내면서, '꿈을 하도 많이 꾸고 그 내용 또한 생생해서' 기록으로 남기고 꿈을 해석하게 되었다고 고백했다. 그리고 그는 꿈에 관한 생각의 편린들과 집필된 원고를 친구인 플리스에게 보여주면서 의견을 교환했던 것으로 알려져 있다. 이로 미루어보아 책의 내용과 형태를 결정하는 데도 플리스의 영향이 적지 않았을 것으로 짐작된다.

그럼 이제 이 책의 내용에 눈을 돌려보자.

286

이 책은 모두 일곱 개의 장으로 구성돼 있다. 첫번째 장은 '꿈 문제에 관한 학문적 성과'들을 다루고 있고 두번째 장은 꿈을 어떻게 해석할 것인가 하는 '꿈 해석의 방법'을 사례 분석과 함께 다루고 있다. 세번째 장은 '꿈의 목적은 소망 충족에 있다'는 것을, 그리고 네번째 장은 '꿈이 왜곡돼 나타난다'는 것을 다루고 있다. 또 다섯번째 장은 '꿈의 재료와 출처'에 대해 다루고 있으며 여섯번째 장은 갖가지 '꿈의 작업' 대해 이야기하고 있다. 마지막으로 일곱번째 장에서는 '꿈 과정의 심리학'을 다루고 있는데 이 장에서는 프로이트 전기 이론의 핵심이라고 할 수 있는 무의식과 전의식, 의식의 문제가 제기된다.

좀더 상세히 검토해 보자.

첫번째 장의 핵심엔 꿈이란 과연 무엇이고 어떻게 해서 꿈이 생성되는가 하는 질문이 자리잡고 있다. 그 문제에 접근하는 방식으로 여러 학자들의 견해와 이론들이 소개된다. 아울러 꿈에 대한 옛 사람들의 생각은 어떠했는지 살펴보고 꿈의 특성과 관련해 논의되고 있는 이론들을 검토한다. 꿈은 왜 망각되기 쉬우며 왜 부조리한지, 왜 질서가 없는지를 톺아보고 꿈에서의 윤리적 감정이 어떻게 나타나는지 검토해 본다. 그러면서 꿈의 문제를 학문적으로 인식해야만 할 당위성에 대해 프로이트 자신의 견해를 밝힌다.

두번째 장에서는 꿈을 어떻게 해석할 것인지, 그 해석 방법을 사례 분석을 통해 설명한다. 꿈을 해석할 수 있다면, 아니 해석해야만 한다면 그것은 이미 '정신 분석의 영역에 속하는 일'이라는 선언이 여기서 구체화된다. 그것은 확실히 과거의 꿈 해석 방법과는 궤를 달리하는 일이다. 꿈은 '의미 있는 정신 활동'이기 때문이다. 그렇다면 구체적으로 꿈을 어떻게 해석할 것인가? 그는 『구약성서』에 등장하는 요셉의 꿈 해석을 통해 이를 검증한다. 또 자신이 꾼 '이르마의 주사 꿈'을 분석함으로써 꿈이 궁극적으로는 소망 충족에 기여하고 있다는 점을 밝혀낸다.

꿈이 소망 충족에 기여한다는 이 관점은, 이후 이 책 전반에 걸쳐 강조되고 반복되는데 세번째 장에서 보다 구체화된다. 이 장에서 프로이트는 성인들의 꿈과 아동들의 꿈으로 나눠 그 점을 설명한다. 혼란스럽고 기이해서 무슨 꿈인지 알 수 없어 보이는 꿈들도 결국엔 소망 충족을 지향하고 있다는 점을 밝혀낸다.

네번째 장에서는 꿈의 왜곡 현상에 대해 설명한다. 이 부분은 꿈을 해석하는 데 있어 매우 중요한 이론을 함축하고 있다. 보통사람들이 꿈에 대해 막연한 인상을 갖고 있는 것은 꿈이 왜곡의 과정을 통해 나타난다는 것을 간과하고 있기 때문이다. 대개의 꿈은 왜곡돼 나타난다. 그러므로 꿈을 제대로 해석하기 위해선 이 과정에 대해 확실히 이해하고 있지 않으면 안된다. 소망과는 전혀 다른 내용으로 꿈이 전개되는 것도 따지고 보면 이 왜곡 현상 때문인데, 이로 인해 불안한 꿈이 나타난다.

다섯번째 장의 '꿈의 재료와 출처'에서는 꿈이 어떻게 생성되는가 하는 꿈 발생 이전에 대해 얘기하고 있다. 꿈은 최근의 인상이나 사소한 것을 주로 반영하는데 왜 그런 것인지를 사례를 통해 검증한다. 또 꿈의 재료들이 어떻게 해서 꿈의 내용으로 편입되는지도 살펴본다. 전형적인 꿈, 즉 공통적으로 꾸게 마련인 꿈의 내용들에 대해서도 알아본다. 아울러 오이디푸스의 전설과 햄릿의 비극을 예로 들면서 인간의 무의식에 잠재돼 있는 성적 리비도에 대해 언급한다.

여섯번째 장은 『꿈의 해석』 가운데 그 양이 가장 방대하다. 또한 까다롭기도 하다. 프로이트는 이론을 전개하면서 '논의를 점검하고 전망하며 나아가는' 특징이 있는데 이 장에서 특히 두드러진다. 그러니까 꿈의 작업이 어떻게 이루어지는가 하는 그 작동 방식에 대해 전반적으로 개괄하면서 심도 있는 이론을 펼치고 있는 것이 이 장이다.

꿈에서의 압축 작업이 어떻게 이루어지고 있는지, 꿈은 왜 전위 작업을 하는지, 꿈에서의 묘사는 어떻게 구현되며 상징엔 어떤 의미와 암시들이 담겨 있는지 구체적인 사례를 들어 설명한다. 또 꿈이 왜 부조리한 성격을 띠는지에 대해 좀더 구체적으로 살펴보며 꿈속의 정서에 대해서도 언급한다.

마지막인 일곱번째 장, '꿈 과정의 심리학'에서는 꿈이 형성될 때 작용하는 정신 과정에 대해 고찰하고 있다. 꿈이 망각되는 이유와 퇴행, 억압을 통한 정신의 일차 과정과 이차 과정을 설명하면서 의식과 무의식, 전의식에 대해 규명한다. 또 꿈이 마음의 반영임과 동시에 소망 충족이라는 이론을 재확인하면서 신경 조직과 어떤 관련을 갖고 있는지도 검토한다.

◆

　『꿈의 해석』은 자타가 공인하는 프로이트의 대표적 저서라고 할 수 있다. 그는 어떤 책보다도 이 책에 대한 애착이 강했다. 여덟번의 개정판을 내면서까지 내용을 보완하고 수정했다. 그렇다고는 해도 그의 꿈에 대한 이론이 크게 바뀌지는 않았다. 주로 꿈의 특성에 대해 보완하는 형식으로 개진했을 뿐이다. 그만큼 그의 이론은 굳건한 토대 위에 구축됐으며 독창적이라고 할 수 있다.

　오늘날 『꿈의 해석』이 차지하는 비중은 그 무엇보다 크다. 그중에서도 으뜸은 이성 중심적인 사고에서 벗어날 수 있게 해주었다는 데 있다. 서양 철학의 모든 건축물이 이성이라는 질료를 근간으로 세워졌다는 점을 감안할 때 이는 매우 획기적인 일이었다.

　인간의 정신이 이성적 산물만은 아니라는 것, 무의식의 거대한 파도에 휩쓸릴 수밖에 없는 존재가 인간이라는 인식은 당대에는 매우 센세이셔널한 것이었다. 그래서 사람들은 그의 이론에 코웃음쳤고 냉소로 일관했다. 인간의 역사가 묵시적으로 증명해 온 야만성에서 사람들은 눈길을 피했지만 프로이트는 그것을 놓치지 않았다. 그는 첨예하게 꿈의 세계를 들여다봄으로써 그 안에 숨어 있는 욕망의 덫을 백일하에 노출시켰다.

　갈릴레오에 의해 지구는 우주의 변방이 되었고 다윈에 의해 인간은 더 이상 신적인 존재가 아니었다. 그리고 프로이트에 의해 인간은 이제 동물의 지위로 전락했다. 그 지적은 아프지만 그 진실엔 힘이 있었다. 인간의 역사가 오성의 역사가 아니라 야만의 역사라는 확인하기 뼈아픈 진실이 프로이트로 인해 확연해지는 순간, 우리는 미망에서 깨어날 수 있었다.

프로이트가 발견한 이 '무의식이라는 언어'는 이제 현대의 복잡한 이면을 설명하는 코드가 되었다. 오늘날의 모든 학문은 그에게서 빚지고 있다고 해도 과언이 아닐 정도로 그의 이론은 원용되고 있다. 이성적 사유와 판단이라는 덕목이 훼손돼서는 안되겠지만, 바로 그렇기 때문에 욕망의 문제 또한 외면돼서는 안된다.

이성의 진화는 욕망의 진화를 염두에 둘 때라야만이 성찰적이다. 예술의 세계에서 그 점은 매우 극적으로 표현된다. 인간 심리에 대한 해명 없이 심도 있는 안목을 기대하기 어렵다는 것을 우리는 목도하고 있다. 정치한 심리 분석이 질병을 치유케 하고, 예술 작품을 감상하거나 비평하는 데 도움을 주기도 한다.

하지만 프로이트가 위대한 것은 단지 그의 학문적 업적 때문만은 아니다. 그의 세상에 대한 통찰과 반석처럼 굳건했던 학자적 자세에서 우리는 더 많은 것을 배워야 할지도 모른다. 그는 극한 상황 속에서도 연구를 게을리하지 않았으며 주변을 돌보고 사랑하는 일에도 헌신적이었던 것으로 알려져 있다.

전쟁으로 가족을 잃고 병마에 시달리면서도 자신이 가야 할 길을 꼿꼿이 견지했다. 변명하거나 좌절하지도 않았고 위축되지도 않았다. 그는 누구보다도 솔직했으며 정신 분석의 창시자답게 자기 자신을 진지하게 응시했다.

　귀감삼기에 딱 좋은 지식인이었던 셈이다.

1856년 5월 6일, 체코 모라비아의 프라이베르크에서 태어남.

1860년 가족들 빈으로 이주, 정착.

1865년 중등학교 과정인 김나지움 입학.

1873년 빈 대학 의학부 입학.

1876년 1882년까지 빈 생리학 실험실에서 브뤼케의 지도 아래 연구 활동.

1881년 의학 박사 과정 졸업.

1882년 마르타 베르나이스와 약혼.

1882년 1885년까지 빈 종합 병원에서 뇌 해부학 연구.

1884년 1887년까지 코카인의 임상적 용도에 관한 연구.

1885년 신경 병리학 강사 자격 획득.

1885년 10월부터 이듬해 2월까지 파리의 살페트리에르 병원에서 샤르코의 지도 아래
연구.

1886년 마르타 베르나이스와 결혼하고 빈에서 개인 병원 개업. 신경 질환 환자를 치
료하기 시작.

1887년 장녀 마틸데 출생.

1887년 1902년까지 베를린의 빌헬름 플리스와 교분을 맺고 서신 왕래 시작.

1887년 치료에 최면 암시 요법을 사용하기 시작.

1888년 브로이어를 따라 히스테리 치료에 최면술을 이용하기 시작. 그러나 점차 최면
술 대신 자유 연상기법을 도입, 활용하기 시작.

1889년 장남 마르틴 출생.

1891년 실어증에 관한 논문 발표. 차남 올리버 출생.

1892년 막내아들 에른스트 출생.

1893년 차녀 소피의 출생.

1895년 브로이어와 함께 『히스테리 연구』 출판. 『과학적 심리학을 위한 구상』 집필. 이 책은 1950년에야 비로소 출판됨. 막내딸 안나 출생.

1896년 '정신분석'이란 용어를 처음으로 소개하기 시작함. 부친 향년 80세로 사망.

1900년 프로이트의 기념비적인 저서 『꿈의 해석』 출판.

1904년 『일상생활의 정신 병리학』 출판.

1905년 「성욕에 관한 세 편의 에세이」 발표. 유아기 성 이론 연구.

1908년 잘츠부르크에서 제1회 국제 정신분석학회가 열림.

1909년 프로이트와 융이 미국으로부터 강의 초청을 받음. '꼬마 한스'라는 어린이의 병력(病歷) 연구를 통해 처음으로 어린이에 대한 정신 분석을 시도.

1910년 최초로 '나르시시즘' 이론 등장.

1911년 아들러가 정신분석학회에서 탈퇴.

1913년 정신분석학을 인류학에 적용한 『토템과 터부』 출판.

1914년 융과 결별. 「정신분석 운동의 역사」라는 논문 발표. 이 논문엔 프로이트가 아들러 및 융과 벌인 논쟁이 담겨 있음.

1915년 1917년까지 『정신분석 입문』 출판.

1920년 차녀 사망. 『쾌락 원칙을 넘어서』 출판.

1921년 『집단 심리학과 자아 분석』 출판.

1923년 『자아와 이드』 출판. 종전의 이론을 수정해 마음의 구조와 기능을 이드, 자아, 초자아로 나누어 설명.

1923년 암에 걸림.

1926년 『억압, 증상 그리고 불안』 출판.

1927년 『환상의 미래』 출판.

1930년 본능과 문명 간의 갈등을 다룬 『문명 속의 불만』 출판. 프랑크푸르트 시로부터 괴테 상을 받음. 어머니 향년 95세로 사망.

1933년 히틀러가 권력을 장악하면서 프로이트의 저서들이 베를린에서 공개적으로 소
      각됨.

1934년 1938년까지 마지막 저작인 『인간 모세와 유일신교』 집필.

1936년 영국 학술원의 객원 회원으로 선출됨.

1938년 히틀러가 오스트리아를 침공하자 빈을 떠나 런던으로 이주. 미완성의 저작
      『정신분석학 개요』 집필.

1939년 9월 23일 런던에서 83세를 일기로 사망.